中國學術思想 研究輯刊

十七編

林慶彰 主編

第 5 冊

孫詒讓《周禮》學研究（上）

葉純芳 著

花木蘭文化出版社

國家圖書館出版品預行編目資料

孫詒讓《周禮》學研究（上）／葉純芳 著 — 初版 — 新北市：
花木蘭文化出版社，2013〔民102〕
目 4+198 面；19×26 公分
（中國學術思想研究輯刊 十七編；第 5 冊）
ISBN：978-986-322-378-8（精裝）
1. 周禮　2. 研究考訂
030.8　　　　　　　　　　　　　　　　　102014634

ISBN-978-986-322-378-8

中國學術思想研究輯刊
十七編　第 五 冊　　　　　　　　ISBN：978-986-322-378-8

孫詒讓《周禮》學研究（上）

作　　　者　葉純芳
主　　　編　林慶彰
總 編 輯　杜潔祥
出　　　版　花木蘭文化出版社
發 行 所　花木蘭文化出版社
發 行 人　高小娟
聯絡地址　235 新北市中和區中安街七二號十三樓
　　　　　　電話：02-2923-1455／傳真：02-2923-1452
網　　　址　http://www.huamulan.tw 信箱 sut81518@gmail.com
印　　　刷　普羅文化出版廣告事業
封面設計　劉開工作室
初　　　版　2013 年 9 月
定　　　價　十七編 34 冊（精裝）新台幣 60,000 元

孫詒讓《周禮》學研究（上）

葉純芳　著

作者簡介

葉純芳，臺灣臺北市人，一九六九年生，東吳大學中國文學研究所博士班畢業。師從許錟輝先生、林慶彰先生。曾任國科會人文中心博士後研究、東京大學東洋文化研究所外國人研究員、北京大學儒藏中心客座研究員。曾任東吳大學、臺灣大學兼任助理教授。現任北京大學歷史學系專任講師。已出版專著《孫詒讓名原研究》，合編《楊復再修儀禮經傳通解續卷祭禮》、《影印宋刊元明遞修本儀禮經傳通解正續編》等書，發表論文二十餘篇。

提　要

　　孫詒讓（1848-1908），是晚清浙江地區對經學、子學、古文字學、文獻學各方面都有卓越貢獻的學者。在他所有學術著作中，以《周禮》學的成就最高。

　　孫氏二十六歲著手從事《周禮》的研究，三十年間，完成了《周禮正義》八十六卷、《周禮三家佚注》一卷、《九旗古義述》一卷、《周禮政要》二卷；另有收於文集《籀廎述林》中的〈徹法考〉、〈聖證論王鄭論昏期異同考〉、〈嘉靖本《周禮》鄭注跋〉等文；以及未刊稿《十三經注疏校記》中的《周禮注疏校記》。所涵蓋的內容，從經文的校勘、輯佚、注解，到名物制度的訓釋，以及經義的闡發。

　　孫氏研究《周禮》，並非偶然，而是來自父親孫衣言對他的期許。孫父畢生遵奉南宋永嘉學術，永嘉學者研究《周禮》，期以託古改制的方式，對當時弊政有所改革。孫父深善之，以為讀書應以經世致用為目的，因此自孫氏「勝衣就傅」，即親授《周禮》。不過孫氏個人偏好乾嘉學者的治學方法，他在〈答日人館森鴻書〉中即表示「詒讓自志學以來所最服膺者也」。綜觀孫氏的《周禮》學著作，除《周禮政要》外，皆以此法治經。

　　孫氏相關《周禮》的著作，不僅為晚清學術界做了總整理的工作，亦可視為清代《周禮》學的集大成者。章炳麟即稱孫氏《周禮正義》為「古今言《周禮》者，莫能先也」，給予極高的評價。曹元弼則以為「孫氏《周禮正義》博采故書雅記，疏通證明，雖於高密碩意間有差池，而囊括網羅，言富理博，自賈氏以來，未有能及之也」。雖對孫氏駁正鄭玄處頗有微詞，基本上是肯定孫氏成就。現代的學者，更無不以孫氏《周禮正義》一書作為通解《周禮》經義的必讀著作。

　　歷來論孫氏《周禮》學者，主要將重心放在《周禮正義》。筆者希望在此基礎上，將孫氏所有《周禮》學著作做一全面的探討，以期展現孫氏研治《周禮》的整體成就。因此，本論文以「孫詒讓《周禮》學研究」為題，首要目的，是探討孫詒讓《周禮》學如何形成，並將孫氏一生對《周禮》的研究分為證經時期與用經時期，來說明孫氏學術的轉變。其次，筆者要探討孫氏的《周禮》觀、解經方法以及孫氏的《周禮》學在經學史上的價值。

第一章　緒　論

　　《周禮》一書，於群經中最晚出，在漢初並沒有傳授源流可尋，發現經過也言人人殊。因此，早在《周禮》面世的漢代，林孝存即以爲「武帝知《周官》末世瀆亂不驗之書」，〔註1〕作〈十論〉、〈七難〉加以抨擊；何休亦以爲是「六國陰謀之書」。〔註2〕唯有鄭玄遍覽羣經，知《周禮》乃周公致太平之跡，能答林孝存之難。《周禮》經過東漢鄭玄爲之作《注》，定於一尊；唐代賈公彥爲之作《疏》，使《周禮》的經學地位確立。由於作者與成書年代未能完滿解決，使歷代的學者爭訟不已，直至今日，仍是《周禮》學史上的公案。

　　宋代，王安石藉《周禮》之名行變法之實，《周禮》逐漸爲學者重視；加上疑古風氣的影響，部分學者對《周禮》的作者、來源以及內容是否可信投入較多的心力研究。自俞庭椿《周禮復古編》提出「冬官不亡論」的說法後，不僅在宋代直接造成風氣，更間接影響到元、明《周禮》學的研究，隨聲附和者大有人在，不過對《周禮》內容的研究，貢獻亦屬有限。

　　至清代，漢學復興，考據學風的盛行，出現一批以輯佚、校勘、文字、聲韻、訓詁爲解經方法的名家與著作，《周禮》的研究才又重現曙光，不論在質與量上，都得到前所未有的成就，並深深影響晚清孫詒讓《周禮正義》的完成。

　　孫詒讓（1848～1908），是晚清浙江地區對經學、子學、古文字學、文獻學各方面都有卓越貢獻的學者。在他所有學術著作中，以《周禮》學的成就最高。

〔註1〕　〔唐〕賈公彥撰：〈序周禮廢興〉，《重栞宋本周禮注疏附校勘記》（臺北：藝文印書館，1989年，據嘉慶二十年江西南昌府學本影印），頁13右。
〔註2〕　同上注。

　　孫氏二十六歲著手從事《周禮》的研究，三十年間，完成了《周禮正義》八十六卷、《周禮三家佚注》一卷、《九旗古義述》一卷、《周禮政要》二卷；另有收於文集《籀𢊷述林》中的〈徹法考〉、〈聖證論王鄭論昏期異同考〉、〈嘉靖本《周禮》鄭注跋〉等文；以及未刊稿《十三經注疏校記》中的《周禮注疏校記》。

　　孫氏研究《周禮》，並非偶然，而是來自父親孫衣言對他的期許。孫父畢生遵奉南宋永嘉學術，永嘉學者研究《周禮》，期以託古改制的方式，對當時弊政有所改革。孫父深善之，以爲讀書應以經世致用爲目的，因此自孫氏「勝衣就傅」，即親授《周禮》。不過孫氏個人偏好乾嘉學者的治學方法，他在〈答日人館森鴻書〉中即表示「詒讓自志學以來所最服膺者也」。〔註 3〕綜觀孫氏的《周禮》學著作，除《周禮政要》外，皆以此法治經。

　　孫氏相關《周禮》的著作，不僅爲晚清學術界做了總整理的工作，亦可視爲清代《周禮》學的集大成者。章炳麟即稱孫氏《周禮正義》爲：「古今言《周禮》者，莫能先也。」〔註 4〕給予極高的評價。曹元弼言：「孫氏《周禮正義》博采故書雅記，疏通證明，雖於高密碩意間有差池，而囊括網羅，言富理博，自賈氏以來，未有能及之也。」〔註5〕雖對孫氏駁正鄭玄注義處頗有微詞，基本上是肯定孫氏成就的。現代的學者，更無不以孫氏《周禮正義》一書作爲通解《周禮》經義的必讀著作。

　　筆者等人曾受林慶彰先生命，編輯《晚清經學研究文獻目錄（1901～2000年）》（已於 2006 年 10 月出版），在所收約二百筆研究孫詒讓的資料中，共有二十七筆資料是研究孫氏《周禮》著作的文章。加上二○○○年後發表的相關文章，共有三十一筆，其中臺灣學者所發表有一本碩士論文，五篇期刊論文；大陸學者所發表有二十五篇期刊論文。當中研究《周禮正義》有二十二篇，《九旗古義述》二篇，《周禮政要》六篇，《周禮三家佚注》一篇，《周禮注疏校記》與全面研究孫詒讓《周禮》學者，則無。

　　回顧歷來學者對於孫詒讓《周禮》學的研究，除去介紹性質的文章，筆

〔註 3〕〔清〕孫詒讓撰，張憲文輯：《孫詒讓遺文輯存》（溫州：浙江人民出版社，1990 年 5 月，《溫州文史資料》第五輯），頁 159。

〔註 4〕〔清〕章炳麟撰：〈孫詒讓傳〉，《章氏叢書正續編・家書・年譜》（臺北：世界書局，1982 年 4 月），文錄二，下冊，頁 75 右。

〔註 5〕曹元弼撰：〈書孫氏《周禮正義》後〉，《復禮堂文集》（臺北市：華文書局 1968 年），卷 4，頁 391。

者擇其要，將研究成果整理如下〔註6〕：

　　在《周禮正義》研究方面，一九六三年，杭州大學語言文學研究室出版《孫詒讓研究》論文集，其中探討孫氏《周禮》學者，有洪誠的〈讀《周禮正義》〉、沈文倬的〈孫詒讓《周禮》學管窺〉。

　　〈讀《周禮正義》〉一文，爲洪誠（1909～1980）的讀書筆記，文中以爲孫氏《周禮正義》有六善，如：一，無宗派之見；二，博稽約取，義例精純；三，析義精微平實；四，以實物證經；五，依據詳明，不攘人之善；六，全書組織嚴密。

　　但亦有「漢儒之誤未發，清人之誤誤述者」〔註7〕，如：一，信劉歆鄭玄說以《周禮》爲周公之書，終有未安；二，解〈王制〉、《孟子》與《周官》封國之矛盾猶未盡善；三，鄭氏《周官》職方注牽引〈王制〉之國數爲說，孫疏失糾；四，古今畝法之比誤算；五，說孤卿未安；六，《考工記》畫繢之事火以圜疏，於《尙書》某氏傳義似誤駁；七，車人步尺之數申鄭與記文不符；八，誤謂鄭玄《周禮注》有出於《毛詩傳》者。

　　又其文集中有許惟賢據洪氏筆記整理的〈讀《周禮正義》續篇〉，舉二十八事以糾孫氏，尋其內容，大約爲孫氏應出校而未校、引書內容與原書不符、誤解所引書之義、誤從前人之說、疏解兩職事相關聯處前後矛盾、誤引注文爲經文、賈《疏》未誤孫氏反怪賈誤讀等。但亦舉一事稱許孫氏考證精確絕倫者。〔註8〕王文錦點校《周禮正義》，於〈前言〉特別推薦洪氏其文，以爲「對本書做了全面深入的評價」。〔註9〕

〔註6〕必須說明的是，由高明、林尹指導，王更生先生撰寫的《籀廎學記：孫詒讓先生之生平及其學術》（臺北：國立臺灣師範大學國文研究所，1972年4月，後由臺北文史哲出版社於1972年8月出版，共2冊，809面。）是臺灣第一部全面討論孫氏生平與學術的著作。全書共分十章，分論孫氏生平與學術地位、經學（周禮、尚書）、子學（墨子）、甲骨學、金石學、文字學、斠讐學、目錄學等成果；書後附有〈孫詒讓先生著述經眼錄〉。由於此書較偏重孫氏整體學術成就，故於此不論。

〔註7〕洪誠撰：〈讀《周禮正義》〉，《孫詒讓研究》（上海：中華書局，1963年內部發行），頁25。

〔註8〕如第十二條，〈地官‧載師〉，誠案：孫氏引俞氏之說，不見於《續經解》、《群經平議》等書，此說實精確絕倫。漆林不在常科之內，不僅因稅重，實因其爲少數地區之特產，當時爲奢侈品，非如桑麻家家種之也。參見洪誠撰，許惟賢整理：〈讀《周禮正義》續篇〉，《洪誠文集‧雒誦廬論文集》（南京：江蘇古籍出版社，2000年9月），頁231。

〔註9〕〔清〕孫詒讓撰，王文錦、陳玉霞點校：〈本書前言〉，《周禮正義》（北京：

沈文倬（1917～2009），從曹元弼習《三禮》學。本文對孫氏《周禮正義》成就的評價爲：一，揭示大宰八法爲全書綱領以貫串眾職；二，比勘古子和今文諸書以疏通名物制度；三，蒐輯賈馬佚詁以辨明後鄭從違；四，究極群籍以評判鄭王是非；五，博稽諸家精義以匡糾注疏謬誤。不過沈氏以爲：

> 孫氏所處的是個新舊交替的時代，有可能接受新的方法進行研究，而他仍然只是通過漢儒舊訓以求疏解《周禮》本文，所走的仍是樸學家的路徑，不能改弦易轍，負起承先啓後的時代使命，僅僅做了清代《周禮》學的總結工作，而沒有新的開創。〔註10〕

又云：

> 孫氏在考訂舊注解以解通本文的努力，在清代諸新疏中最爲突出，「諸疏之冠」的評語是符合事實的。可是，也就在這上面，他疏解《周禮》本文，僅僅只依據舊注來進行，被清代樸學家的考據方法所限，不能再前進一步，我們說他在治學方法上沒有新的開創，就是指這一點。〔註11〕

沈氏所謂「新的開創」爲何？筆者推測，應是指清代金文研究頗盛，孫氏亦是其中翹楚，卻未運用金文研究成果以證《周禮》，殊爲可惜。筆者以爲，《周禮正義》完成後，孫氏才發現其中的關聯。

以《考工記・畫繢》「火以圜」爲例，鄭司農云：「爲圜形似火也。」鄭《注》：「玄謂形如半環然。」孫《疏》云：「然火形如半環，經典無文，未詳其說。」〔註12〕歷代學者對火何以如半環形皆無法解說，孫氏亦然。但他在撰作《名原》時，才發現金文火字皆作「屮」，其下即是一個半環形：

> 《考工記》「畫繢之事，火以圜」，鄭康成注云：「形如半環。」然此經說繢事與服章相應，而火之以圜，何以爲半環形，自來無能通其象義者。今據古文，火字作屮，亦半圜形，乃知古服章畫火，本如是作。此實《考工》之塙詁。〔註13〕

孫氏通過對金文「火」字偏旁的分析，知金文「火」字皆作「半圜形」，以知

中華書局，2000 年 3 月），頁 5。

〔註10〕沈文倬撰：〈孫詒讓《周禮》學管窺〉，《孫詒讓研究》，頁 37。

〔註11〕同注 10，頁 53。

〔註12〕〔清〕孫詒讓撰，王文錦，陳玉霞點校：《周禮正義》（北京：中華書局，1987 年 12 月），卷 79，冊 13，頁 3309。

〔註13〕〔清〕孫詒讓撰，戴家祥校點：〈古章原象弟二〉，《名原》（濟南：齊魯書社，1986 年 5 月），頁 4 下。

古服章畫火，本如是作，後人變「㞢」爲「业」，則是將圓筆拉成平線，再變成「火」，則爲歧足形，與原始火形不甚符合。才恍然大悟：

> 周經漢詁，亦莫能通矣！余舊箸《周禮正義》未窺是義，今記於此，
> 以補《疏》義之闕。〔註14〕

孫氏《名原》撰成於光緒三十一年，《周禮正義》成於光緒二十五年，二者相距六年，在他個人的著作中，悄悄地將金文研究與《周禮》研究聯繫在一起。「未窺是義」，其實已經透露他發現這兩者之間的關係。很可惜的是，三年後他便過世，沒來得及參與之後以出土文獻驗證傳世文獻的研究時代。

　　繼《孫詒讓研究》後，爲紀念孫氏誕生一百四十週年，逝世八十週年，溫州師範學院於一九八八年出版《孫詒讓紀念論文集》。集中有胡珠生《《周禮正義》稿本探略》。胡氏爲溫州市文物處館員，奉命整理孫氏《周禮正義》遺稿，因而撰成此文，以重現孫氏《周禮正義》成書過程。此篇文章對研究孫氏《周禮》學提供了許多第一手資料，不僅《周禮正義》本身，〈略例十二凡〉亦經過多次的修正，其中最重要的一次即是加入「以大宰八法爲綱領」這一條凡例，使孫氏的《周禮》研究豁然開朗，爲歷代《周禮》研究之創舉，胡氏更以此條凡例反駁沈文倬「僅僅只依據舊注來進行，被清代樸學家的考據方法所限制，在治學方法上沒有新的開創」之說。〔註15〕

　　陳漢章（1864～1938）〈《周禮》孫疏校補〉，此文爲陳氏未竟之作，現僅存天、地、春三官，凡六卷，由雪克整理，發表於《學術集林》。此文內容，據雪克言，題曰「校補」，校者，考校文字的訛誤衍奪，亦有析辨孫《疏》之誤說、誤從者；補者，藉引群籍以補孫《疏》之未備、未及，間有辯駁註疏以及各家禮說之失者。如〈天官・大宰〉「三曰予，已馭其幸」，孫《疏》：「呂飛鵬曰：《左傳》：『善人富謂之幸。』」陳氏校曰：

> 襄二十八年《傳》：「善人富謂之賞。」《釋文》無異文，唯《後漢
> 書・方術・折像傳》注引作「謂之幸」。章懷《注》多誤，不足據，
> 惠棟《補注》已糾之。《外傳・晉語》「九德不純而福祿並至謂之
> 幸」，又非「善人富」之義。〔註16〕

〔註14〕同註13。

〔註15〕胡珠生撰：〈《周禮正義》稿本探略〉，《孫詒讓紀念論文集》（溫州：溫州師範學院學報，1988 年增刊），頁 53。

〔註16〕陳漢章撰：〈《周禮》孫疏校補〉，《學術集林》（上海：上海遠東出版社，1994

此外，以本書證本書，從來就是校治古書的一種重要方法，陳氏廣引眾書以校補孫《疏》，如〈天官‧大宰〉孫氏疏解器貢、財貢、貨貢、服貢、物貢，皆引〈禹貢〉爲說，未及本經，陳氏補〈職方氏〉以求內證。〔註17〕孫氏《周禮正義》卷帙浩大，陳氏則以毅力與實學，一一校補，對研究孫氏此書有極大的幫助。

臺灣首先以專書形式研究孫詒讓《周禮正義》者，是一九九八年由岑溢成指導，孫致文撰寫的《孫詒讓「周禮正義」研究》。〔註18〕作者希望透過孫詒讓疏解《周禮》時，「在校勘、訓詁、制度考證等方面所展現對『經文』研究的得失；更希望能探究他在疏解『經文』時，所透露對『經義』的體會」。〔註19〕本文撰作的目的，在經由檢證孫氏對《周禮》經文的疏解，彰顯孫氏《周禮》研究「經世致用」的經學意義。

其中，作者對於《周禮》眞僞的問題，另立一章分析說明，他以清初首先對《周禮》提出質疑的萬斯大《周官辨非》作爲孫氏《周禮正義》的對照體，來檢視孫氏對「《周禮》爲僞」的辯駁是否合理，他說：

> 梁啓超認爲，《周官辨非》是第一部辨疑《周官》且「言言中肯」的專著。然而被梁啓超也推崇相信《周禮》爲「周公致太平之迹」的孫詒讓爲清代「惟一的《周禮》專家」。依常理判斷，如果萬斯大的論點成立，則今日所見的《周禮》一書，就絕非如孫詒讓所言是「周公致太平之迹」；相反的，如果孫詒讓的論點成立，則《周官辨非》所論就不可能「言言中肯」。對比二位專家所做出結論全然相反的論述，不但可以幫助我們認識孫詒讓研究《周禮》的方法，更可以幫助我們了解清儒辨證《周禮》眞僞時的依據與方法。〔註20〕

又說：

> 孫詒讓所參考的清人《周禮》考釋，據〈略例〉所言，大致以《經解》與《續經解》爲主，但《經解》、《續經解》只收錄萬斯大《學禮質疑》、《學春秋隨筆》、《禮記偶箋》三書，並未收《周官辨非》

年8月），頁64。
〔註17〕《《周禮》孫疏校補》，頁66～67。
〔註18〕孫致文撰：《孫詒讓「周禮正義」研究》（中壢：中央大學中國文學研究所碩士論文，1998年5月），210面。
〔註19〕同上注，頁20。
〔註20〕孫致文撰：《孫詒讓「周禮正義」研究》，頁78。

一書。孫詒讓確曾引用、辨證《禮記偶箋》等書的意見，但對於《周官辨非》一書所提出的四十七條論證，孫詒讓則並未加以辨證；但不知是有意不提，或是根本未曾見《周官辨非》一書。〔註21〕

根據以上兩段敘述，筆者以爲有幾點值得商榷，首先，梁啓超以學術史的角度來評論二書，則清初的萬氏有其價值，晚清的孫氏亦有其價值，二者的價值並不衝突。其次，何以《經解》、《續經解》未收《周官辨非》一書，虞萬里〈「正續清經解」編纂考〉說《皇清經解》刊刻時對所收書有一定的原則：

> 其原則據李祖望所說，爲「非實事求是者不錄，武斷附會者亦不錄」。閻若璩《古文尚書疏證》、胡渭《易圖明辨》兩書爲有功《書》、《易》之著，阮曾爲胡書作序，然皆不收，是兩書或有矯偏過激之論；阮推崇毛奇齡，序其全集，而不收其《古文尚書冤詞》，蓋以是書強辭掎摭太過故也。……要之，《清經解》所收著作，大多依阮氏標準甄採，偶有失收，亦必有因。〔註22〕

《周官辨非》是否爲「矯偏過激之論」、「強辭掎摭太過」，看看他在卷前的引言說《周禮》一書的害處：

> 乃其猥瑣不經，掊克無藝，一由其道，喪亡之至，如影隨形。……嗚呼！震於虛名，而忘其實禍，直謂之無是非之心，可也。不特此也，吾就其本文詳析，多自相謬戾，弊害叢生，不可一日行於天下。
>
> 周公之書，決不如此，故斷然還其名曰：《周官》。〔註23〕

這樣的言論，在阮元的標準來看，應是屬於「矯偏過激」之論、「強辭掎摭太過」之語。

林慶彰先生在《清初的群經辨僞學》中也說其書仍有不少可檢討的地方，一爲引用資料欠妥當者；二爲部分觀念待修正者；三爲論據不夠充實者。〔註24〕

〔註21〕同注20，頁78～79。

〔註22〕虞萬里撰：〈「正續清經解」編纂考〉，《榆枋齋學術論集》（南京：江蘇古籍出版社，2001年8月），頁700。

〔註23〕萬斯大撰：《周官辨非》（臺北：莊嚴文化公司，《四庫全書存目叢書》影天津圖書館藏清乾隆二十四年至二十六年刻萬充宗先生《經學五書》本，第85冊），頁645。

〔註24〕文中說明《周官辨非》的內容、萬斯大論辨《周禮》爲僞的方法，與萬氏立論的缺失。詳細內容請參看林慶彰撰：〈萬斯大的考辨（周禮）〉，《清初的群經辨僞學》（臺北：文津出版社，1990年3月），第6章第4節，頁352～354。

如此，亦可理解何以此書未收入《經解》中。不過，《周官辨非》也不全然不可取，林慶彰先生說：

> 萬氏之書，雖有上述諸多疏失，且批評《周禮》可謂不留餘地。然細究其用意，仍是在尊經。因為《周禮》與《五經》、《論語》、《孟子》不合，如果《五經》、《論語》、《孟子》是周公等聖人所留下來的書，則《周禮》必非聖人所作。排斥《周禮》，正是要判別聖人之書的真偽。亦即保護聖人之真書不受淆亂。《四庫提要》諷刺他：「非毀古經，其事則終不可訓。」未免把萬氏著書的用意看得太淺。〔註25〕

至於孫氏是否「有意不提」，或是「根本未曾見《周官辨非》一書」。以孫氏對《周禮》資料的掌握與研究的執著，推斷他是看過此書的。雖然作者認為孫氏參考了各家對《周禮》的意見，對前人意見中不允當的部分，孫氏會「略為辨證，用釋疑悟」，〔註26〕但對於立場完全相左的萬氏，恐怕不是「略為辨證」就可以解決。筆者以為作者的用意，實則以萬氏的質疑為線索，檢視孫氏對《周禮》真偽問題的解釋是否合理。只不過萬氏的立論頗具爭議性，孫氏的立說也不專為辯駁萬氏而作，因此難免各說各話，就連作者也說：「檢視萬斯大的質疑，與孫詒讓的疏解，我們可以發現二人論述的交集部分很少。」〔註27〕因此在取材方面，或許可以再斟酌。歷來學者對於《周禮》真偽問題，可謂極欲解決卻苦無明確的定論。作者同年發表的〈「周禮」真偽爭論──萬斯大與孫詒讓之對比研究〉〔註28〕，則是延續其碩士論文的第三章內容，做更詳細的比對分析，結論則仍承原說。

在《九旗古義述》研究方面，《九旗古義述》是孫詒讓討論《周禮》旗制問題的專著。此書為了修正《周禮正義》疏解旗制問題的缺失而作。胡玉縉〈「九旗古誼述」跋〉〔註29〕說孫氏雖負「經學盛名」，但此書卻「足誤後學」。〔註30〕一九九九年三月孫致文發表〈孫詒讓「九旗古誼述」解經方法

〔註25〕同注24，頁354。

〔註26〕〈周禮正義略例十二凡〉，《周禮正義》，頁5。

〔註27〕《孫詒讓「周禮正義」研究》，頁100。

〔註28〕孫致文撰：〈「周禮」真偽爭論──萬斯大與孫詒讓之對比研究〉，《國立中央大學中文所研究集刊》（中壢：國立中央大學中國文學研究所，1998年5月），第5期，頁1～13。

〔註29〕「九旗古義述」之「義」，與「誼」字通。

〔註30〕胡玉縉撰：〈「九旗古誼述」跋〉，《許廎學林》（臺北：世界書局，1963年4月），頁313。

試析〉〔註31〕，嘗試推翻胡玉縉認爲孫氏採取「約推」的解經方式無異於毫
無實據的「臆測」。作者認爲，孫詒讓的疏解雖未必能考據出周代旗制的眞
貌，但充分展現他企圖呈顯《周禮》旗制的完密的願望：「孫詒讓據他對《周
禮》旗制的認識綜理出文例，再進而約推出經文中沒有明確記載的制度；經
由綜理文例、約推制度，更有力地支持『九旗五正』的論點，如此則更能展
現他所疏解的《周禮》結構的縝密、制度的完備」。〔註32〕

　　二〇〇四年，吳土法發表〈「九旗」鄭、孫說平議〉一文。則著重分析比
較鄭玄、孫詒讓二者對「九旗」的解釋何者爲是。

　　歷代學者對《周禮‧春官‧司常》經文「掌九旗之物名，各有屬，以待
國事。日月爲常，交龍爲旂，通帛爲旜，雜帛爲物，熊虎爲旗，鳥隼爲旟，龜
蛇爲旐，全羽爲旞，析羽爲旌。」的解釋各有差異，要之有二說，其一爲九種
旗幟說，以鄭玄爲代表；其二爲五正旗四通制說，以孫詒讓爲代表。作者從
《周禮》的性質、上下文義、數詞的使用上，來判定二者說法之眞確性，更
將《周禮》所有出現數詞的地方擷取出來，如：三酒、三德、四籩、四豆、
五刑、王之五路、六典、王后六服、七事、八柄、龜之八命、九職、九儀之
命、十輝之法、荒政十有二等，製成表格，以觀其數爲虛詞或實指，得出此
書出現的數詞皆爲實指，即所標數詞的大小與所指事物的多少完全對應，「不
僅反映了作爲法典的《周禮》在語言表述上的嚴肅性，而且，還從語言的角度
提供了〈司常職〉「九旗」的經義當是九種旗幟的佐證」。〔註33〕

　　在《周禮政要》研究方面，由於晚清政治環境的紛亂，使知識份子目睹
危難，群起思索變法圖強的方法，爲經學帶來了前所未有的衝擊。經學發展
到晚清，出現了一種特殊的解經方式，不論古文學家或今文學家，皆嘗試以
西方制度、學說比附經學著作。孫詒讓的《周禮政要》便在這樣的環境下產
生。一九九九年六月，胡楚生發表〈晚清知識份子變法圖強之改革規劃——以
孫詒讓「周禮政要」爲例〉一文，肯定了孫詒讓的改革意見：「孫詒讓以古文
經學大師的身分，也能走出書齋，關懷社會，撰成《周禮政要》一書，以表

〔註31〕孫致文撰：〈孫詒讓「九旗古誼述」解經方法試析〉，《第五屆近代中國學術研
　　　　討會論文集》（中壢：中央大學中國文學系所，1999 年 3 月），頁 263～280。
〔註32〕同上注，頁 278。
〔註33〕吳土法撰：〈「九旗」鄭、孫說平議〉，《文史》（2004 年 5 月），2004 年第 2 輯，
　　　　頁 221。

達其對於改革規劃的看法，確實不易」。〔註34〕文中除對孫氏此書內容分析解
說外，更將孫氏在書中的改革意見與康有爲在戊戌年間「百日維新」時所提
出的改革建議做比對，以觀二人的優劣。

作者雖在文中多方肯定孫氏此書的成就，但認爲《周禮政要》並非完備，
其中許多觀念仍有討論的空間，胡玉縉即說「此書刊行後，高視詒讓者謂不
應做此書」〔註35〕可見當時學者就頗有微詞。不過，相較於湯志鈞在《近代
經學與政治》中說孫氏「留戀封建舊典」、《周禮政要》一書是「爲清政府『更
法』騙局的粉飾之作」〔註36〕，筆者以爲作者以更寬厚的標準看待孫氏，肯
定其用心「具有一種極爲可貴的情操存在」。〔註37〕

在《周禮三家佚注》研究方面，筆者於二〇〇三年十二月發表〈孫詒讓的輯
佚成果──《周禮三家佚注》〉，主要探討孫氏輯《周禮》佚注的成果。〔註38〕
此文經過修補，已收入本文第三章「輯佚之作──《周禮三家佚注》」。

以上大致回顧了研究孫詒讓《周禮》學的成果。由於臺灣學者對孫詒讓
的《周禮》學注意較晚，故研究成果較少；大陸方面則多次舉辦孫詒讓學術
研討會與紀念活動，瑞安地區更是將孫氏遺稿保存完善，而有較好的研究環
境。綜而論之，早期臺灣學者對孫詒讓資料取得不易，想要一窺孫氏的學術，
自然添了幾分困難度。在生平資料上，《孫衣言孫詒讓父子年譜》〔註39〕未出
版前，臺灣的學者僅能根據朱芳圃所編的《清孫仲容先生詒讓年譜》與零星
的傳記資料做研究；在著作內容上，臺灣藝文印書館雖出版了《孫籀頃先生
集》〔註40〕，因《周禮正義》卷帙繁多；《契文舉例》、《名原》墨丁、錯誤滿

〔註34〕胡楚生撰：〈晚清知識份子變法圖強之改革規劃──以孫詒讓「周禮政要」
　　　爲例〉，《文史學報》（臺中：國立中興大學文學院，1999 年 6 月），第 29 期，
　　　頁 1。

〔註35〕胡玉縉撰：〈「周禮政要」跋〉，頁 314。

〔註36〕湯志鈞撰：《近代經學與政治》（北京：中華書局，2000 年 8 月），頁 244。

〔註37〕同注 34，頁 25。

〔註38〕葉純芳撰：〈孫詒讓的輯佚成果──「周禮三家佚注」〉，《書目季刊》（臺北：
　　　臺灣學生書局，2003 年 12 月），第 37 卷第 3 期，頁 64。

〔註39〕孫延釗撰，徐和雍、周立人整理：《孫衣言孫詒讓父子年譜》（上海：上海社
　　　會科學院出版社，2003 年 7 月），491 面。

〔註40〕孫詒讓撰：《孫籀頃先生集》（臺北：藝文印書館，1963 年）共 16 冊，第 1
　　　冊：《古籀拾遺》三卷、《古籀餘論》三卷、《契文舉例》二卷、《名原》二卷；
　　　第 2 冊：《籀膏述林》十卷、《周書斠補》四卷；第 3 冊《札迻》十二卷、第 4
　　　～5 冊：《墨子閒詁》十五卷（〈目錄〉一卷、〈附錄〉一卷、〈後語〉二卷、〈附

紙，想要研究，就必須先將其書校點一過，方可使用，因此學者望之卻步，興趣缺缺，可以理解。近年來對孫詒讓的研究逐漸增加，孫氏的成就為學者所公認，網路的發達、資料的易於取得固然是原因，但孫氏著作《周禮正義》、《十三經注疏校記》、《札迻》、《古籀餘論》、《古籀拾遺》、《契文舉例》、《名原》等書陸續重新點校整理出版〔註41〕，才是真正刺激學者想要研究孫詒讓學術的主要因素。

回顧前輩學者的研究，可以說將重心皆放在《周禮正義》上，若能將孫氏所有《周禮》學著作做一全面的探討，將更能展現孫氏研治《周禮》的整體成就。因此，本論文以「孫詒讓《周禮》學研究」為題，首要目的，是探討孫詒讓《周禮》學如何形成，要完成此目的，需要將孫氏《周禮》學之相關著作做詳細的歸納與分析；其次，從歸納分析後的成果，來探討孫氏的《周禮》觀、解經方法以及孫氏的《周禮》學在經學史上的價值。

在章節的安排上，除第一章緒論、第九章結論外，本文共分為七章。茲分述如下：

第二章主要探討清代《周禮》學的發展，以了解清代學者對《周禮》一經所抱持的態度與研究成果。為求全文的完整，綜合前人的研究成果，將自漢代至明代《周禮》研究的發展作一全面但簡要的敘述。

第三章述說孫詒讓生平傳略、成學背景。由於孫詒讓的生平已有專著論述，且有學者為其編纂年譜，因此本章僅對孫氏生平作重點說明。但一個學者的成學背景與其學術有極緊密的關係，故於「成學背景」較多著墨。「孫詒讓學術簡譜」為筆者碩士論文所整理〔註42〕，不過當時無法取得孫延釗《孫徵君籀廎公年譜》的稿本，許多資料待補。又近來由周立人、徐和雍整理的《孫衣言孫詒讓父子年譜》出版，亦有許多詳盡的資料，於此一併補齊。

第四章至第八章則對孫氏《周禮》學著作做全面的分析與歸納。

定本墨子閒詁校補〉十五卷）；第6～16冊：《周禮正義》八十六卷。

〔註41〕 《周禮正義》由北京中華書局委任王文錦、陳玉霞點校；《十三經注疏校記》由濟南齊魯書社委任雪克輯點；《札迻》由北京中華書局委任梁運華點校；《古籀餘論》由上海華東師範大學出版社委任戴家祥點校；另外中華書局亦有《古籀拾遺》、《古籀餘論》標點本出版；《契文舉例》、《名原》則由濟南齊魯書社分別委任樓學禮、戴家祥點校。

〔註42〕 葉純芳撰：《孫詒讓「名原」研究》（臺北：私立東吳大學中國文學研究所碩士論文，1999年6月），237面，許錟輝先生指導。後收入《古典文獻研究輯刊》第四編第26冊（臺北：花木蘭文化出版社，2007年3月）。

　　第四章以《周禮注疏校記》為論述孫氏校勘《周禮》成果的主要依據。《十三經注疏校記》是孫氏的未刊稿，其中，又以《周禮注疏校記》所校刊條目最多，篇幅幾乎佔全書之半。孫氏之前，清代的浦鏜、阮元皆曾從事《十三經注疏》校勘的工作，阮元的《校勘記》更成為後代學者研究《十三經注疏》最常用的本子。孫氏仍不厭其煩重新校勘的目的、《周禮注疏校記》的體例、與孫氏如何在《周禮正義》中運用其校勘成果，是本章所要解決的問題。

　　第五章以《周禮三家佚注》為探討孫氏輯《周禮》古注佚文成果的主要依據。首先說明賈、馬、干三家《周禮》注的價值；其次說明本書的撰作動機與體例，再以梁啟超在《中國近三百年學術史》中「鑑定輯佚書的標準」，對孫詒讓與前人所輯的三家注作比較，以觀孫氏的輯佚成果；最後為孫詒讓在《周禮正義》中對三家注佚文的運用。

　　第六、第七章以《周禮正義》為討論孫氏疏解《周禮》成果的主要依據。第六章主要分析《周禮正義》的撰作動機、體例、版本、校勘與孫氏的解經方法、詮釋準則等問題。第七章主要探討孫氏如何處理《周禮》一經在歷代懸而未決的問題上，如作者、成書年代、定名、源流等。此外，《周禮正義》完稿後，孫氏認為自己對「九旗」的解釋沒有妥善解決而耿耿於懷，於是又取《詩》、《儀禮》、《爾雅》諸經與九旗相涉之文，悉心校核，而成《九旗古義述》一卷七篇。本章第二個重點，則對鄭玄、孫詒讓對旗制的看法做比較分析；其次比對《周禮正義》與《九旗古義述》二書之說法，以探討孫氏前後想法的改變。又，《周書》中之〈職方〉，內容與〈夏官‧職方氏〉如出一轍，學者每每在判定《周禮》、《周書》的真偽時，或以為《周禮》抄《周書》，又或以為《周書》襲《周禮》。孫氏的態度為何，以及他如何處理鄭《注》、賈《疏》調停〈職方氏〉與《禮記‧王制》土地制度的問題，是本章所要探討的第三個重點。

　　第八章以《周禮政要》為分析孫氏藉《周禮》以寄寓個人政治理想的主要依據。經學發展到晚清，出現了一種特殊的解經方式，不論古文學家或今文學家，都以西方制度、學說比附中國傳統經典。而《周禮政要》即是此種氣氛之下的產物。本章首論晚清西學大量進入中國，傳統經學穩固的地位遭到衝擊後的因應之道，其次分析《周禮政要》的體例與內容，最後解析孫詒讓如何從《周禮》中找到「經世致用」的途徑。

附錄：孫詒讓《周禮》學研究目錄

【周禮正義】

1. 曹元弼，書孫氏「周禮正義」後

  　浙江學報，第 1 卷第 1 期，頁 9～10，1947 年 9 月

2. 胡玉縉，「周禮正義」答問

  　浙江學報，第 1 卷第 1 期，頁 87，1947 年 9 月

3. 任銘善，孫仲頌先生之「周禮」學

  　圖書展望復刊，第 5 期，孫仲容先生百歲紀念專輯，頁 14～
  15，1947 年 10 月 31 日

  　中國經學史論文選集（下），頁 618～622，臺北，文史哲出版
  社，1993 年 3 月

4. 洪誠，讀「周禮正義」

  　孫詒讓研究，頁 21～36，上海，中華書局，1963 年（內部發行）

  　洪誠文集，頁 196～223，南京，江蘇古籍出版社，2000 年 9 月

5. 洪誠撰、許惟賢整理，讀「周禮正義」續篇

  　洪誠文集，頁 224～247，南京，江蘇古籍出版社，2000 年 9 月

6. 沈文倬，孫詒讓「周禮」學管窺

  　孫詒讓研究，頁 37～53，上海，中華書局，1963 年（內部發行）

  　宗周禮樂文明考論，頁 435～463，杭州，杭州大學出版社，
  1999 年 12 月

7. 李學勤，「周禮」與秦律——讀「周禮正義」札記之一

  　孫詒讓紀念論文集，溫州師範學院學報 1988 年增刊，頁 4～11，
  溫州，溫州師範學院，1988 年 12 月

8. 沈文倬、陳戌國，孫詒讓「周禮正義」平議

  　孫詒讓紀念論文集，溫州師範學院學報 1988 年增刊，頁 12～
  29，溫州，溫州師範學院，1988 年 12 月

9. 王世偉，「周禮正義」校勘述略

  　孫詒讓紀念論文集，溫州師範學院學報 1988 年增刊，頁 30～
  43，溫州，溫州師範學院，1988 年 12 月

  　文史，第 33 輯，頁 309～317，北京，中華書局，1990 年 10 月

10. 胡珠生，「周禮正義」稿本探略

  　孫詒讓紀念論文集，溫州師範學院學報 1988 年增刊，頁 44～

66，溫州，溫州師範學院，1988 年 12 月

11. 邱德修，點校本「周禮正義」

漢學研究通訊，第 8 卷第 3 期，頁 205～206，1989 年 9 月

12. 顧頡剛，研究孫詒讓「周禮・職方氏・正義」之題目

顧頡剛讀書筆記，第 3 卷，頁 1810～1811，臺北，聯經出版事
業公司，1990 年 1 月

13. 劉宗賢，孫詒讓及其「周禮正義」

中國儒學，頁 819～822，成都，四川人民出版社，1993 年 5 月

14. 陳漢章撰、雪克整理，「周禮・天官」孫疏校補（卷一至卷二）

學術集林，卷 1，頁 60～92，上海，上海遠東出版社，1994 年
8 月

15. 陳漢章撰、雪克整理，「周禮・地官」孫疏校補（卷三至卷四）

學術集林，卷 2，頁 41～72，上海，上海遠東出版社，1994 年
12 月

16. 陳漢章撰、雪克整理，「周禮」孫疏校補（卷五至卷六）（編者案：春官
校補）

學術集林，卷 12，頁 8～53，上海，上海遠東出版社，1997 年
12 月

17. 李學勤，周禮正義

失落的文明，頁 362～363，上海，上海文藝出版社，1997 年
12 月

18. 孫致文，孫詒讓「周禮正義」研究

中壢，中央大學中國文學研究所碩士論文，210 面，1998 年 5
月，岑溢成指導

19. 孫致文，「周禮」真偽爭論──萬斯大與孫詒讓之對比研究

國立中央大學中文所研究集刊，第 5 期，頁 1～13，1998 年 5 月

20. 余啟定，略論孫詒讓對《周禮》中教育體制的考證

紀念孫詒讓論文集，頁 70～75，香港，天馬圖書有限公司，2000
年 10 月

21. 林存陽，孫詒讓與《周禮正義》

清史論叢，2005 年號，頁 191～200，2005 年 1 月

22. 李學勤，讀孫詒讓《周禮正義・天官》筆記

清代經學與文化，頁 34～37，北京，北京大學出版社，2005
年 11 月

【九旗古義述】

1. 孫致文，孫詒讓「九旗古誼述」解經方法試析

　　　第五屆近代中國學術研討會論文集，頁 263～280，中壢，中央
大學中國文學系所，1999 年 3 月

2. 吳土法，「九旗」鄭、孫說平議

　　　文史，2004 年第 2 輯（總第 67 輯），頁 207～222，2004 年

【周禮政要】

1. 凡庸，從孫詒讓「周禮政要」一書看晚清弊政與變法維新

　　　民主憲政，第 6 卷第 9 期，頁 14～18，1954 年 4 月

2. 王季思，孫仲容先生「自題「周禮政要」八絕句」淺釋

　　　孫詒讓紀念論文集，溫州師範學院學報 1988 年增刊，頁 67～
74，溫州，溫州師範學院，1988 年 12 月

3. 烏錫非，孫詒讓「周禮政要」評議

　　　古文獻研究，頁 76～83，哈爾濱，哈爾濱師範大學「北方論叢」
編輯部出版，1989 年 6 月

4. 屈守元，孫詒讓「周禮政要」

　　　經學常談，頁 80～81，成都，巴蜀書社，1992 年 7 月

5. 胡楚生，孫詒讓「周禮政要」析評——晚清知識份子變法圖強之改革規
劃文史學報（中興大學），第 29 期，頁 1～26，1999 年 6 月

　　　經學研究論集，頁 161～198，臺北，臺灣學生書局，2002 年
11 月

6. 俞雄，試論「周禮政要」

　　　紀念孫詒讓論文集，頁 76～88，香港，天馬圖書有限公司，2000
年 10 月。

【周禮三家佚注】

1. 葉純芳，孫詒讓的輯佚成果 ——「周禮三家佚注」

　　　書目季刊，第 37 卷第 3 期，頁 49～78，2003 年 12 月

第二章　清代《周禮》學探究

　　清代，由於漢學復興，考據學風的盛行，出現一批以輯佚、校勘、文字、聲韻、訓詁為解經方法的名家與著作，《周禮》的研究才又重現曙光，不論在質與量上，都得到前所未有的成就，深深影響晚清孫詒讓《周禮正義》的完成。

　　本章以「清代《周禮》學探究」為題，探討清代《周禮》學的發展，以了解清代學者對《周禮》一經所抱持的態度與研究成果。首先必須說明，本文對清代學術的分期，一依林慶彰先生所言〔註1〕，分為三個階段：

　　一是「以辨偽為主的清初經學」——順治、康熙、雍正三朝，合計九十二年，是理學逐漸衰落，清學漸次興起的時期，也可說是清學的建立期。二是「以小學、名物考訂為主的乾嘉經學」——乾隆、嘉慶二朝，合計八十五年，是清學大為發皇的時期。三是「今文學發皇的晚清經學」——道光、咸豐、同治、光緒、宣統五朝，合計九十一年，是清學轉變、衰微和西學入侵的時期。而乾嘉樸學是清代學術的主流楨幹。

　　本章主要分為三小節，第一節為「清初的《周禮》學探究」，為求全文的完整，將歷代《周禮》研究的發展作一全面而簡要的敘述，綜合前人的研究成果，歷述自漢至明《周禮》研究的大致發展；其次以清初學者萬斯大、毛奇齡、方苞、惠士奇的《周禮》著作為主要敘述對象，探討清初研治《周禮》的趨勢，以及對乾嘉學者的影響。第二節為「乾嘉時期的《周禮》學研究」，以《四庫全書》、《續修四庫全書》、《四庫未收書輯刊》、《皇清經解》、《續皇

〔註1〕詳參林慶彰撰：〈導言〉，《清代經學國際研討會論文集》（臺北：中央研究院中國文哲研究所，1994 年 6 月），頁 1～4。

清經解》所收《周禮》學著作爲討論範圍，並分爲「輯佚」、「校勘」、「義例的歸納」、「名物制度的考釋」四個方向討論。最後總結乾嘉學者研治《周禮》的貢獻，歸納其研究成果。第三節爲「晚清的《周禮》學研究」，晚清雖是公羊思想興盛的時期，不過，仍有許多學者潛心於《周禮》的研究，只是由於孫詒讓《周禮正義》成就斐然，使得同時期的《周禮》著作隱没在孫氏之下。本節主要根據《續修四庫全書》，介紹這些著作，以觀晚清研究《周禮》之趨勢。

清人雖常有兼通《三禮》的著作，但爲免篇幅過大、範圍太廣，本章以《周禮》專書爲討論重點，並不涉及《儀禮》、《禮記》以及通論《三禮》的部分。

第一節　清初《周禮》學探究

一、清以前《周禮》學的發展

《周禮》一書，於群經中最晚出，在漢初並沒有傳授源流可尋，故爲眾儒所排斥，其發現經過也言人人殊〔註2〕，一直不被重視，更遑論置博士，立學官。平帝元始四年（西元 4 年），王莽欲託《周禮》改制，極力宣揚〔註3〕，至其居攝時期（約西元 6～8 年），並由劉歆奏請立於博士。〔註4〕《經典釋文·序錄》云：「王莽時，劉歆爲國師，始建立《周官經》，以爲《周禮》。」〔註5〕

〔註 2〕 《周禮》一書的出現，約有以下三種說法：（一）出於山巖屋壁，賈公彦〈序周禮廢興〉引馬融《周官傳》說主之。（二）出於孔安國所獻，《後漢書·儒林傳》主之。（三）出於漢人李氏獻於河間獻王，《經典釋文·敘錄》、《隋書·經籍志》主之。

〔註 3〕 〈王莽傳〉云：「是歲，莽奏起明堂、辟雍、靈臺，爲學者築舍萬區，做市、常滿倉，制度甚盛。立樂經，益博士員，經各五人。徵天下通一藝教授十一人以上，及有《逸禮》、古《書》、《毛詩》、《周官》、《爾雅》、天文、圖讖、鍾律、月令、兵法、《史篇》文字，通知其意者，皆詣公車。」參見〔漢〕班固撰，〔唐〕顏師古注：《漢書》（臺北：洪氏出版社，1975 年 9 月），卷 99 上，〈王莽傳〉第 69 上，頁 4096。

〔註 4〕 《漢書·藝文志·六藝略》禮類有「《周官經》六篇」，班固云：「王莽時，劉歆置博士。」顏師古《注》：「即今之《周官禮》也，亡其〈冬官〉，以《考工記》充之。」參見《漢書》，卷 30，〈藝文志〉第 10，頁 1709～1710。

〔註 5〕 〔唐〕陸德明撰，吳承仕疏證：《經典釋文序錄疏證》（臺北：崧高書社，1985 年 4 月）頁 100。

而且劉歆還教生徒學習《周禮》：

> 河南緱氏杜子春受業於歆，還家以教門徒，好學之士鄭興父子等，
> 多往師之。賈景伯亦作《周禮解詁》。〔註6〕

不過，新莽政權維持不到二十年就滅亡，王莽所立諸博士也因此被廢，再加上兵禍連年，到了東漢，國家趨於穩定時，劉歆的學生只剩下杜子春傳授《周禮》，賈公彥〈序周禮廢興〉引馬融《周官傳》云：

> 奈遭天下倉卒，兵革並起，疾疫喪荒，弟子死喪。徒有里人河南緱
> 氏杜子春尚在，永平之初，年且九十，家于南山，能通其讀，頗識
> 其說，鄭眾、賈逵往受業焉。眾、逵洪雅博聞，又以經書記傳，相
> 證明爲解，逵《解》行於世，眾《解》不行。兼攬二家，爲備多所
> 遺闕。然眾時所解說，近得其實，獨以〈書序〉言「成王既黜殷命，
> 還歸在豐，作《周官》」，則此《周官》也，失之矣。〔註7〕

由現存的文獻，可知《周禮》的傳授，從王莽倡《周禮》，劉歆授徒開始。劉歆生於甘露初年，年七十餘（西元前 53～前 23），早年精於《左傳》，直到年約六十，開始講授《周禮》，所以馬融《周官傳》才會說「多銳精於《春秋》，末年，乃知其周公致太平之迹，迹俱在斯」。〔註8〕不過，爲什麼「銳精於《春秋》」，會知《周禮》爲周公致太平之迹呢？原來劉歆因詳研《左傳》，見《左傳》言「周禮」事，如《左傳・閔公元年》「魯猶秉周禮」〔註9〕、《左傳・文公十八年》「先君周公制周禮」〔註10〕、《左傳・昭公二年》「周禮盡在魯矣」〔註11〕等文，又於校書過程中，發現《周官》內容與《左傳》文中所言「周公制周禮」之事頗近似，於是恍然大悟，把這兩件事聯想在一起，「乃知其周公致太平之迹，迹俱在斯」，而認定《周官》即周公所作之政典。

　　劉歆的學生杜子春，在明帝永平初年，約九十歲，因此杜子春在年約三十五歲時學《周禮》於劉歆。子春又傳於鄭興、鄭眾父子以及賈逵，他們皆作《周禮解詁》，〈序周禮廢興〉引鄭玄《序》云：

〔註6〕同注4。
〔註7〕〔唐〕賈公彥撰：〈序周禮廢興〉，頁 10 全。
〔註8〕〔唐〕賈公彥撰：〈序周禮廢興〉，頁 10 左。
〔註9〕〔晉〕杜預注，〔唐〕孔穎達疏：《重栞宋本左傳注疏附校勘記》（臺北：藝文印書館，1989 年，據嘉慶二十年江西南昌府學本影印），卷 11，頁 2 左～3 右。
〔註10〕同上注，卷20，頁 13 右。
〔註11〕同上注，卷42，頁 1 左。

世祖（光武帝劉秀）以來，通人達士大中大夫鄭少贛，名興，及子
大司農仲師，名眾，故議郎衛次仲、侍中賈君景伯、南郡太守馬季
長皆作《周禮解詁》。〔註12〕

《周禮》一書，原名《周官》，或出於山巖屋壁，又復入祕府，以目前的資
料無法判定由誰發現、獻書給朝廷。劉歆校書時得見《周官》，並改名為《周
禮》，傳予杜子春等徒，杜子春再傳授鄭眾、賈逵等人。而《周禮》一書得
以傳世。

在《周禮》學史上，有一個非常重要的人——鄭玄（127～200）。鄭玄師
事馬融，又從張恭祖受《周禮》，所見到的《周禮》說解有鄭興、鄭眾、衛宏、
賈逵與馬融五家，至於張恭祖，則不知是否有解詁之作。漢代經學相傳有今
古文之爭，《周禮》自發現起就是古文，故無今古文之問題。但是漢注家在注
經時則壁壘分明，賈、馬等人注《周禮》絕不取今文說，何休注《公羊春秋
傳》亦絕不引《周禮》。林慶彰先生指出，西漢宣帝以後，今文博士為了長久
保有地位，解釋經書時，逐漸和政治結合。當時統治者喜歡陰陽災異，這些
博士和他的弟子們，馬上把經書附會上陰陽災異；統治者喜歡以經書論教化，
經書也成了教化的工具；統治者喜歡圖讖，經書也染上圖讖的色彩。〔註 13〕
在這種情況下，經師們對經書的解釋，已不僅是字句的訓詁或文義的闡釋，
而是假借經書中的一兩句話，牽引許多資料，如此動輒數十萬言，或數百萬
言煩瑣的章句之學，已令時人感到厭煩而無所適從，並且無法善盡解經的功
能，於是今文學家開始逾越家法，雜取古文經記解經，以應時需，故使今古
文經學的界限日趨模糊。

鄭玄博極群經而尤擅長禮學，由於他本身兼習今古文經學，故融合今古
文經說，完成《周禮注》、《儀禮注》、《禮記注》等禮學著作，他的重要性，
如唐孔穎達云：「《禮》是鄭學。」〔註14〕何以稱「禮是鄭學」？陳秀琳以為：

鄭說之外，雖有別解，且別解或亦非全不可通者。然疏家必欲申鄭
說而不取別解，於是稱「禮是鄭學」，謂當以鄭說為正也。〔註15〕

〔註12〕 同注 7，頁 12 右。
〔註13〕 林慶彰撰：〈兩漢章句之學重探〉，《中國經學史論文選集》（臺北：文史哲出
版社，1992 年 10 月），頁 284。
〔註14〕 〔漢〕鄭玄注，〔唐〕孔穎達疏：《重栞宋本禮記注疏附校勘記》（臺北：藝文
印書館，1989 年，據嘉慶二十年江西南昌府學本影印），卷 14，頁 3 右。
〔註15〕 陳秀琳撰：〈「禮是鄭學」說〉，《經學研究論叢》（臺北：臺灣學生書局，1999

又云：

> 〈三年問〉「然則何以至期也」，《注》：「言三年之義如此，則何以有
> 降至於期也？期者謂爲人後者、父在爲母也。」《疏》先述《注》義，
> 乃稱「今檢尋經意」，自推經義，與鄭說爲異，後云：「鄭之此釋，
> 恐未盡經意。但既祖鄭學，今因而釋之。」據此則《疏》稱「禮是
> 鄭學」，意謂講解《三禮》之書，不問其妥否、是非，都當以鄭說爲
> 準，可知。然則「禮是鄭學」猶如所謂「疏不破注」，意之所在，不
> 相遠也。〔註16〕

楊天宇以爲，這句話最根本的意思是：後世之禮學皆宗鄭學，或後世治
禮學者，皆不可捨鄭學。〔註17〕鄭玄的注解逐漸取代其他經師的注解，成爲至
今唯一通行的漢代注本。即使鄭玄注經亦有缺失：雖謂調合今古文，但遇今古
文無法彌縫的地方，如《周禮・職方氏》與〈王制篇〉內容差異處，則指《周
禮》爲周制，〈王制〉篇爲殷商制；又喜用讖緯之說以解經；亦好用漢制況古制
等等，都爲歷來學者所病。不過，大部分學者仍肯定鄭《注》對《周禮》的貢
獻。

鄭玄雖然結束了漢代今古文相爭的時代，卻面臨魏晉時期王肅（195～
256）的挑戰。王肅是繼鄭玄之後，遍注群經的學者。〔註18〕鄭玄先習今文經
學，後習古文經學〔註19〕；王肅則是古文學出身，二者最大的差異，便是鄭

　　　年 6 月），第 6 輯，頁 114。

〔註16〕同注 15。

〔註17〕楊天宇撰：〈略論「禮是鄭學」〉，《經學探研錄》（上海：上海古籍出版社，2004
　　　年 11 月），頁 284。

〔註18〕據《隋書・經籍志》中所著錄魏晉人的經學著作，王肅注有：《周易》十卷、
　　　《尚書》十一卷、《毛詩》二十卷、《周官禮》十二卷、《禮記》三十卷、《禮
　　　記音》一卷、《儀禮》十七卷、《喪服經傳》一卷、《喪服要記》一卷、《春秋
　　　左氏傳》三十卷、《孝經》一卷、《論語》十卷。著有：《尚書駁議》、《毛詩義
　　　駁》八卷、《毛詩奏事》一卷、《毛詩問難》二卷、《祭法》五卷、《明堂議》
　　　三卷、《春秋外傳章句》一卷、《論語釋駁》三卷、《孔子家語》二十一卷、《聖
　　　證論》十二卷。參見葉純芳撰：〈魏晉經學定位問題〉，《經學研究論叢》（臺
　　　北：臺灣學生書局，2002 年 3 月），頁 20～24 所整理。

〔註19〕鄭玄，師事京兆第五元先，始通京氏《易》、《公羊春秋》、《三統歷》、《九章
　　　算術》。又從東郡張恭祖受《周官》、《禮記》、《左氏春秋》、《韓詩》、《古文尚
　　　書》。以山東無足問者，乃西入關，因涿郡盧植，事扶風馬融。參見〔劉宋〕
　　　范曄撰，〔唐〕李賢等注：《後漢書》（臺北：洪氏出版社，1978 年 10 月），卷
　　　35，頁 1207。

玄相信讖緯之說，王肅不相信。《隋書・經籍志》說：

> 王莽好符命，光武以圖讖興，遂盛行於世。漢時，又詔東平王蒼，
> 正五經章句，皆命從讖。俗儒趨時，益爲其學，篇卷第目，轉加增
> 廣。言五經者，皆憑讖爲說。唯孔安國、毛公、王璜、賈逵之徒獨
> 非之，相承以爲妖妄，亂中庸之典。故因漢魯恭王、河間獻王所得
> 古文，參而考之，以成其義，謂之「古學」。當世之儒，又非毀之，
> 竟不得行。魏代王肅，推引古學，以難其義。王弼、杜預，從而明
> 之，自是古學稍立。至宋大明中，始禁圖讖。〔註20〕

則王肅所要做的，是要恢復純正的古學，將漢注家以讖緯釋經從經書中革除，
王學並興盛於西晉。或有學者認爲王肅爲了反對鄭玄而僞造《孔子家語》以
與己說合，目的在以投機的方式取代鄭玄經學大師的地位，在操守上是一個
重大的缺失，因此全盤否定王肅的學問，這點，王肅似乎也預料到了，他在
《孔子家語・序》說：

> 鄭氏學行五十載矣。自肅成童，始志于學，而學鄭氏學矣。然尋文
> 責實，考其上下，義理不安，違錯者多，是以奪而易之。世未明其
> 款情，而謂其苟駁前師，以見異于人，乃慨然而嘆曰：「豈好難哉！
> 予不得已也。」〔註21〕

王肅的治經態度雖然正確，但是爲什麼無法完全取代鄭學？牟鍾鑒指
出，鄭玄與王肅二者治經的根本方法是相同的，兩者之異只在具體知識上。
王肅注經並沒有提出一個適合時代發展需要的嶄新哲學體系，用以代替鄭玄
的經學，他所做的，最多是對鄭玄經注的修正和補充。這就是王學不能最終
戰勝鄭學並且不能爲經學開闢新時期的主要緣由。〔註22〕

緊接著的南北朝時期，政權分裂，學術也分爲「南學」與「北學」，學術
風格迥異。《隋書・儒林傳・序言》云：

> 自晉室分崩，中原喪亂，五胡交爭，經籍道盡。魏氏發跡代陰，經
> 營河朔，得之馬上，茲道未弘。暨夫太和之後，盛修文教，搢紳碩

〔註20〕 〔唐〕魏徵、令狐德棻撰，汪紹楹點校：《隋書》（北京：中華書局，1973 年），
〈經籍志〉，卷 32，〈讖緯之書〉，頁 941。

〔註21〕 〔清〕嚴可均校輯：《全上古三代秦漢三國六朝文》（北京：中華書局，1996
年 6 月），冊 2，《全三國文・王肅》，卷 23，頁 10 左。

〔註22〕 牟鍾鑒撰：〈魏晉南北朝時期的經學〉，《中國經學史論文選集（上）》（臺北：
文史哲出版社，1992 年 10 月），頁 457～458。（原載《中國哲學發展史（魏
晉南北朝）》，北京：人民出版社，1988 年 4 月，頁 619～652。）

學，濟濟盈朝，縫掖巨儒，往往傑出，其雅誥奧義，宋及齊、梁不能尚也。南北所治，章句好尚，互有不同。江左《周易》則王輔嗣，《尚書》則孔安國，《左傳》則杜元凱。河、洛《左傳》則服子慎，《尚書》、《周易》則鄭康成。《詩》則並主於毛公，禮則同遵於鄭氏。大抵南人約簡，得其英華，北學深蕪，窮其枝葉。考其終始，要其會歸，其立身成名，殊方同致矣。〔註23〕

則《周禮》皆同尊於鄭玄《注》。馬宗霍云：

南北經學，雖趣尚互殊，而諸儒治經之法，則大抵相同。蓋漢人治經，以本經爲主，所爲傳注，皆以解經；至魏晉以來，則多以經注爲主，其所申駁，皆以明注。即有自爲家者，或集前人之注，少所折衷，或隱前人之注，跡同攘善，其不依舊注者，則又立意與前人爲異者也。至南北朝，則所執者更不能出漢魏晉諸家之外，但守一家之注而詮解之，或旁引諸說而證明之，名爲經學，實即注學。於是傳注之體日微，義疏之體日起矣。緣義疏之興，初蓋由於講論，兩漢之時，已有講經之例，石渠閣之所平，白虎觀之所議，是其事也。魏晉尚清談，把塵樹義，相習成俗，移談玄以談經，而講經之風益盛。南北朝崇佛教，敷座說法，本彼宗風，從而效之。又有升座說經之例，初憑口耳之傳，繼有竹帛之著，而義疏成矣。〔註24〕

則南北朝爲義疏之學的創立階段。南朝傳授《周禮》者最有名的是沈峻（？～？）；北朝則徐遵明（475～529），而北朝重視《周禮》，尤勝於南朝。當時北朝通《三禮》的學者，幾乎都出自徐氏門下，其中以熊安生（？～578）成就最大。熊安生著有《周禮義疏》二十卷，雖已亡佚，但牟鍾鑒指出，從馬國翰輯《禮記熊氏義疏》，從中可窺知其治經不拘一格，一者用《老子》疏通《禮記》，一者除常據鄭玄義外，又廣引群書，疏通經文大意，申明己說，其注經方式類似皇侃《禮記義疏》和《論語義疏》。已明顯具有綜合南北經學的傾向，並對唐初經學發生了實際的影響。〔註25〕

　　唐初的學術，就儒學來說，是孔穎達注疏之學的時代。注疏之學不但總

〔註23〕《隋書》，卷75，頁1075～1076。
〔註24〕馬宗霍撰：《中國經學史》（臺北：台灣商務印書館，1992年11月）頁85～86。
〔註25〕〈魏晉南北朝時期的經學〉，頁480。

結了南北朝的義疏之學，更作爲每年國家考試的範本。林慶彰先生認爲，如
果對「注疏」的體例詳加檢視，可以發現是一種疊床架屋式的注解，此種注
解可以稱之爲「煩瑣經學」。純就經學來說，注疏之學代表漢至唐近千年間
學者代代相承的傳統，他們對經學的作者、篇章順序、經文字句、經義解釋
等，都有一公認的標準，所以漢、晉人的注，唐人也以「疏不破注」來維護
它。〔註26〕唐初，太宗即命孔穎達等人爲《周易》、《尚書》、《毛詩》、《禮記》、
《左傳》五經作新疏，總名爲《五經正義》，於高宗永徽四年（653）頒行天
下，作爲標準讀本，並據以科考取士。與此同時，賈公彥作《周禮義疏》、《儀
禮義疏》，楊士勛作《春秋穀梁傳疏》、徐彥作《春秋公羊傳疏》，雖是私修，
亦列入官學，與官修的五經合而稱爲《九經正義》。

　　賈公彥的《周禮義疏》，據傳是刪修陳劭《周禮異同評》與沈重《周官禮
義疏》而爲之，孫詒讓云：

> 賈《疏》蓋據沈重《義疏》重修，據馬端臨《文獻通考》引董逌說。
> 《隋書·經籍志》載沈重《周官禮義疏》四十卷，與賈本卷帙並同，
> 董說不爲無據。唐修經書大都沿襲六朝舊本。賈《疏》原出沈氏，
> 全書絕無援引沈義，而其移改之跡，尚可推案。如〈載師疏〉引《孝
> 經援神契》一節，本〈草人〉注「黃白宜以種禾之屬」句釋義，賈
> 移入〈載師〉而忘刪其述注之文，是其證。至董氏謂賈兼據陳劭《周
> 禮異同評》，則肊揣，不足據也。〔註27〕

則據沈重《周官禮義疏》應爲可信。賈《疏》列入官學，雖然將《周禮》的
地位提高，卻也使同時期的《周禮》著作逐漸亡佚。歷代對賈《疏》的評價，
約略如《四庫全書總目提要》稱其「足以發揮鄭學」〔註28〕，不過，唐人注
經有「疏不破注」之例，因此，雖然賈氏「足以發揮鄭學」，對鄭玄誤釋處，
不但無法糾舉，還跟著鄭玄牽強附會，雖情有可原，仍令人感到抱憾。到了
唐末，「疏不破注」的共識逐漸被打破，有懷疑經書作者的，有更動經書篇章
的，篡改經中文字的，懷疑經中史事的正確性的，補經書篇章闕佚的，逐漸

〔註26〕林慶彰撰：〈唐代後期經學的新發展〉，《中國經學史論文選集》，頁 671。（原
　　　　載於《東吳文史學報》（1990 年 3 月），第 8 期，頁 159～163。）

〔註27〕〔清〕孫詒讓撰：〈略例十二凡〉，《周禮正義》（北京：中華書局，2000 年 3
　　　　月），頁 2。

〔註28〕〔清〕紀昀等撰，四庫全書研究所整理：《欽定四庫全書總目（整理本）》（北
　　　　京：中華書局，1997 年 1 月），經部·禮類一，卷 19，頁 236。

拋脫注疏學的典範，以己意說經，並對漢人傳承下來的經書，懷疑其可靠性，成爲宋代反漢學，疑經改經的先導。〔註29〕

　　宋代，由於唐末疑經改經風氣的影響，爭議頗大的《周禮》，又成爲學者們投入研究的對象。據宋王與之《周禮訂義》書首所列，當時所見研究《周禮》者，有四十五家之多。彭林先生指出，宋代的學風不同於漢唐，漢儒對《三禮》的研究，重心在析名物、辨制度、訂文字上；唐儒淳樸，不敢輕易經注；宋人則不信注疏，不遵古義，視漢儒如土梗，以新奇爲時髦，思想比較開放。歐陽脩、蘇軾、蘇轍都直言《周禮》不可信；王安石、李覯、司馬光等也都不盲從經注，頗有懷疑精神。〔註30〕此外，由於理學的興起，研究者也轉而以研究義理爲本，以名物制度爲末，以探究經義微旨，如陳傅良等人。所以宋人研究《周禮》的著作雖多，但並沒有一本是箋注類的。他們注重將經義與現實相聯繫，注重經義的融會貫通。因而使《周禮》成爲一門「顯學」。〔註31〕

　　在宋代又有「冬官不亡論」〔註32〕的說法。葉國良先生指出，宋儒有以爲《周禮》非古本，而倡復原古《周禮》之說者，其說則始於〈冬官〉不亡論。而其論首發於胡宏，但不以恢復〈冬官〉爲必要，然宋儒補〈冬官〉之說蓋受其啓發。〔註33〕此說肇於程大昌：

　　　　五官各有羨數，天官六十三，地官七十八，春官七十，夏官六十九，
　　　　秋官六十六，蓋斷簡失次，取羨數凡百工之事歸之冬官，其數乃周。

　　　　〔註34〕

〔註29〕林慶彰撰：〈唐代後期經學的新發展〉，頁 671〜676。

〔註30〕彭林撰：〈三禮學〉，《國學通覽》，中華孔子學會編輯委員會主編（北京：群眾出版社，1996 年 9 月），頁 366。

〔註31〕姚瀛艇撰：〈宋儒關於《周禮》的爭議〉，《史學月刊》（1982 年 6 月），1982年第 3 期，頁 12。

〔註32〕所謂的「冬官不亡」論，即指《周禮》的六官，每官下屬之官的數目都應該是六十，證據就是《天官・小宰》說：「以官府之六屬舉邦治：一曰天官，其屬六十……；二曰地官，其屬六十……；三曰春官，其屬六十……；四曰夏官，其屬六十……；五曰秋官，其屬六十……；六曰冬官，其屬六十。」（《周禮注疏》，頁 42），但沿用到宋的《周禮》一書，五官的屬官都超過六十，俞氏認爲這種現象說明〈冬官〉並沒有亡佚，而是由於錯簡，散入五官之中。

〔註33〕葉國良撰：《宋人疑經改經考》（臺北：國立臺灣大學出版，1980 年 6 月，《文史叢刊》之五十五），頁 105。

〔註34〕〔宋〕王應麟撰：《困學紀聞》（瀋陽：遼寧教育出版社，1998 年 3 月），卷 4，

其後俞庭椿《周禮復古編》、葉時《禮經會元》（卷四〈補亡〉）、王與之《周禮訂義》（卷七十）等人，皆贊成補冬官之說。這種學風更影響到元、明《周禮》學的研究，隨聲附和者大有人在。〔註35〕

元人株守宋學，明人又株守元學，對《周禮》內容的研究，貢獻亦屬有限。故皮錫瑞云：

> 論宋、元、明三朝之經學，元不及宋，明又不及元。……宋儒學有根柢，故雖撥棄古義，猶能自成一家。若元人則株守宋儒之書，而於注疏所得甚淺，……明人又株守元人之書，於宋儒亦少研究，……是明又不及元也。〔註36〕

綜合前人研究成果所述，自漢至明的《周禮》學史上，經過兩次大整合，一次是漢代鄭玄融合今古文經說而成《周禮注》，一次是唐代賈公彥揉雜六朝義疏而成《周禮義疏》。而歷朝研究《周禮》者，大抵皆尊鄭《注》。宋人因疑經改經風氣之影響，為《周禮》研究帶來除注疏之學外的研究方向，雖不一定為後代學者所認同，但他們勇於開創、嘗試，確實為《周禮》學注入新的思考模式。這種思考模式，在宋學仍盛的清初，亦有一些令人欣喜的成果出現。

二、清初《周禮》學探究

有清一代，順治、康熙、雍正三朝，是一個創闢規模、奠定國基的關鍵時期，作為一代學術思想的發展，清初的九十年，也是一個承先啟後、開啟路徑的重要階段。在這一個時期，官方對經學的態度，從其繙譯漢籍與刊刻經學典籍即可看出。在順、康、雍、乾四朝官方刊印漢籍滿文譯本的五十三種中，經書即佔了十九種〔註37〕；而清初四朝官方刊刻經學典籍計有二十六

〈周禮〉，頁 78。

〔註35〕如元丘葵《周禮補亡》、吳澄《周禮考注》；明王應電《周禮翼傳》、柯尚遷《周禮全經釋原》、……何喬新《周禮集注》、舒芬《周禮定本》、陳深《周禮訓雋》、金瑤《周禮述注》、徐即登《周禮說》郝敬《周禮完解》、郭良翰《周禮古本訂注》等。請參閱〔清〕紀昀等撰，四庫全書研究所整理：《欽定四庫全書總目（整理本）》（北京：中華書局，1997 年 1 月）〈禮類存目〉，頁 285～290。

〔註36〕〔清〕皮錫瑞撰，周予同注釋：〈經學積衰時代〉，《經學歷史》（臺北：學海出版社，1985 年），頁 292。

〔註37〕順、康、雍、乾四朝官方刊刻漢籍經書滿文譯本一覽：

（1）順治十一年，詩經（ši ging ni bithe），順治皇帝敕譯，內府刻，20 卷 20
冊，滿文。

（2）康熙十一年，大學衍義（amba tacin i jurgan be badarambuha bithe）宋・
眞德秀撰，福達禮等譯，內府刻，43 卷 36 冊，滿文。

（3）康熙十一年，大學衍義（amba tacin i jurgan be badarambuha bithe）宋・
眞德秀撰，福達禮等譯，內府刻，43 卷 51 冊，滿漢合璧。

（4）康熙十六年，日講四書解義（inenggidari giyangnaha s'šyu i jurgan be suhe
bithe），喇薩里、陳廷敬等奉敕撰，內府刻，26 卷 26 冊，滿文。

（5）康熙十九年，日講尚書解義（inenggidari giyangnaha šu ging ni jurgan be
suhe bithe），庫勒納等奉敕撰，內府刻，13 卷 13 冊，滿文。

（6）康熙二十二年，日講易經解義（inenggidari giyangnaha i ging ni jurgan be
suhe bithe），牛鈕、孫在豐等奉敕撰，內府刻，18 卷 18 冊，滿文。

（7）康熙四十七年，孝經（hiyoo ging bithe），何素校譯，內府刻，1 冊，滿
漢合璧。

（8）雍正五年，孝經集注（hiyoo ging be acabufi suhe bithe），雍正皇帝釐定，
內府刻，1 冊，滿文。

（9）雍正五年，孝經（hiyoo ging bithe），雍正皇帝敕譯，內府刻，1 冊，滿
漢合璧。

（10）雍正十一年，詩經（ši ging ni bithe），順治皇帝敕譯，內府刻，20 卷
20 冊，滿文。

（11）乾隆二年，日講春秋解義（inenggidari giyangnaha cūn cio i jurgan be suhe
bithe），庫勒納等奉敕撰，武英殿刻，64 卷 32 冊，滿文。

（12）乾隆六年，御製繙譯四書（han i araha ubaliyambuha duin bithe），鄂爾
泰等奉敕譯，武英殿刻，6 冊，滿文。

（13）乾隆二十年，御製繙譯四書（han i araha ubaliyambuha duin bithe），乾
隆皇帝敕譯，武英殿刻，6 冊，滿漢合璧。

（14）乾隆二十五年，御製繙譯書經集傳（dasan i nomun; han i araha
ubaliyambuha dasan i nomun i isamjaha ulabun），宋・蔡沈撰，乾隆皇
帝敕譯，武英殿刻，6 卷 4 冊，滿漢合璧。

（15）乾隆三十年，御製繙譯周易（jijungge nomun; han i araha ubaliyambuha
jeo gurun i jijungge nomun），乾隆皇帝敕譯，武英殿刻，4 卷 4 冊。

（16）乾隆三十三年，御製繙譯詩經（ham i araha ubaliyambuha irgebun i
nomun），乾隆皇帝敕譯，武英殿刻，8 卷 4 冊，滿漢合璧。

（17）乾隆四十八年，御製繙譯禮記（han i araha ubaliyambuha dorolon i
nomun），乾隆皇帝敕譯，武英殿刻，30 卷 12 冊，滿漢合璧。

（18）乾隆四十九年，御製繙譯春秋（han i araha ubaliyambuha šajingga
nomun），乾隆皇帝敕譯，武英殿刻，64 卷 48 冊，滿漢合璧。

（19）乾隆年間，御製繙譯孝經（han i araha ubaliyambuha hiyoošungga
nomun），雍正皇帝敕譯，武英殿，1 冊，滿漢合璧。詳參見葉高樹撰：
《清朝前期的文化政策》（臺北：國立臺灣師範大學歷史研究所博士論
文，2001 年 6 月），頁 57〜60。

種。〔註 38〕在這些官方繙譯或刊刻的經學著作中，以《孝經》刊印的次數最多，顯示諸帝對孝道的推崇；刊印《詩經》，是因為《詩經》的意旨，能使人明性意、崇禮義；其言之深者，可用於廟堂，言之淺者，可用於身家；以之事君必忠，以之事父必孝，更可以敦厚人倫，端正教化。〔註 39〕藉著這些經書的刊刻，也說明諸帝持續倡導經學的意向。不過關於禮學經書的繙譯或刊刻，一直要到乾隆朝才出現。

清初學者掀起一股辨偽的風潮，「《周禮》是否為周公所作」的問題又被提出討論，在這個時期，最早主張《周禮》非周公所作的是萬斯大（1633～1683）的《周官辨非》。他在〈周官辨非序〉中說：

> 世稱《周禮》周公所作，吾考魯史克有言：「先君周公制周禮，曰則以觀德，德以處事，事以度功，功以食民。」今觀《周禮》無此言，則知周公之《周禮》已亡，而今之所傳者，後人假托之書也。〔註 40〕

並從封疆之制、徵稅之法、媒氏職掌、祭先王之制、天子服制、九服之說、車輯之法、朝覲之法等方面說明《周禮》制度與古制不合。他認為《周禮》重財利，與聖人之政不合；設官分職太多，與情理不合。萬斯大的用意，目的在尊經，因為：「以《周禮》為是，將以《五經》、《論》、《孟》為非乎？」〔註 41〕林慶彰先生認為，《周禮》與《五經》、《論語》、《孟子》不合，如果《五經》、《論語》、《孟子》是周公等聖人所留下來的書，則《周禮》必非聖人所作。排斥《周禮》，正是要判別聖人之書的真偽，亦即保護聖人之真書不受淆

〔註 38〕這二十六種分別是：順治年間刊刻的《御注孝經》、《易經通注》；康熙年間刊刻的《日講四書講義》、《日講書經講義》、《日講易經講義》、《孝經衍義》、《御纂周易折衷》、《欽定春秋傳說彙纂》、《欽定篆文六經四書》、《周易本義》、《四書章句集注》；雍正年間刊刻的《欽定詩經傳說彙纂》、《孝經集注》、《欽定書經傳說彙纂》、《駁呂留良四書講義》、《五經四書讀本》；乾隆年間刊刻的《日講春秋解義》、《十三經注疏》、《日講禮記解義》、《欽定三禮義疏》、《御纂詩義折衷》、《御纂周易述義》、《御纂春秋直解》、《御定仿宋相臺岳氏本五經》、《通志堂經解》、《御定石經》等。其中《駁呂留良四書講義》純粹只為肅清呂氏之說而作，政治意圖明顯。其餘諸書的纂輯，可以視為清初四帝持續倡導經學的傾向。同前注，頁 160～162。

〔註 39〕同注 37，頁 62。

〔註 40〕〔清〕萬斯大撰：《周官辨非》，（臺南：莊嚴文化公司，1995 年，《四庫全書存目叢書》影清乾隆二十四至二十六年刻萬充宗先生經學五書本），第 85 冊，頁 645。

〔註 41〕同注 40。

亂。〔註 42〕

　　毛奇齡（1623～1716）《周禮問》二卷，採用問答體的方式，論辯《周禮》傳世的公案。他撰著的動機，在〈與李恕谷論《周禮》書〉中說：

　　　近姚立方（際恆）作《僞周禮論註》四本，……然立方所著亦不示我，但索其卷首總論觀之，直紹述宋儒所言，以爲劉歆作。予稍就其卷首及宋儒所言者略辨之，惜其書不全見，不能全辨，然亦大概矣。〔註 43〕

可見毛氏的《周禮問》，主要是針對姚際恆《僞周禮論註》（即《周禮通論》，已亡佚）〔註 44〕中論定《周禮》爲劉歆所僞作，及與宋儒諸說相辨難。此書書前有門弟子所編的目次，設問十七目，十三題，而毛氏回答則有二十四條，《四庫全書總目》說：「其書與目不甚相應，蓋亦其門人所誤題也。」〔註 45〕全書目的在證明《周禮》非劉歆僞作，而是戰國時代的作品。皮錫瑞認爲毛氏說經多武斷，惟有解《周官》經最細心，論說亦持平。〔註 46〕並在〈論周官當從何休之說出於六國時人非必出於周公亦非劉歆僞作〉說：「毛氏以《周官》爲戰國時書，不信爲周公所作，又力辨非劉歆之僞，而謂周制全亡，賴有《周禮》、《儀禮》、《禮記》三經，有心古學，宜加護衛，最爲持平之論。」〔註 47〕

　　惠士奇（1671～1741）《禮說》十四卷。此書不載《周禮》經文，只標舉有所考辨之處，依經文次序編排。惠氏以爲，鄭玄注《周禮》，因周代的名物制度多已不可考見，所以多以漢制比擬，如此必不能得其名物制度之實，而失古聖王經世之道。如鄭玄常以「猶今」某物、某事、某官等，在清人看來，已難以理解；而當日經師對文字音韻的訓解輾轉流傳，與清代的文字音義差異極大，造成清人理解上的困難。惠氏此書的重點，一是疏解《周禮》的古

〔註 42〕林慶彰撰：《清初的群經辨僞學》（臺北：文津出版社，1990 年 3 月），頁 354。

〔註 43〕〔清〕毛奇齡撰：《西河文集》（臺北：臺灣商務印書館，1968 年 12 月，《國學基本叢書》本），〈書七〉，頁 220。

〔註 44〕姚際恆另一部著作《古今僞書考》，考《周禮》：「出於西漢之末，予別有《通論》十卷，茲不更詳。」參見《古今僞書考》（臺北：臺灣開明書店，1977 年 10 月），頁 11。

〔註 45〕《欽定四庫全書總目（整理本）》，卷 23，頁 292。

〔註 46〕〔清〕皮錫瑞撰：《經學通論·三禮》（北京：中華書局，1995 年 2 月），頁 52。

〔註 47〕同註 46，頁 51。

音古義，消除閱讀上的障礙；二是援引史籍，或通過鄭《注》所引漢制來推求周代典制的原貌。阮元〈惠半農先生《禮說》序〉云：

> 《十三經注疏》，《周禮》可謂詳善矣。賈公彥所疏者，半用六朝禮例，於禮樂、軍賦諸大端，皆能引據明贍，所考證者，多在九經諸緯，而於諸子百家之單詞精義，以及文字之假借，音讀之異同，漢制之存亡，漢注之奧義，皆未能疏證發明之。我朝惠半農先生，家傳漢學，所著《禮說》十四卷，實足補賈氏之所未及。……反覆讀之，服其精博無比。〔註48〕

給予很高的評價。《四庫總目》亦說他「徵引博而皆有本原，辯論繁而悉有條理」、「在近時說禮之家，持論最有根柢」。〔註49〕

方苞（1668～1749），著有《周官集注》十二卷、《周官析疑》三十六卷、《考工記析疑》四卷、《周官辨》一卷。《周官集注》一書集諸家之說詮釋《周禮》，此書體例「注仿朱熹之例，採合眾說者，不復標目；全引一家之說者，乃著其名。凡其顯然舛誤之說，皆置不論。為似是而非者，乃略為考正」。〔註50〕《總目》稱其「訓詁簡明，持論醇正，於初學頗為有裨」。又撰有《周官辨》一書，方苞認為《周禮》為周公所作，而且不是偽書：

> 嗚呼！世儒之疑《周官》為偽者，豈不甚蔽矣哉！……蓋惟公達於人事之終始，故所以教之、養之、任之、治之之道，無不盡也。惟公明於萬物之分數，故所以生之、取之、聚之、散之之道，無不盡也。運天下猶一身，視四海如奧阼，非聖人而能為乎？〔註51〕

但是《周禮》中有許多「未能究乎事理」的事實存在，方苞則以為是王莽與劉歆竄入的：

> 然其間決不可信者，實有數事焉。……〈夏〉、〈秋〉二官，毆疫禬蠱，攻貍蟲、去妖鳥、毆水蟲，所以除民害，安物生，肅禮事也。而以戈擊壙，以矢射神，以書方厭鳥，……則荒誕而不經，若是者，揆之於理，則不宜；厭之於人心之同然，則不順，而經有是文，何

〔註48〕〔清〕阮元撰，鄧經元點校：〈惠半農先生禮說序〉，《揅經室集》（北京：中華書局，1993年5月），上冊，頁239。
〔註49〕《欽定四庫全書總目（整理本）》，頁246～247。
〔註50〕同註49，頁246。
〔註51〕〔清〕方苞撰：〈讀周官〉，《望溪先生文集》（臺北：臺灣商務印書館，1968年12月，《國學基本叢書》本），卷1，頁12。

也？則莽與歆所竄入也。〔註52〕

《周官辨》就是在這些觀念下成書。《總目》說他「言之鑿鑿，如目睹其筆削者」〔註53〕，持論太高，較難使人信服，不及《周官集注》的態度嚴謹。

自漢代至清初，學者研究《周禮》的重點都放在作者與成書年代的論辨上。清初學者論辨時，雖然證據仍不夠充分，論點也還未能達到一致，不過他們的研究成果仍舊有其意義存在，林慶彰先生認為有三點積極的意義：

（一）反映新舊傳統競爭期的學風

從明中葉至清初是宋學傳統逐漸崩潰，新傳統尚未形成的「革命時期」。革命時期的特色是價值觀點欠缺一致，由於有不同的價值觀，學者在蒐集證據時也有骑重骑輕之不同。證據既有所輕重，結論自難一致。這種現象，在乾嘉時期重新進入漢學傳統的時代，自不再出現。所以，清初學者對《周禮》觀點的差異，正可證成明末清初是宋學傳統崩潰後，新傳統未建立前的「革命時期」。

（二）為《周禮》的時代定位

自漢以來即有人懷疑《周禮》的作成時代，經近兩千年的論辨，至清初可謂告一段落。在清初「回歸原典」運動的過程中，他們皆指出《周禮》並非聖人周公之作，也非劉歆偽作，此點對經學的發展自有其積極的意義。

（三）拓展辨偽方法的領域

辨偽學至清初受「回歸原典」運動的影響，大為發皇。這些學者不僅為辨偽的領域增加著作，且充實辨偽方法的內涵。《周禮》屬政治制度的著作，要論辨《周禮》的真偽，自應對先秦的典章制度有某種程度的認識，論辨才能有效。因此論辨的方法自有不同於其他偽書的方法，這些方法，不但拓展辨偽方法的領域，也為後人的辨偽提供更有效的武器。〔註54〕

除此之外，筆者以為，由於清初學者為找尋論辨的證據，無形中便帶動《周禮》內容深入的研究。他們不再拘泥於宋元明三朝對篇章順序的安排，轉而向內容深究，漸漸發展成名物制度的考證，如惠士奇的《禮說》即是這種作品。另外還出現許多專門研究《考工記》、軍賦、溝洫疆理、祿田的著

〔註52〕〔清〕方苞撰：〈周官辨偽一〉，同注48，頁13。
〔註53〕《欽定四庫全書總目（整理本）》，頁246。
〔註54〕《清初的群經辨偽學》，頁357～358。

作。使清代《周禮》學的研究呈現多樣化。

　　清初研究《周禮》的學者還有李光地撰有《周官筆記》，其弟李光坡撰《周禮述注》，其侄李鍾倫撰《周禮訓纂》，一門「三李」皆通《三禮》學。王之藻《周禮訂釋古本》、高愈《高注周禮》、徐世沐《周禮惜陰錄》、黃淑琳《周禮節訓》、李文炤《周禮集傳》、沈淑《周官翼疏》、王文清《周禮會要》、劉青芝《周禮質疑》、姜兆錫《周禮輯義》李大濬《周禮拾義》、高宸《周禮三注粹抄》、錢世熹《周禮彙纂》、吳廷華《周禮疑義》、汪基《周禮約編》等。清初《周禮》學研究著作輩出，可以說是一片蓬勃發展的新氣象。這些作品，為乾嘉學者研究《周禮》學有著示範性的作用，提供乾嘉學者研究《周禮》學不同的門徑。

第二節　乾嘉時期《周禮》學探究

一、乾嘉時期《周禮》學著作

　　乾隆十三年（1748），鄂爾泰等人奉敕撰《欽定三禮義疏》，其中包括《欽定周官義疏》四十八卷，《欽定儀禮義疏》四十八卷，《欽定禮記義疏》八十二卷。

　　《欽定周官義疏》〔註55〕採用漢二十七家、晉三家、劉宋一家、梁二家、北魏三家、隋一家、唐十家、宋九十一家、元七家、明二十九家，共一七四家說法，廣搜博採，融於一爐。認為《周禮》六典出自周公，但在流傳的過程中有所竄亂。其書因《漢志》本稱「周官經」、「周官傳」，至唐以後乃更名「周禮」，為從其始稱，仍名「周官」；漢武帝求遺書，得《周官》五篇，〈司空〉職亡，漢人以《考工記》補之，名曰「冬官」，但《考工記》不能等同於《周官‧冬官》，為從其朔，因此仍稱《考工記》。內容分為七類：

> 一曰正義，直詁經義，確然無疑者也；二曰辨正，後儒駁正，至當不易者也；三曰通論，或以本節本句參證他篇，比類以測義，或引他經與此經互相發明者也；四曰餘論，雖非正解，而依附經義，於

〔註55〕《欽定四庫全書總目（整理本）》整理者按：「雷鋐所為〈方苞行狀〉載：乾隆四年落職，獨纂修《三禮》，辛酉，進《周官義疏》，上留閱兼旬，命發刻，一無所更，沈廷芳所為傳略同。據此，則是書為方苞一人所撰。」，頁244。

事物之理有所推闡者也；五曰存疑，各持一說，義亦可通，又或已
經駁論，而持此者多，未敢偏廢者也；六曰存異，名物象數，久遠
無傳，難得其眞，或創立其說，雖未即愜人心，而不得不存之以資
考辨者也；七曰總論，本節之義已經訓解，又合數節而論之，合一
職而論之者也。〔註56〕

《欽定三禮義疏》是清代彙編性的學術工程，對清以前的《三禮》研究作了
較爲全面的總結，館臣們主觀上希望不分漢學、宋學，對禮學研究提供一個
較爲客觀的成果。也間接帶動了乾嘉時期《周禮》學的研究。其中比較明顯
的例子，即是江永。江永入都，時值開館修《三禮》，方苞爲《周禮》總裁，
將《周禮》稿交予江永，命其針對其中問題加以指摘，江永於是隨筆籤出，
即是後來的《周禮疑義舉要》一書的完成，這部書對乾嘉學者研究《周禮》
中的名物制度有著指標性的作用。另外，阮元等人重刻宋本《十三經注疏》、
翁方綱重校盧文弨所校之《經典釋文》，也都帶動了乾嘉學者對《周禮》的研
究。

乾嘉學者治經重視「考據」，以輯佚、校勘、訓詁、文字、聲韻及名物制
度的考證爲主。以下即從「校勘」、「輯佚」、「歸納義例」、「名物制度的考釋」
四個方向來說明乾嘉學者的著作：

（一）校勘《周禮》的著作

校勘對於讀古書，有著相當的重要性，但校勘的工作卻是不容易做的，
不僅僅要校對字體的是非，與字句的疏漏，最困難的，是要恢復書籍義理的
原貌，奪一字、衍一字，都會影響著書者的原意，段玉裁即說：

校書之難，非照本改字，不訛不漏之難也；定其是非之難。是非有
二：曰底本之是非，曰立說之是非。必先定其底本之是非，而後可
斷其立說之是非；二者不分，壒輵如治絲而棼，如算之淆其法實而
瞀亂乃至不可理。何謂底本？著書者之稿本是也；何謂立說？著書
者所言之義理是也。〔註57〕

他並舉了《周禮·輪人》「望而視其輪，欲其幀爾而下迆也」爲例，說明自《唐

〔註56〕〔清〕鄂爾泰等奉敕撰：《欽定周官義疏·凡例》（臺北：臺灣商務印書館，
1983 年影文淵閣《四庫全書》本），第 98 冊，頁 6。
〔註57〕〔清〕段玉裁撰：〈與諸同志書論校書之難〉，《段玉裁遺書·經韻樓集》（臺
北：大化書局，1986 年 4 月），卷 12，頁 1122。

石經》以來，各本皆作「下迤」，賈公彥作「不迤」。但是流傳於清代的各本疏文都作「下迤」(《疏》云：「下迤者，謂輻上至轂，兩兩相當，正直不旁迤，故曰下迤也。」)，於文理上不合，因此段玉裁斷定今疏本不是賈氏的底本，而是宋人以疏合經、注。改《疏》的「不」字，合《經》的「下」字，而且所依據的經本，不是賈氏作《疏》時的經本。

由此，段玉裁認為，唯有善用校讎的方法，才能還古書真實的原貌，古書既真，今人讀書才能不失古人原義，他說：

> 故校經之法，必以賈還賈，以孔還孔，以陸還陸，以杜還杜，以鄭還鄭，各得其底本，而後判其義理之是非，而後經之底本可定，而後經之義理可以徐定。不先正《注》、《疏》、《釋文》之底本，則多誣古人；不斷其立說之是非，則多誤今人。〔註58〕

關於乾嘉時期校勘《周禮》的著作，有惠士奇、惠棟父子合校的《周禮注疏》、阮元的《十三經注疏校勘記・周禮》、黃丕烈的《周禮鄭氏注校語》、嚴可均的《唐石經校文・周禮》等，以下舉阮元《十三經注疏校勘記》為例說明。

阮元重刊宋本《十三經注疏校勘記》共二百一十七卷，並附《釋文校勘記》二十六卷。肇工於嘉慶二十年乙亥(1815)，刊成於二十一年丙子(1816)。不過，此書雖以阮元題名，實際上他僅負統籌、審定的責任，並未實地參與校勘的工作，而是囑其門生校勘。〔註59〕以《周禮校勘記》為例，阮元「屬武進監生臧庸蒐校各本，並及陸氏《釋文》，臣復定其是非」。〔註60〕〈臧在東年譜〉於嘉慶六年辛酉(1801年，35歲)亦載：「阮氏校勘《十三經》，招先生與其事。」七年壬戌九月：「《十三經》分校者先竣，因請阮氏歸。(〈送姚文溪大令還濟南序〉)後阮氏復訂其是非，為《周禮注疏校勘記》十二卷、〈釋文校勘記〉二卷；《公羊注疏校勘記》十一卷、〈釋文校勘記〉一卷；《爾雅注疏校勘記》六卷、〈釋文校勘記〉一卷。」〔註61〕而總其成的是段玉裁。

〔註58〕 同注57。

〔註59〕 〈凡例〉云：「諸經皆舊有校本，復就江浙經生授經分校，復加親勘，定其是非。」見《十三經注疏校勘記》(上海：上海古籍出版社，1995年3月，《續修四庫全書》影清嘉慶阮氏文選樓刻本)，第180冊，頁288。

〔註60〕 〔清〕阮元撰：〈周禮注疏校勘記序〉，《十三經注疏校勘記》(上海：上海古籍出版社，1995年3月，《續修四庫全書》影清嘉慶阮氏文選樓刻本)，第181冊，頁98。

〔註61〕 〔日本〕吉川幸次郎撰，王清信、葉純芳標點：〈臧在東先生年譜〉，《經學研

〔註62〕

　　值得一提的是，在阮元計劃從事《十三經注疏》校勘的工作之前，浦鏜（？～1762）已經完成了《十三經注疏》校勘的工作。關於浦鏜的生平資料相當少，《清儒學案小傳》輯錄《嘉善縣志》、盛百二《柚堂續筆談》、周振榮〈先友傳〉等資料云：

> 浦鏜，字金堂，號聲之一、號秋稼，嘉善人，廩貢生，乾隆壬午，入都應京兆試，假館紀文達家。一夕，友人招飲，醉後仆地不起，視之，已絕。家居時，嘗與同里陳唐、周澧、章愷爲講學之會，各攻一業，先生獨究心《注疏》，每遇古籍善本，輒廣爲購借，於文字之異同，參互考訂，前後歷十二年，成《十三經注疏正字》八十一卷，兼綜條貫、抉微糾謬，功不在陸德明下。仁和沈椒園爲御史時，嘗錄存其副。後攜書北上，及喪歸，則原稿已失。至嘉慶中，阮文達元撰《十三經校勘記》，猶屢引其書焉。他所著有《雙聲疊韻錄》、《小學紺珠》、《補文選音義》、《清建閣集》。〔註63〕

可知乾隆二十七年（1762）以前，浦鏜即已完成《十三經注疏正字》，且沈椒園曾抄錄副本備存。後來浦鏜原稿隨其入京，待浦鏜暴卒，原稿也不知其所終。但是《四庫全書》中所見的《十三經注疏正字》，署名爲沈廷芳而非浦鏜。

　　　　 究論叢》第 11 輯（臺北：臺灣學生書局，2003 年 6 月），頁 364～366。

〔註62〕 劉盼遂作《段玉裁先生年譜》，以爲〈春秋左傳校勘記目錄序〉與阮元《十三經校勘記・左傳題詞》全同，推測此篇爲段氏代阮氏捉刀而作，並更進一步懷疑阮氏的《左傳校勘記》實爲段氏所撰。王欣夫以爲這是劉氏未能詳考段氏本是《十三經注疏校勘記》的修定人而誤會的論斷。因爲段氏〈與劉端林第二十八書〉中說：「今年一年，《說文》僅成三頁，故雖阮公盛意，而辭不敷文。（王氏案：『不』疑『去』字之誤，『敷文』系書院名。）初心欲看完《注疏考證》，自顧精力萬萬不能，近日亦薦顧千里、徐心田兩君而辭之。」王氏以爲《注疏考證》即《十三經注疏校勘記》，而「心欲看完者」，是鑒定之詞而非編撰之詞，如何能以嚴杰所作的《春秋左氏傳校勘記》說是出於段氏之手？更無論《經韻樓集》中〈跋黃堯圃蜀石經毛詩殘本〉明稱「余爲阮梁伯定《十三經校勘記》」，〈與孫淵如書〉又稱「昔年愚爲阮梁柏修《十三經校勘記》」的話了。最後，王氏更以爲其時阮元爲浙江巡撫，官事叢撮，不能如老經生的專力研究，而請人代庖，反可體會阮元的處事慎重。王欣夫撰〈十三經注疏校勘記的協作和總成〉，《王欣夫說文獻學》（上海：上海古籍出版社，2000 年 12 月），頁 293～294。

〔註63〕 參見徐世昌纂：《清儒學案小傳》卷 8，收入《清代傳記叢刊》第 6 冊（臺北：明文書局，1985 年 5 月），頁 213～214。

〔註64〕盧文弨〈十三經注疏正字跋〉說：「是書八十一卷，嘉善浦君鏜所訂，仁和沈椒園先生廷芳覆加審定，錄而藏之，其子南雷禮部世煒上之四庫館。大興翁覃溪太史方綱從館中鈔出一本，余獲見之。」〔註65〕胡玉縉〈十三經注疏正字提要補正〉稱：「案廷芳為浦鏜作傳云：『《正字》書存余所，故人苦心，會當謀諸剞劂，芳得附名足矣。』而鏜弟銑作〈秋稼吟稿序〉云：『《正字》書沈椒園先生許為付梓，今已入《四庫全書》，而非兄之名也。』據此，則是書為浦鏜撰，非出沈廷芳。」〔註66〕則可知《十三經注疏正字》為浦鏜所撰。〔註67〕這也是乾嘉時期最早出現的《十三經注疏》校本。這部校本，後來被阮元等人廣泛運用到校勘《十三經注疏》的工作上。〔註68〕〈十三經注疏校勘記凡例〉即說：

> 近日校經之書，莫詳於嘉善浦鏜《十三經注疏正字》及日本西條掌書記山井鼎東都講官物觀所撰《七經孟子考文補遺》二書，多詳備可觀。但浦鏜雖研覈孜孜，惜未見古來善本，又以近時文體讀唐代

〔註64〕〈十三經注疏正字提要〉云：「國朝沈廷芳撰。廷芳字椒園，仁和人。乾隆丙辰召示博學鴻詞，授翰林院編修，官至山東按察使。是編校正《十三經注疏》，以監本、重修監本、陸氏閩本、毛氏汲古閣本，參互考證，而音義釋文則以徐氏通志堂本為準。……廷芳是書，每條標其本句，則疏其訛誤於下；其據某本改者，並顯出之。有未定者，則以疑存之：或有據某人說者，亦綴附焉。……注疏有功於聖經，此書更有功於注疏。」詳見《欽定四庫全書總目》，頁437。

〔註65〕〔清〕盧文弨撰：《抱經堂文集》（臺北：臺灣商務印書館，1965年，《四部叢刊初編》影閩縣李氏觀槿齋藏嘉慶本），卷8，頁78。（與《潛研堂文集》合刊）

〔註66〕〔清〕胡玉縉撰，王欣夫輯：《四庫全書總目提要補正》（上海：上海書店出版社，1998年1月）頁211～212。

〔註67〕胡雙寶認為沈廷芳是一個不太高明的剽竊者，不少地方見「鏜案」字樣，為刪而未盡者。並舉〈小雅·大田〉一章疏「大田」至「是若」：「《漢書·藝文志》農書有九家，不知出誰書也。九家誤七家。鏜案：《禮記·月令》疏以為出〈氾勝之書〉。」可參考胡雙寶撰：〈十三經注疏正字作者辨〉，《古籍整理與研究》第5期（北京：中華書局，1990年10月），頁234。另筆者將《十三經注疏正字》《周禮》部分與《周禮注疏校勘記》稍做對照，《校勘記》所引「浦鏜云」皆與《正字》中所言相同，亦可證此書為浦鏜所作。然沈廷芳將此書以自己名字進呈四庫館，何以阮元、盧文弨等人皆未提出異議？則不得而知。

〔註68〕在阮元校勘記序中有稱「正誤」者，如「浦鏜《毛詩注疏正誤》十四卷」、「《周禮注疏正誤》十卷，嘉善浦鏜撰」、「浦鏜《春秋公羊傳注疏正誤》四卷」；有直稱「正字」者，如《尚書注疏校勘記》「十三經正字，嘉善浦鏜撰」、「浦鏜《十三經正字》內《儀禮》二卷」。「正誤」、「正字」，實則同為一部書。

義疏，往往疑所不當疑，又援俗刻他書，肆意竄改，不知他書不必

盡同義疏所引，而他書之俗刻尤非唐代所傳之本也。〔註69〕

阮元的《校勘記》爲《十三經注疏》做了全面的整理工作，由於《校勘記》

成於眾手，又趕著付梓，以致訛誤頗多，這部分留待本文第四章再討論。不

過，此套書一出，仍嘉惠許多學者，而成爲經學研究者必備之書。以《周禮

注疏校勘記》爲例，以宋版十行本爲底本，所用的輔本與參考資料種類有四：

（一）單經本：《唐石經周禮》十二卷；《石經考文提要・周禮》一卷，彭元

瑞撰（1737～1803）。（二）經注本：《經典釋文・周禮音義》二卷；錢孫保所

藏宋本《周禮注》十二卷；嘉靖本《周禮注》十二卷；（三）注疏本：惠士奇

校本《周禮注疏》四十二卷（注：盧文弨曰：「東吳惠士奇暨子棟以宋注疏本

校疏，以余氏萬卷堂本校經注，音義書於毛氏本。」何焯云：「康熙丙戌，見

內府宋版元修注疏本，粗校一過。」惠棟云：「盧見曾嘗得宋槧余仁仲《周禮》

經注校閱一過，書共十二卷。」）；《附釋音周禮注疏》四十二卷；閩本《周禮

注疏》四十二卷；監本《周禮注疏》四十二卷；毛本《周禮注疏》四十二卷。

（四）引用諸家：《周禮注疏正誤》十卷，嘉善浦鏜撰；《禮說》十四卷，東

吳惠士奇撰；《周禮漢讀考》金壇段玉裁撰。並採用「底本附校勘記」〔註70〕

的方法，作爲《校勘記》的呈現方式，他在〈江西校勘宋本十三經注疏書後〉

說：

刻書者最患以臆見改古書，今重刻宋版，凡有明知宋版之誤字，亦

不使輕改，但加圈於誤字之旁，而別撰校勘記擇其說，附載於每卷

之末。俾後之學者不疑於古籍之不可據，愼之至也。〔註71〕

可見其原本謹愼的態度。茲以《周禮・地官・媒氏》「凡娶判妻入子者皆書之」

句，鄭注「不聘之者」，賈疏云：「經有夫婦之長殤」爲例，《校勘記》云：

《通典・嘉禮》四，引作「夫姊之長殤」，此作婦，訛，當據正。按

〈喪服〉經緦麻章有「爲夫之姑姊妹之長殤」，引之者謂三十而娶，

〔註69〕〈十三經注疏校勘記凡例〉，頁286。

〔註70〕程千帆將校勘成果的處理形式歸納爲七種：「定本」、「定本附校勘記」、「底本
附校勘記」、「單行的校勘記」、「與注釋混合的校勘記」、「載於筆記中的校勘
記」、「用單篇文章發表的校勘記」。其中「底本附校勘記」即以阮元《十三經
注疏校勘記》爲代表。詳見程千帆、徐有富合撰：《校讎廣義・校勘編》（濟
南：齊魯書社，1998年4月），頁458～487。

〔註71〕〔清〕阮元撰，鄧經元點校：《揅經室集》（北京：中華書局，1993年5月），
下冊，頁620。

則不當有姊也。〔註72〕

這種方式的優點是存眞，既沒有以意改動正文，又沒有以意取捨異文，而是先詳盡的蒐集相關資料，再加以判斷或甚至不判斷，留待讀者自己思考和決定。這種呈現方式雖然不始於阮元《校勘記》，但學者們對這種形式充分的肯定，並成爲後學校勘古書的基本模式，黃丕烈的《周禮鄭氏注校語》即是承襲此種形式而成的作品。

（二）輯《周禮》古傳注的著作

皮錫瑞《經學歷史》云：

> 國朝經師有功於後學者有三事：一曰輯佚書。兩漢今文家說亡於魏、晉；古文家，鄭之《易》，馬、鄭之《書》，賈、服之春秋，亡於唐、宋以後。宋王應麟輯《三家詩》、鄭氏《易注》，雖蒐采未備，古書之亡而復存者實爲首庸。至國朝而此學極盛……，此其一；一曰精校勘……，又其一；一曰通小學……，又其一。〔註73〕

由於清代學者傾心於漢學家的治經，而漢儒的古經傳注大多亡佚，因此，學者首先從搜集漢代久佚的古經義傳開始，形成一股輯佚的力量，如余蕭客（1729～1777）《古經解鉤沈》、王謨（1731～1817）《漢魏遺書鈔》、馬國翰（1794～1857）《玉函山房輯佚書》〔註74〕黃奭（1809～1853）《黃氏佚書考》等書，多輯漢、魏、六朝、唐等經說，爲後代學者呈現這些時期的經說原貌，但各家所輯，詳略不同。

以王謨《漢魏遺書鈔》、馬國翰《玉函山房輯佚書》中所輯《周禮·天官》干寶《注》爲例，王謨於《周禮釋文》共輯出二十六條、《毛詩釋文》一條、《禮記疏》一條、《後漢書注》十五條、《隋書·音樂志》一條、《通典》二條、

〔註72〕〔漢〕鄭玄注，〔唐〕賈公彥疏，〔清〕阮元校勘：《重栞宋本周禮注疏附校勘記》（臺北：藝文印書館，1989 年，據嘉慶 20 年江西南昌府學本影印），卷14，〈校勘記〉，頁 4 左。

〔註73〕〔清〕皮錫瑞撰：〈經學復盛時代〉，《經學歷史》（臺北：藝文印書館，1996 年 8 月），頁 363～365。

〔註74〕周予同注《經學歷史》：「按《玉函山房叢書》本名《玉函山房輯佚書》，輯集古代圖籍，分經、史、子三編及補編，……相傳此書爲章宗源所輯，其稿本在孫星衍處，爲歷城馬國翰所得，遂掩爲己有。但楊守敬考校本書及章氏《隋書經籍志考證》，發見詳略體例互有不同，因謂：『《玉函》非攘竊章氏書，而迴來學者群聲附和，良由馬氏平日聲稱不廣，故有斯疑。』則此尚屬未決之疑案也。」頁 367～368。

《初學記》一條，共四十七條。

　　馬國翰則於《周禮釋文》輯出二十八條、《毛詩釋文》一條、《太平御覽》一條、《禮記正義》二條、《集韻》一條、《唐會要》一條、《文苑英華》一條、《後漢書注》十八條、賈昌朝《群經音辨》一條、《初學記》一條（高承《事物紀原》）、《隋書‧音樂志》一條、《通典》二條、《廣川書跋》一條（據沈約《宋書》、《後周書‧斛斯徵傳》）。其中《唐會要》、《文苑英華》所輯爲同一條。因此馬氏共輯得五十八條，較王氏多出十一條。

　　從二者所輯內容觀之，王、馬二氏即使在取材上使用同一種材料，但仍會發生奪字、衍字或筆劃上的誤差，這種誤差可能由於二氏所使用的版本不同，亦有可能是二氏筆誤、刻工誤刻。如〈大宰〉「設其參」，馬氏所輯爲「參，三分也」，王氏所輯爲「參，三公也」。鄭玄《注》：「參謂卿三人。」《周禮釋文》：「參，七南反，干云：『三公也。』」孫詒讓《周禮三家佚注》「設其參」條下亦曰：「干曰三公也。」〔註 75〕可知王氏所輯爲是，馬氏所輯作「分」，當是因形近而誤。

　　又如〈地官‧掌節〉「以英蕩輔之」，馬氏所輯爲「英，刻書也；蕩，竹萌也。刻而書其所使之事。」王氏所輯爲「英，刻書也；蕩，竹箭也。刻而書其所使之事。」刻書應用利器，「萌」爲竹子的芽，不可以刻書。孫詒讓案：「依干義蓋讀蕩爲簜，《通典》五十七〈嘉禮〉引此經，及宋朱申《周禮句解》本並作簜，與干義合。」〔註 76〕因此王氏所輯爲是。

　　因此，王氏所輯條目雖較馬氏爲少，但可取之處亦不少，欲讀輯本干寶《周官禮注》，二者不可偏廢。

（三）歸納《周禮注》義例的著作

　　乾嘉學者繼承漢學考據傳統，以小學治經學，戴震曰：「經之至者道也，所以明道者其詞也；所以成詞者，未有能外小學文字者也。由文字以通乎語言，由語言以通乎古聖賢之心志，譬之適堂壇之必循其階，而不可以躐等。」〔註 77〕王念孫曰：「訓詁聲音明而小學明，小學明而經學明。」〔註 78〕說明要

〔註 75〕　〔清〕孫詒讓輯：《周禮三家佚注》（北京：北京出版社，1997 年，《四庫未收書輯刊》影清光緒二十年（1894）本），第 4 輯第 5 冊，頁 3 右。

〔註 76〕　〔清〕孫詒讓輯：《周禮三家佚注》，頁 9 左。

〔註 77〕　〔清〕戴震撰：〈古經解鉤沈序〉，《戴震全書》（合肥：黃山書社，1997 年 10月），第 6 冊，頁 378。

〔註 78〕　〔清〕王念孫撰：〈說文解字注序〉，《說文解字注》（臺北：天工書局，1992

正確的閱讀古籍，切戒望文生義，要能不望文生義，則須熟悉古今語言。乾嘉時期出現了許多文字、聲韻、訓詁專家，如江永、戴震、段玉裁、孔廣森、王念孫、王引之父子、錢大昕、阮元等人皆是。藉由小學根基的深厚，逐漸歸納出經注中的義例，而以段玉裁（1735～1815）《周禮漢讀考》為代表。

段玉裁對古書通例的歸納，一是對《說文》體例的歸納，其成果為《說文解字注》；一是對漢儒作注術語體例的歸納，其成果為〈《周禮漢讀考》序〉，〈序〉曰：

> 漢人作注，於字發疑正讀，其例有三：一曰「讀如」、「讀若」，二曰「讀為」、「讀曰」，三曰「當為」。讀如、讀若者，擬其音也，古無反語，故為比方之詞；讀為、讀曰者，易其字也，易之以音相近之字，故為變化之詞。比方主乎同，音同而義可推也；變化主乎異，字異而義憭然也。比方主乎音，變化主乎義；比方不易字，故下文仍舉經之本字，變化字已易，故下文輒舉所易之字。注經必兼茲二者，故有讀如、有讀為，字書不言變化；故有讀如無讀為，有言讀如某、讀為某，而某仍本字者，如以別其音，為以別其義。當為者，定為字之誤、聲之誤，而改其字也。為救正之詞，形近而訛，謂之字之誤；聲近而訛，謂之聲之誤。字誤聲誤而正之，皆謂之當為。凡言讀為者，不以為誤，凡言當為者，直斥其誤，三者分，而漢注可讀，而經可讀。三者皆以音為用，六書之形聲、假借、轉注，於是焉在。〔註 79〕

阮元對段氏此言推挹甚至：「自先生此言出，學者凡讀漢儒經、子，《漢書》之注，如夢得覺，如醉得醒，不至如冥行摘埴，此先生之功三也。」〔註 80〕

發現漢人作注有「讀如」、「讀若」，「讀為」、「讀曰」的說法，段玉裁不是第一個，早在宋代賈昌朝的《群經音辨》即有此說：

> 嘗患近世字書摩滅，惟唐陸德明《經典釋文》備載諸家音訓，先儒之學，傳授異同，大抵古字不繁，率多假借。故一字之文音詁殊別者眾，當為辨析。……一曰辨「字同音異」，凡經典有一字數用者，

年 11 月），頁 1。

〔註 79〕 〔清〕段玉裁撰：〈周禮漢讀考序〉，《段玉裁遺書・經韻樓集》（臺北：大化書局，1986 年 4 月），卷 2，頁 885。

〔註 80〕 〔清〕阮元撰，鄧經元點校：〈漢讀考周禮六卷序〉，《揅經室集》（北京：中華書局，1993 年 5 月），上冊，頁 242。

咸類以篆文釋以經鼀，先儒稱「當作」、「當爲」者，皆謂字誤，則所不取；其「讀曰」、「讀爲」、「讀如」之類，則是借音，故當俱載。

〔註81〕

段玉裁取其說而變通之，使漢人作注例更加清楚明白。本書摘經文及注爲綱，並爲之疏通證明。段氏認爲「讀若」、「讀如」的作用是「擬其音」，爲「比方之詞」，因古時沒有反切的注音方式，便以「讀若」、「讀如」作爲注音的方法。「讀爲」、「讀曰」的作用是「易其字」，爲「變化之詞」，即爲通假字，要改易其借字而變換用本字。「當爲」的作用是「救正之詞」，要改正因形近而誤或因聲近而誤的錯字。以下歸納說明之：

（一）讀為例

〈大宰〉，三曰官聯，以會官治。注：「鄭司農云，聯讀爲連。古書連作聯。」

段《考》：漢以後連貫字，皆用連不用聯。故司農以今字易古字，而又明之曰，周秦古書連貫字皆用聯。許叔重曰：聯，連也。耳連於頰，絲連不絕，故從耳從絲。〔註82〕

（二）讀如例

八曰斿貢。注：「鄭司農云，斿貢，羽旄。玄謂斿讀如囿游之游，燕好珠璣琅玕也。」

段《考》：按此讀如，賈《疏》作讀爲是。游本訓旌旗之流，其字省作斿。囿游與旌旗之流義不同，故雖同字而曰讀爲，易其義也。（頁265）

六曰主以利得民。注：「玄謂利讀如上思利民之利。」

段《考》：案注經之凡例，言讀如者，擬其音也。凡言讀爲者，易其字。此皆不用其本字。如祝讀如注，聯讀爲連是也。凡有言「讀如」、「讀爲」而仍用本字者，如利讀如上思利民之利，斿讀爲囿斿之斿，此蓋一字有數音數義，利民之利，音與財利別，囿斿之斿，義與旗斿別，故云「讀如」、「讀爲」以別之也。（頁265）

〔註81〕〔宋〕賈昌朝撰：《群經音辨》（臺北：新文豐出版公司，1985年1月，《叢書集成新編》影《畿輔叢書》本），第40冊，頁1。

〔註82〕〔清〕段玉裁撰：《周禮漢讀考》（上海：上海古籍出版社，1995年3月，《續修四庫全書》影清嘉慶刻本），頁264。

（三）當為例

〈庖人〉賓客之禽獻。注：「獻古文為獸，杜子春云，當為獻。」

段《考》：按此字之誤也，故曰當為。（頁267）

〈職幣〉皆辨其物而奠其錄。注：「故書錄為祿，杜子春云：祿當為錄，定其錄籍。」

段《考》：按此聲之誤，從子春改字也。（頁272）

除此之外，又有：

（四）「之言」例

〈卝人〉注：「卝之言礦也。金玉未成器曰礦。」

段《考》：凡云「之言」者，皆就其雙聲疊韻以得其轉注假借之用。卝本古文卵字，古音如關，亦如鯤。引申為總角卝兮之卝。又假借為金玉樸之礦，皆於其雙聲求之也。讀《周禮》者，徑謂卝即礦字，則非矣。又或云與角卝之字有別，亦誤。（頁277）

（五）「互見」例

〈小司徒〉以比追胥。注：「胥，伺捕盜賊也。」

段《考》：案此當云：「胥讀為偦。」而不言者，互見也。（頁279）

（六）「古今字」例

〈鄉大夫〉一曰和，二曰容，三曰主皮，四曰和容，五曰興舞。注：「故書舞為無，杜子春讀和容為和頌，謂能為樂也。無讀為舞，謂能為六舞。玄謂：和載六德，容包六行也。」

段《考》：頌、容古今字。漢時以容為容貌字，則以頌專為雅頌字。……故書以無為舞，古文假借字也。（頁281）

（七）「經用古字，注用今字」例

〈牛人〉軍事共其槁牛。注：「鄭司農云：犒師之牛。」

段《考》：案此經文作槁，注作犒。……漢人注經之例，經用古字，注用今字。如經瀳注法，經眂注視，經槁注犒……，其大較也。學者以此求之，思過半矣。（頁284）

另又歸納出「當言」、「當以」、「當從」、「以今字讀古字」、「故書今書」等例。但由於段氏歸納漢人注經音讀「三例」時有齟齬，遭翁方綱的非議：

> 治經之道，其最宜慎者，闕疑也。其最不宜踏者，改字也。……不

> 知鄭君昔時果森然起例若斯歟，抑鄭未有例而段氏代爲舉例
> 歟？⋯⋯其所謂「三例」者，就中又時有齟齬，則又爲之説曰「讀
> 爲」疑作「讀如」，「讀若」疑作「當爲」，昔鄭君禮堂寫經自謂整百
> 家之不齊，孰意千載下又有整鄭君之不齊者，良可笑也。〔註83〕

不過，有些情況是傳刻的錯誤，段氏不得不訂正，並非其好改之。陳壽祺《左海經辨》、黃以周《六書通故》皆針對段氏書中值得商榷處予以糾正。即使如此，段玉裁總結這些通例，並廣泛運用於解經的工作，直接推動了當時學術界對漢注訓詁的研究和校勘上的便利。胡玉縉說他「經義雖未必盡合，而精通小學，字之正借，聲之分合，剖析甚細，治周禮者未能或之先也」，亦是持平之論。

（四）考釋《周禮》中名物制度的著作

所謂「名物制度」，包括衣服、飲食、宮室、車馬、武備、旗幟、玉瑞、樂舞、喪葬，職官、祿田、賦稅、田租、軍制、軍賦、學制、刑法制度、宗法制度、宗廟祭祀、郊社、群祀等。由於乾嘉時期對文字、聲韻、訓詁的研究達到顛峰，因此也帶動對經書中「名物制度」的考證，惠士奇《禮說》開其先鋒，江永（1681～1762）《周禮疑義舉要》、沈彤（1688～1745）《周官祿田考》、王鳴盛（1722～1797）《周禮軍賦說》、戴震（1723～1777）《考工記圖》、程瑤田（1725～11814）《考工創物小記》、《溝洫疆理小記》、阮元（1764～1849）《考工記車制圖解》等書繼之而起。

江永，字慎修，關於他研究《周禮》的動機，戴震〈江慎修先生事略狀〉說：

> 一日，見明丘氏《大學衍義補》之書，内徵引《周禮》，奇之，求諸
> 積書家，得寫《周禮》正文，朝夕諷誦。自是遂精心於前人所合集
> 《十三經注疏》者，而於《三禮》尤功深。⋯⋯先生讀書好深思，
> 長於比勘，步算、鍾律、聲韻尤明。〔註84〕

《周禮疑義舉要》，這部書是江氏門人戴震從其所著讀書隨筆中分出，標以定名，共分七卷：〈天官〉一卷，〈地官〉二卷，〈春〉一卷，〈夏〉、〈秋〉官共一卷，《考工記》二卷。江永入都時值開館修《三禮》，方苞爲《周禮》總裁，

〔註83〕　〔清〕翁方綱撰：〈書金壇段氏漢讀攷〉，《復初齋文集》（臺北：文海出版社，
　　　　　1969 年 11 月，《近代中國史料叢刊》本），頁 664～668。

〔註84〕　《戴震全書》第 6 冊，頁 409。

將《周禮》稿交予江永，命其針對其中問題加以指摘，江永於是隨筆籤出，立論皆本於鄭《注》。由於江永對於算學非常專精，所以對於考證《考工記》中的名物車制尤其詳細且不失其義。之後的戴震、程瑤田也因爲精於算學，對《考工記》的說解也能如江永一般。

關於《周禮》補《考工記》以充〈冬官〉的問題，江永認爲：

> 《周禮》本是未成之書，闕〈冬官〉，漢人求之不得，以《考工記》補之，恐是當時原闕也。〈冬官〉掌事而事不止工事，「考工」是工人之號，而工人非官，《注》謂以事名官，以氏名官，非也。〔註85〕

可見江永認爲以《考工記》代替〈冬官〉，並不是非常恰當的做法，因爲〈冬官〉掌事，而「事」不僅僅只有「工事」，而且「考工」是工人名號，而非官職。但〈冬官〉雖缺，但可從其他經傳中可以大概了解〈冬官〉有以下各職：

> 〈冬官〉雖缺，以諸經傳證之，當有大司空、小司空、匠師、梓師、司里、水師、玉人、雕氏、漆氏、陶正、圬人、舟牧、輪人、車人、梟人等官，此皆〈冬官〉篇亡之證。（頁197）

他並對宋俞庭椿等人的「冬官不亡論」做了駁斥：

> 後人讀書粗疏，果於妄作，如俞庭椿之徒，紛紛割裂牽補，致五官無一完善，《周禮》之罪人也。（頁197）

並對《考工記》的作者略作考證：

> 《考工記》，東周後齊人所作也。其言「秦無廬」、「鄭之刀」，屬王封其子友，始有鄭；東遷後，以西周故地與秦，始有秦，故知爲東周時書。其言「橘踰淮而北爲枳」、「鸜鵒不踰濟」、「貉踰汶則死」，皆齊魯聞水；而終古、戚速、椑茭之類，鄭《注》皆以爲齊人語，故知齊人所作也。（頁197）

孫詒讓《周禮正義》〔註86〕認爲江永的推測大致是正確的。

另外，江永對於制度的解釋，並不隨意臆測，對於不合理的予以駁正，廣徵博引，以求正確的解釋。如〈天官·大宰〉：「以九職任萬民：一曰三農，生九穀。」江永說：

> 三農，先鄭云「平地山澤」；後鄭云「原、隰、平地」，皆未當。山

〔註85〕〔清〕江永撰：《周禮疑義舉要》（臺北：新文豐出版公司，1985年1月，《叢書集成新編》影《守山閣叢書》本），頁197。
〔註86〕《周禮正義·冬官考工記》，頁3103。

澤之農，自屬虞衡，不生九穀。原、隰與平地無異，又不可分爲三。
近世惠士奇著《禮說》云：「三農，上農、中農、下農也。」《管子‧
揆度篇》曰：「上農挾五，中農挾四，下農挾三。」〈小司徒〉上地、
中地、下地分爲三者，以此，此說甚確。（頁 182）

孫詒讓在《周禮正義》中時常採用江永的說法，或許可以解讀成他的觀點確
有其獨到之處。

　　沈彤《周官祿田考》三卷。自從歐陽修有《周禮》「官多田少，祿且不給」
的疑問提出後，後人多從其說。即使有辯論者，亦僅僅在攝官上大作文章。
而沈彤對於周制頗有研究，專辨《周禮》的祿田，分爲〈官爵數〉、〈公田數〉、
〈祿田數〉三篇，凡是田、爵、祿之數不見於經書的，則從鄭注或經義中推
求，《總目》說他「其說精密淹通，於鄭、賈注疏之後，可云特出」〔註87〕，
可知其書在當時頗受學者的稱道。

　　戴震《考工記圖》，是戴震研究《考工記》的傑出成果。由於〈冬官〉亡
佚，漢人將《考工記》補入《周禮》，充當〈冬官〉。宋以後學者因倡「冬官
不亡論」，欲從其他五官將〈冬官〉補齊，因此對《考工記》的研究雖不至於
不聞不問，但深究內容的成果極少。《考工記》書中對於各種器物的形狀、結
構、作用、製造原理等均予以闡述，戴震的《考工記圖》則是針對《考工記》
中的器物加以繪圖說明。他在序中說：「凡六經中制度、禮儀，覈之傳注，既
多違誤，而爲圖者，又往往自成詰詘，異其本經，古制所以日就荒謬不聞也。」
〔註88〕爲使古制不至於「荒謬不聞」，再加上他本身深研小學，因此「其考證
制度字義，爲漢以降儒者不能及」。〔註89〕《考工記圖》中採用鄭玄《注》，
而戴氏自己做補注，他在書中首先對《考工記》原文中的一些傳誤予以校正，
如《考工記》：「軹崇三尺有三寸。」鄭《注》：「軹，轂末也。」戴震考訂「軹」
當爲「軓」。戴震之後，又有阮元作《考工記車制圖解》，對於輪、輿諸圖的考
證又更加詳細。

　　乾嘉時期同時出現了許多大型的青銅器銘文的整理著作，如乾隆十四年
（1749），敕命梁詩正等人仿宋代《宣和博古圖》的體例，將清廷內府收藏的
古代銅器，編爲《西清古鑒》四十卷；四十四年（1779），再敕命編成《寧壽

〔註87〕《欽定四庫全書總目（整理本）》，頁 247。
〔註88〕《戴震全書》，第 5 冊，頁 313。
〔註89〕《續修四庫全書總目提要》，頁 495。

鑒古》十六卷；四十六年，又敕命王杰等編《西清續鑒甲編》、《西清續鑒乙編》，此四部即所謂的「西清四鑒」，共收錄了清內府所藏青銅器四千餘件。並帶動私人著錄青銅器的著作出現，如阮元的《積古齋鐘鼎彝器款識》、錢坫的《十六長樂堂古器款識考》等書。阮元並說過青銅器銘文「其重與九經同之」〔註90〕的話，不過，很可惜的是，乾嘉時期學者的《周禮》著作中，並未發現能結合青銅器銘文研究的著作。

二、乾嘉學者研治《周禮》的貢獻

從以上的敘述與探討，乾嘉學者研究《周禮》的貢獻，可分為幾點說明：

在校勘《周禮》的貢獻上，阮元的《周禮注疏校勘記》為《周禮》做了全面的整理工作，成為經學家必備的參考書，並採用「底本附校勘記」的方法，作為《校勘記》的呈現方式。這種方式既沒有以意改動正文，又沒有以意取捨異文，而是先詳盡的蒐集有關資料，再加以判斷或甚至不判斷，留待讀者自己思考和決定，保存了經書原有的面貌，這種呈現方式雖然不始於《十三經注疏校勘記》，但學者們對這種形式充分的肯定，並成為後學校勘古書的基本模式。

在輯《周禮》古傳注疏的貢獻上，由於清代學者傾心於漢學家的治經，而漢儒的古經傳注大多亡佚，因此，乾嘉學者首先從搜集漢代久佚的古經義傳開始，形成一股輯佚的力量。余蕭客《古經解鉤沈》、王謨《漢魏遺書鈔》、馬國翰《玉函山房輯佚書》、黃奭《黃氏佚書考》等書，為後代學者呈現這些時期的經說原貌，雖然各家所輯詳略不同，對於研究經學來說，都是值得參考的資料。

在歸納《周禮注》義例的貢獻上，顧炎武、戴震、錢大昕、段玉裁等人歸納出漢人作注有「讀如」、「讀若」，「讀為」、「讀曰」、「當為」等術語，為乾嘉以後的經學家提供治經的捷徑，不再苦於經傳的難讀。段玉裁《周禮漢讀考》更是通過「古書皆有體例」的定則，有系統的將漢人的解經方式一一條析，再加上他本身對文字、聲韻、訓詁的專研，認為「讀若」、「讀如」的作用是「擬其音」，為「比方之詞」，「讀為」、「讀曰」的作用是「易其字」，為「變化之詞」，「當為」的作用是「救正之詞」。推動了當時學術界對漢注訓

〔註90〕 〔清〕阮元撰：〈商周銅器說〉，《積古齋鐘鼎彝器款識》（臺北：藝文印書館，1964年，《百部叢書集成》影《文選樓叢書》本），頁3。

詁的研究和校勘上的便利。

在考釋《周禮》名物制度的貢獻上，乾嘉學者由於精通小學，從文字聲韻的考證逐漸擴大範圍，將觸角深及《周禮》的內容，名物制度的考證就成了乾嘉學者下工夫的目標，以惠士奇的《禮說》爲起點，沈彤、江永、王鳴盛、戴震、程瑤田、阮元繼之而起，使《周禮》中的名物制度能呈現其原始面貌。以戴震《考工記圖》爲例，書中繪製了五十九幅有關器物的簡圖，並註明尺寸，使許多人們不了解的古代器物，鮮明的呈現在眼前，這樣春秋時期的車子的輪、輻、轂，兵器的戈、戟、劍，看圖便一目瞭然。此外，書中所繪的圖，有些已爲出土文物所證實，如「當兔在輿下正中」，已爲一九八〇年冬出土的秦制大型彩繪銅車馬所證實，足見戴震考證之精確。〔註91〕

《周禮》一書由於本身的定位即是曖昧不明，又經歷王莽新政、王安石變法，使《周禮》成爲政治攻擊的犧牲品。也因此，歷代學者對於《周禮》的研究不如其他經書熱衷，成果不如其他經書豐碩。不過，經過清初學者如萬斯大、毛奇齡、惠士奇、方苞等人對《周禮》研究的示範作用，提供乾嘉學者新的研究方向，再經過乾嘉學者以輯佚、校勘、小學、名物制度的考釋等科學的方法與精神，爲《周禮》研究提供更深更廣的研究空間，提出更多更好的作品。成果不斷累積的結果，便成就出晚清孫詒讓集大成的著作——《周禮正義》。梁啓超曾說清儒禮學雖然昌明，但研究《周禮》的人卻很少，唯一的《周禮》專家就是孫仲容。〔註92〕筆者以爲，如果沒有清初、乾嘉學者們的努力，孫詒讓的《周禮正義》不可能如我們今天看到的這麼完善。如果概括地說清代《周禮》沒專家，對乾嘉時期學者的努力可說是一種忽視，因此，對於乾嘉學者研治《周禮》學的貢獻，我們應該重視並重新定位。

表 2-2-1　乾嘉時期《周禮》學著作一覽表

本表根據《四庫全書》、《續修四庫全書》、《皇清經解》、《續皇清經解》、《四庫未收書輯刊》等叢書中著錄清乾嘉時期關於《周禮》學的著作而製表，依「輯佚」、「校勘」、「注疏」、「名物制度考釋」、「周禮全書綜論」分類。

〔註91〕《戴震全書》，第 5 冊，頁 312。

〔註92〕梁啓超撰：《中國近三百年學術史》（北京：東方出版社，1996 年 3 月），頁 233。

【校勘】

編號	書名/卷數	校者	內 容 大 要	版 本
1	周禮注疏正字十卷	浦鏜校（舊題沈廷芳）	以監本、重修監本、陸氏閩本、毛氏汲古閣本參互考證。音義釋文則以徐氏《通志堂》本為準。	文淵閣《四庫全書》本
2	周禮注疏校勘記十四卷	臧庸校	校勘參考資料：（一）單經本：《唐石經周禮》、《石經考文提要‧周禮》（二）經注本：《經典釋文‧周禮音義》、錢孫保所藏宋本《周禮注》、嘉靖本《周禮注》（三）注疏本：惠士奇校本《周禮注疏》、《附釋音周禮注疏》、閩本《周禮注疏》、監本《周禮注疏》、毛本《周禮注疏》（四）引用諸家：《周禮注疏正誤》善浦鏜撰、《禮說》惠士奇撰、《周禮漢讀考》段玉裁撰。	清嘉慶阮氏文選樓刻本、《皇清經解》本、《續修四庫全書》本
3	周禮鄭氏注校語一卷	黃丕烈校	使用底本及輔本：集古堂董氏雕本、嘉靖本、岳本、蜀大字本、小字本、互注本。	《士禮居叢書》本
4	周官禮經注正誤一卷	張宗泰撰	本書多從陸德明《經典釋文》正今本。此書所言，可信處頗多。	嘉慶二年石梁署刊本、光緒重刊本。

【輯佚】

編號	書名/卷數	著/輯者	內 容 大 要	版 本
1	周禮鄭大夫解詁一卷	漢‧鄭興撰，馬國翰輯	馬國翰輯自鄭玄《注》，共得十五節。	《玉函山房輯佚書》本
2	周禮鄭司農解詁六卷	漢‧鄭眾撰，馬國翰輯	馬國翰輯自鄭玄《注》，六官各為一卷。	《玉函山房輯佚書》本
3	周禮杜氏注	漢‧杜子春撰，馬國翰輯	馬國翰自鄭玄《注》中鉤稽杜氏之說，輯成此書。	《玉函山房輯佚書》本
4	周禮賈氏解詁	漢‧賈逵撰，馬國翰輯	馬國翰自鄭玄《注》中鉤稽賈氏之說，輯成此書。	《玉函山房輯佚書》本
5	周官馬融傳	漢‧馬融撰，黃奭輯	黃氏根據群書所引馬氏注佚文，輯成此書。	《漢學堂叢書》本
6	周官傳	漢‧馬融撰，馬國翰輯	馬國翰據群書所引輯成。	《玉函山房輯佚書》本
7	周禮鄭氏音一卷	漢‧鄭玄撰，馬國翰輯	馬國翰據群書所引輯成。	《玉函山房輯佚書》本
8	周官禮注不著卷數	晉‧干寶撰，王謨輯	王謨輯自《經典釋文》、《後漢書》等書。	《漢魏遺書鈔》本

9	周官禮干氏注一卷	晉・干寶撰，馬國翰輯	馬國翰輯自《經典釋文》等書。	《玉函山房輯佚書》本
10	周禮徐氏音一卷	晉・徐邈撰，馬國翰輯	馬國翰輯自《經典釋文》等書。	《玉函山房輯佚書》本
11	周禮李氏音一卷	晉・李軌撰，馬國翰輯	馬國翰輯自《經典釋文》等書。	《玉函山房輯佚書》本
12	周官禮異同評一卷	晉・陳邵撰，馬國翰輯	今僅存一則。	《玉函山房輯佚書》本
13	周禮劉氏音二卷	齊梁間・劉昌宗撰，馬國翰輯	馬國翰輯自《經典釋文》、《集韻》，共五百餘條。	《玉函山房輯佚書》本
14	周禮戚氏音一卷	陳・戚袞撰，馬國翰輯	馬國翰輯自《經典釋文》、《集韻》，共五十餘條。	《玉函山房輯佚書》本
15*	周禮聶氏音一卷	不詳・聶氏撰，馬國翰輯	馬國翰輯自《經典釋文》，共十條。	《玉函山房輯佚書》本
16	周官禮義疏一卷	後周・沈重撰，馬國翰輯	馬國翰輯自《經典釋文》、《集韻》，共八十餘條。	《玉函山房輯佚書》本
17	周禮說五卷	宋・黃度撰，陳金鑑輯	陳金鑑據宋王與之《周禮訂義》、陳友仁《周禮集說》、明柯尚遷《周禮全經釋原》、王志長《周禮註疏刪翼》、清《周官義疏》等書輯出。	道光刊本
18	周官總義職方氏注一卷	宋・易祓撰，四庫館臣輯	乾隆時四庫館臣從永樂大典中，裒合〈天〉、〈春〉、〈秋〉官、《考工記》之文，編次成帙。	《麓山精舍叢書》本

【注疏】

編號	書名/卷數	作者	內　容　大　要	版　　本
1	周禮摘箋五卷	李調元撰	是書專就異文為釋，摘取注中經文互異之字而箋之。大抵穿鑿附會，憑臆而談，多不足取。但其書以簡明之筆，釋簡奧之文，或便於初學者省閱。	李氏《函海》本、鍾氏重刊《函海》本
2	周禮釋文問答一卷	辛紹業撰	此書僅成〈天官〉，以下未見。翁方綱主持重校盧抱經所校之《經典釋文》本，辛氏分得《周禮》部分，故成此書。對許多原文及經盧氏考證之字，仍一一補證其義，稍嫌繁瑣。	嘉慶辛未刊本
3	周禮漢讀考六卷	段玉裁撰	段氏歸納漢人作注有以下條例：一曰「讀如」、「讀若」，二曰「讀為」、「讀曰」，三曰「當為」。自段氏說出，學者凡讀漢儒經子、《漢書》之注，則可依例釋之，不致混淆。	經韻樓本

| 4 | 周禮故書疏證六卷 | 宋世犖撰 | 是書對鄭《注》略例不甚明瞭，疏證異字亦不周密，然亦有其精當不可易之處。 | 《礭山所著書》本、嘉慶間刊本、光緒六年補刊本 |
| 5 | 周官故書考四卷 | 徐養原撰 | 徐氏以為，故書今書，猶言舊本、今本。反對賈《疏》劉向未校以前為古文，既校之後為今文的說法。書探錄惠棟、段玉裁、王引之等諸家之說，對鄭玄《注》所引故書詳加參詳，分析，並間有己論。 | 《續皇清經解》本、嘉慶辛未刊本 |

【名物制度考釋】

編號	書名/卷數	作者	內 容 大 要	版 本
1	周禮疑義舉要七卷	江永	不錄經文，融會鄭《注》，參以新說，於經義多作闡發，解《考工記》尤詳精。	清抄本、敷文閣叢書本、守山閣叢書本、延古樓黃鑒唐刊本
2	周官祿田考三卷	沈彤	專辨《周禮》的祿田，分為〈官爵數〉、〈公田數〉、〈祿田數〉三篇，凡是田、爵、祿之數不見於經書的，則從鄭注或經義中推求。	1750年顧君聲、波靈胎同校精刊本、1751年重校刊本、附沈彤重校跋、阮元刻《皇清經解》本
3	周禮軍賦說四卷	王鳴盛撰	自經、史、子、集及注疏中廣為鈎稽，徵引言及周制軍賦者，輯為此書。	乾隆間頤志堂刊本、皇清經解本
4	周禮故書考一卷	程際盛撰	是書收集鄭注明言故書之異文，並收讀如、讀為之字，旨在考證《周禮》原貌，進而釋字審音，說經釋義。	《積學齋叢書》本
5	周禮序官考一卷	陳大庚撰	此書本沈彤《周官祿田考》而作。專就序官，為之分別條理，列舉階級人數。	《借月山房匯抄》本
6	考工創物小記四卷	程瑤田撰	本書皆據經文推闡，以明鄭《注》。於此書知《考工記》用配《周禮》五官，斷非周末以後人所能假託為之者。	《皇清經解》本
7	溝洫疆理小記一卷	程瑤田撰	本書皆據經文推闡，以明鄭《注》。是書綜貫古今諸書解說，不憚煩勞，求合經旨。	《皇清經解》本
8	考工記圖二卷	戴震撰	戴氏小學根基深厚，又精於算學，所繪圖大都比例準確。戴氏之後有阮氏《考工記車制圖解》，雖較戴氏書輪輿諸圖加詳，但終為戴氏餘緒，亦見戴氏研究方法影響之鉅。	《戴氏遺書》本、嘉慶間聚奎樓刊本巾箱本、光緒乙酉（1885）刻本

| 9 | 考工記車制圖解二卷 | 阮元撰 | 阮書成於乾隆五十三年，是繼戴氏《考工記圖》之後考證圖解古代車制的力作，所繪車圖三組，大都準確詳明，有助於對經文的理解。 | 乾隆五十七年（1792）七錄書館刊本、《文選樓叢書》本 |

【周禮全書綜論】

編號	書名/卷數	作者	內　容　大　要	版　　本
1	周禮約編六卷	汪基撰	此書爲《三禮約編》之一。每卷之首，先列官目，並注明職掌及刪節情況。此書之成，其旨在於方便士子舉業，然汪氏尚能尊重鄭《注》，且於解釋又很簡明，故爲當時初學者所重。	乾隆刊本、光緒重刊本
2	石谿讀周官六卷	官獻瑤撰	讀《周禮》筆記。序官與經文皆全錄。此書成於乾隆之初，故採宋元諸儒成說者頗多，而於江戴王段以後，諸家注重考據訓詁者，仍有不同。	道光二十五年刊本
3	周禮會通六卷	胡翹元撰	依《周禮》各官次序，先提綱，次列目，次及其餘事。引用各家詮釋，載明姓氏。是書撰時，尚在乾隆以前，漢學未盛，因此雖不薄考據，而仍主宋學義理一派。但較之《周禮約編》、《周禮菁華》等書，刪節過多，及《六官駢萃》諸作，改正經爲類書者，則勝之多矣。	清乾隆五十二年凝暉閣刊本
4	周官肊測七卷	孔廣林撰	此書以覆核駁斥鄭《注》、賈《疏》失經義者爲主。所辨正者，皆有根據，絕不作穿鑿之詞，爲《周官》之功臣。	山東書局刊本
5	周禮撮要一卷	潘相撰	此書意在合一篇之精義，詮次綱目，分別先後，條列枝幹，既便學者明晰《周禮》大旨，又便舉子記誦經義。然是書不以考據爲重，亦少發明，故不爲四庫所重。	乾嘉間刊本
6	周官記五卷·周官說二卷·補三卷	莊存與撰	《周官記》、《周官說》爲莊氏手定，《周官說補》爲莊綬甲自存與遺稿中輯錄而成。《周官記》或列五官官屬表，或補諸職闕文，或摭拾周秦之書可資引證者，以當〈冬官〉之義疏。《周官說》則標舉經文，爲之詮釋。《周官說補》亦撮舉經文，爲之箋注。	《味經齋遺書》本、《續皇清經解》本
7	周禮客難八卷	龔元玠撰	是書之說，多有與鄭《注》相異者，然亦非毫無根據，且往往能發明經旨，實非圍於一節一句的經生之說可比。	嘉慶刊本

8	周官心解二十八卷	蔣載康撰	此書不墨守經注，亦不拘於宋元諸儒成說，多有創解。此書雖有徑改經文，強題就我之弊，然究勝於妄有刪節及詆經疑經者。	嘉慶十一年注籈堂刊本
9	六官駢萃八卷	張蔭春撰	此書分析五官及《考工記》如類書，分爲天文類、地理類、人倫類、財賦類、官職類、禮制類等。雖發議論尚非蹈空，但於漢宋經學皆非深造，學術價值不大。	嘉慶刊本
10	周官旁求	辛紹業撰	是書博考諸書，備列多官各職，較抽五官以補〈多官〉者，較爲優勝，但亦有挂漏不全及臆度無據之處。	
11	周禮注疏獻疑七卷	許珩撰	是書針對《周禮》鄭《注》、賈《疏》提出疑問，闡明己見，雖江藩序言中頗有讚美之詞，然亦有當疑而是書不疑，不當疑而疑之之處。	清嘉慶十六年刻本
12	周禮經注節鈔七卷	許珩撰	是書對經注中眾說紛紜之處及可疑之點，大都指出並加以討論，又注重音釋，便於初學者。	清嘉慶十六年刻本
13	周官圖說六卷	李錫書撰	此書無甚新意，多泥於前人之見，發揮不多，但其中「五官斷不可割，多官斷不可補」則爲精當之論。	錦官錄本、嘉慶六年刊本

第三節　晚清的《周禮》學探究

一、晚清《周禮》學著作舉隅

本文所論「晚清著作」的範圍，指自道光（1820）至宣統（1911）年間所刊刻印行的《周禮》學著作而言，故有些學者雖生於乾、嘉時期，但著作刊行於道、咸、同、光、宣者，皆屬之，刊行於民國則不論。

綜觀晚清的《周禮》著作的種類，有注疏，如孫詒讓《周禮正義》；有札記，如潘任《周禮札記》、沈豫《周官識小》；有校勘，如沈家本《周官書名考》、于鬯《香草校書・周禮》、葉德輝《周禮鄭注正字考》；有輯佚，如孫詒讓《周禮三家佚注》；有討論制度，如陳龍標《周禮精華》、曾國藩《讀周官錄》、桂文燦《周禮今釋》。內容有申賈、馬者，如劉師培《周禮古注集疏》；有申鄭義者，如呂飛鵬《周禮補注》；有糾鄭、賈者，如曾釗《周禮注疏小箋》；有承襲宋儒之說者，如王寶仁《周官參證》。又有專門討論《考工記》者，如陳宗起《攷工記鳥獸蟲魚釋》、鄭珍《輿輪私箋》、王宗涑《攷工記攷辨》等。

內容所涉，皆不出前代學者。較不同的是，由於晚清西學衝擊傳統經學，張之洞倡「中體西用」之論，學者望風披靡，故亦有以西學比附《周禮》之作，如孫詒讓《周禮政要》、劉光《周官學》等。以下約舉呂飛鵬、曾釗、于鬯、劉師培等人的作品說明之。

（一）呂飛鵬《周禮補注》

呂飛鵬（1777～1849），字雲里，旌德人。從凌廷堪治禮，甚得凌氏器重，以為能傳其學。《清史稿》本傳曰：

> 飛鵬少讀《周禮》，長而癖嗜，廷堪嘗著〈周官九拜九祭解〉、〈鄉射五物考〉，援據《禮經》，疏通證明，足發前人所未發。飛鵬師其意而變通之，成《周禮補注》六卷。……又著《周禮古今文義證》六卷，嘗考康成本治《小戴禮》，後以古經校之，取其於義長且順者為鄭氏學；又注小戴所傳《禮記》四十九篇；又嘗作《毛詩箋》。今取鄭氏之學正鄭氏之注，則辭易瞭然，即彼此互歧，前後錯出，亦不煩辭費而得失已明，故於三者刺取為多。至許氏《說文解字》，徵引《周禮》，彼此互異，取以推廣鄭義，不嫌牴牾。其他史冊流傳，事系本朝，禮尊周典，亦備采擇，用俟辯章。猶是鄭氏況以漢法之意也。〔註93〕

則呂氏著有《周禮補注》、《周禮古今文義證》，而後者今已不得見。但知二書皆以鄭氏為宗，並欲以「鄭氏之學正鄭氏之注」，《周禮補注·自敍》云：

> 《隋書·藝文志》曰馬融作《周官傳》以授鄭玄，玄作《周官注》，而康成注僅引杜子春及鄭大夫、鄭司農之說，無一語及馬融，學者疑之。……因思漢魏之治《周禮》者，如賈逵、張衡、孫炎、薛綜、陳劭、崔靈恩之注，遺文軼事，散見羣集，或與鄭義符合，或與鄭義乖違。同者，可得其會通，異者，可博其旨趣，是用廣搜眾說，補所未備，條系於經文之下，或旁采他經舊注，或兼取近儒經說，要於申明古義而已。〔註94〕

包慎言〈後序〉又云：

> 先生此書，大恉以鄭氏為宗，而取矛刺盾，即以鄭氏說校正鄭氏之

〔註93〕 趙爾巽等撰：《清史稿》（北京：中華書局，1977年8月），卷482，列傳269，儒林3，頁13252。

〔註94〕 〔清〕呂飛鵬撰：《周禮補注》（上海：上海古籍出版社，1995年3月，《續修四庫全書》影清道光二十九年呂氏立誠軒刻本），頁1～2。

缺。其自馬融、許慎、干寶，下逮近儒經說，凡義涉《周禮》，可與互相發明者，亦詳錄以爲鄭氏參輔，修廢起敝，補苴缺遺。鄭氏所以爲千古儒宗，此書之作，固鄭氏之志也。〔註95〕

如〈天官〉「以九賦斂財賄」鄭《注》「賦，口率出泉也，今之算泉民或謂之賦，此其舊名與」呂《補注》云：

> 《疏》漢法民年二十五以上至六十出口賦錢，人百二十以爲算。江氏永曰：「漢之口率出泉，《周禮》亦有之，〈閭師〉言凡無職者出夫布是也，此因閒民一職轉移執事於人不能赴公旬三日之役，故使出夫布以當之，猶後世之丁錢即僱役錢。不可以此通釋賦字也。」賦者，徵取財物之總名，自一至六以三農九穀爲主，而草木鳥獸器用布帛及閒民夫布皆有之。唯臣妾無賦，關市則商賈也，山澤則虞衡也。關市山澤別爲二賦，不與六賦混也。幣餘之賦則已用之餘，取之於掌事者故居末。賢基謹案：周制必無出口錢之事，〈貢禹傳〉云：「禹以爲古民無賦，算口錢起武帝征伐四夷，重賦於民，產子三歲，則出口錢，故民重困，至於生子輒殺。宜令兒七歲去齒乃出口錢，年二十乃算。」天子下其議令民產子七歲乃出口錢自此始。禹在元帝時建議，去武帝時甚近。言之鑿鑿，則口錢非周所有，審矣！〔註96〕

呂氏舉江永言口賦自漢始，非自周始，以糾鄭《注》；其子呂賢基又補呂氏說「算口錢」起於武帝征伐時，產子三歲，則出口錢，故民重困，致使民生子輒殺之，貢禹以爲甚可悲痛，建議七歲去齒乃出口錢，故知口錢爲漢制，非周制。

吳廷燮評呂氏此書，多據古今人所詁解，而亦有出論斷，引書甚夥，又爲解經開一生面，可稱爲鄭、賈之功人。〔註97〕

（二）曾釗《周禮注疏小箋》

曾釗（1793～1854），字敏修，南海人。《清史稿》本傳云：

> 釗篤學好古，讀一書必校勘譌字脫文。遇秘本或雇人影寫，或懷餅就鈔，積七八年，得數萬卷。自是研求經義，文字則考之《說文》、《玉篇》，訓詁則稽之《方言》、《爾雅》，雖奧晦難通，而因文得義，

〔註95〕同注94，頁2。

〔註96〕〔清〕呂飛鵬撰：《周禮補注》，卷1，頁8左～9右。

〔註97〕吳廷燮撰：〈《周禮補注》提要〉，中國科學院圖書館整理：《續修四庫全書總目提要》（北京：中華書局，1993年7月），經部，禮類，頁482。

因義得音，類能以經解經，確有依據。入都時，見武進劉逢祿，逢
祿曰：「篤學若冕士，吾道東矣！」冕士，釗號也。儀徵阮元督粵，
震澤任兆麟見釗所校《字林》，以告元，元驚異，延請課子。……著
《周易虞氏義箋》七卷、《周禮注疏小箋》四卷、又《詩說》二卷、
《詩毛鄭異同辨》一卷、《毛詩經文定本小序》一卷、《考異》一卷、
《音讀》一卷、《虞書命義和章解》一卷、《論語述解》一卷、《讀書
雜志》五卷、《面城樓集》十卷。〔註98〕

則曾氏仍承襲乾嘉學者的治學方法治經。解經不維護鄭《注》，於「惟王建國」
下，即駁鄭說，而申賈、馬；於賈《疏》誤處，亦糾正之，如〈天官・司會〉
「掌國之官府郊野縣都之百物財用凡在書契版圖者之貳」，賈《疏》「百物財
用」為絕句，曾釗《小箋》云：

> 此經不掌賦，蓋謂掌官府郊野縣都之百物財用之在書契版圖者之
> 貳，逆羣吏之治而聽其會計耳，不必謂舉官府以表邦中也。當以「掌
> 國之官府、郊野、縣都之百物財用凡在書契版圖者之貳」絕句，其
> 言書契，謂官府之書契；版圖謂郊野縣都之版圖；百物財用，謂官
> 府郊野縣都之出入。賈《疏》讀「財用」絕句，誤矣！〔註99〕

孫氏《周禮正義》亦用曾釗此說。但曾釗亦有誤釋之處，如〈天官・甸師〉「掌
帥其屬而耕耨王藉」，鄭《注》「其屬，府史胥徒也」，曾釗《小箋》舉〈周語〉、
〈周頌・噫嘻〉等以解「其屬」為甸人、嗇夫、吏、農夫之類，又舉四證明
之云：

> 〈周頌・臣工〉有保介之文，鄭引〈月令〉耕藉禮箋之，是以臣工
> 為敕，諸侯藉之詩矣。其辛曰：命我眾人。《箋》：教我庶民。又〈載
> 芟序〉，《箋》：藉之為言借也。借民力治之，是皆謂民終事也。而此
> 經獨言徒三百人，終事豈不自相抵捂乎？此其可證一也。
>
> 徒庶人在官，《國語》但言庶人，未嘗言在官，司徒咸戒公卿百吏庶
> 民，韋昭注：「庶民，甸師氏所掌之民。主耕耨王之藉田者。」是《國
> 語》亦言以民終事也。而鄭乃言徒三百人，豈不鑿空乎？此可證二
> 也。

〔註98〕　《清史稿》，卷482，列傳269，儒林3，頁13280～13281。
〔註99〕　〔清〕曾釗撰：《周禮注疏小箋》（上海：上海古籍出版社，1995年3月，《續
　　　　　修四庫全書》據遼寧省圖書館藏清同治十年刻本影印），卷1，頁。

〈月令〉凡在天下九州之民，無不咸獻其力以共皇天、上帝、社稷、寢廟之祀，何獨於邦圻之民置之？此其可證三也。

藉僅千畝，以三百徒耕耨其中，人治三畝三分畝之一有奇，未免太逸，此其可證四也。〔註100〕

孫氏《周禮正義》云：「以經云帥其屬，即其本職之府史胥徒可知。據後注則主耕耨者唯徒三百人，此兼言府史胥三者，雖不主耕耨，亦從甸師監視之也。」〔註101〕韋昭《注》所言之「甸師所掌之民」，與府史胥徒有別，且府史胥徒亦庶人在官者。故曾氏誤以爲鄭《注》誤。

（三）于鬯《讀周禮日記》

于鬯（1854～1910），字醴尊，號香草，江蘇南匯人。一生研究學問，尤通小學，與俞樾等人有過交往。著作有二十多種，其中刊印行世者有《香草校書》、《香草續校書》、《香草文鈔》、《說文職墨》、《花燭閒譚》、《讀周禮日記》、《讀儀禮日記》、《卦氣直日考》等。《讀周禮日記》爲《學古堂日記》之一種，共考〈天官〉十一條、〈地官〉四條、〈春官〉二條，約計全書殆不及萬言，「而頗多精義」。〔註102〕如〈天官・疾醫〉「春時有痟首疾，夏時有痒疥疾，秋時有瘧寒疾，冬時有漱上氣疾」：

案：痟字、痒字、瘧字、漱字，讀皆當逗。首疾即伸釋痟字之義；疥疾即伸釋痒字之義；寒疾即伸釋瘧字之義；上氣疾即伸釋漱字之義。而讀者誤以痟首疾，痒疥疾，瘧寒疾、漱上氣疾連文，則不辭矣！就其最顯者，如云「漱上氣疾」，疾之名目何爲其如此累贅乎？鄭《注》云：「痟，酸削也。首疾，頭痛也。」以首疾二字連文，其讀卻似不誤，然分痟與首疾爲二，賈釋云：「言痟者，謂頭痛之外別有酸削之痛。」則未必果得其讀。特因首一字不可爲疾名，必兼言首疾耳。故其釋漱上氣疾云：「漱，欬也。上氣，逆喘也。」亦分漱與上氣爲二。今案：許叔重《說文・疒部》云：「痟，酸痟，頭痛。」引《周禮》以證，則此文之讀，許氏實得。《管子・地員篇》房玄齡注云：

〔註100〕《周禮注疏小箋》，卷1，頁12左～13右。

〔註101〕〔清〕孫詒讓撰：《周禮正義》（北京：中華書局，2000年3月），卷1，冊1，頁285。

〔註102〕黃壽祺撰：〈《讀周禮日記》提要〉，中國科學院圖書館整理：《續修四庫全書總目提要》，經部，禮類，頁488。

「痛，首疾也。」《文選・蜀都賦》劉淵林注云：「痛，亦頭痛病也。」

亦足明「首疾」即伸釋「痛」字之義矣！……故曰：痛字、痒字、

瘧字、漱字，讀皆當逗，而連下讀者誤也。〔註103〕

于鬯此說極是，可正鄭《注》之失，亦可證賈《疏》之望文生義也。于鬯又有校勘《周禮》的著作，收入《香草校書》中。

（四）劉師培《周禮古注集疏》

劉師培（1884～1920），字申叔，又名光漢，號左盦，江蘇儀徵人。其曾祖父劉文淇（1789～1854）、祖父劉毓崧（1818～1867）、伯父劉壽曾（1838～1882），都是恪守乾嘉漢學的知名學者。且以三世相續共注一部《春秋左傳》飲譽學林。劉氏平生著書凡七十四種，陳鐘凡〈周禮古注集疏跋〉云：

（先師儀徵劉君）謂鐘凡曰：余平生述造無慮數百卷，清末旅滬，為《國粹學報》撰藁，率意為文，說多未瑩。民元以還，西入成都，北屆北平，所至任教，國學纂輯講稿外，精力所萃，寔在三禮。既廣徵兩漢經師之說，成《禮經舊說考略》四卷，又援據《五經異誼》所引古《周禮》說、古《左氏春秋》說，及先鄭、杜子春諸家之注為《周禮古注集疏》四十卷，堪稱信心之作。嘗逐寫淨本，交季剛製序待梓，世有論定予書者，斯其嚆矢矣！鐘凡謹識之，不敢忘季剛蘄春黃氏侃字也。於其年七月，辭大學講席，南返武昌，越時兩月，君亦逝世。同門諸子，檢君遺文，獨缺斯編。僅著其卷帙於遺書總目而已。十二年春，君猶子葆儒以此殘本見貽，其勾乙涂改，跡如亂絲，幾令人不可識別。所識有至鄂者，託求清藁於季剛，久不得報。十七年春，季剛自遼寧南來相見於滬上，亟以兩藁為詢，謂藏諸篋衍，容謀刊布，不任湮晦也。廿三年冬，鄭子友漁函徵左庵遺著，適鐘凡于役廣州，告以季剛在京寓所，屬其函索，芒無端緒，明年秋，鐘凡親抵京邑，季剛又以療疾遽爾逝世。原著遂不可復得矣！爰舉此殘本，寄諸友漁校勘。〔註104〕

〔註103〕〔清〕于鬯撰：《讀周禮日記》，（上海：上海古籍出版社，1995年3月，《續修四庫全書》華東師範大學圖書館藏清光緒十六年刻學古堂日記本影印），頁7左。

〔註104〕陳鐘凡撰：〈周禮古注集疏跋〉，《周禮古注集疏》（臺北：國民出版社，1960年4月），冊2，書末。

又彭作楨〈序〉云：

> （《周禮古注集疏》）惜卷一至卷六，又卷十三（〈閣胥〉）「敬敏任恤者」以後，及卷十四原稿已具不幸散佚；其卷十五「均人」至「大均」，與卷二十皆爲未完之篇。以後遂絕筆矣。原稿字細筆禿，照繕者不能全視，故多謬誤。予既校正四六百四十八字，每句加點，復得鄭君友漁、楊君漢雲校改五百又八字，以外字有可疑，不敢擅改，則於字肩用○別之。〔註105〕

《周禮古注集疏》爲劉師培自認信心之作，卻造化弄人，使其書殘缺不全，殊爲可惜之事！此書雖由生徒校勘出版，然其時劉氏已歿，面對無法取擇的條目，則並存之，如〈天官・司裘〉「王大射，則共虎侯、熊侯、豹侯，設其鵠，諸侯則共熊侯、豹侯，卿大夫則共麋侯，皆設其鵠」條，劉氏此處有兩稿，皆錄經文、賈逵、馬融解，並有劉氏申釋之語，彭作楨於此條後按語：

> 【楨按】王大射以下，申叔師有兩稿，茲並存之，然細爲考校，似以後者爲是。〔註106〕

現存兩稿之異，於「竟射」有所出入，初稿云：

> 惟諸侯竟射，《禮經》有文，天子賓射在朝，本經無說，又〈射人〉，以射灋治射儀以下，據先鄭注義，亦爲大射。後鄭以爲賓射于朝，燕義，諸侯之射也，必先行燕禮。〈賓之初筵〉、《毛傳》義，蓋謂行燕禮，乃行燕射。後鄭以彼詩所詠，亦爲大射將射之初，先行燕禮，則與舊說弗合。具詳〈樂師〉、〈射人〉諸疏。〔註107〕

後稿此處將上文全刪，僅云：

> 惟竟射之制，不可考耳。〔註108〕

又初稿對「虎侯、熊侯、豹侯」的排列，肯定孫詒讓引馬融的說法，云：

> 《說文》：「侯，春享所射侯也。從人、矢在其下。天子射熊虎豹，服猛也。」與本經合。惟熊先於虎。先鄭〈射人〉注云：「三侯，熊虎豹也。」與許書次合。然則許及先鄭所據之經，均先熊後虎，與後鄭本不同。孫詒讓云：「《論語・八佾篇・集解》引馬融云：『天子有三侯，以熊虎豹爲之。』亦以熊貴於虎，與先鄭及許同。」其說

〔註105〕彭作楨撰：〈周禮古注集疏序〉，同上注，頁1。
〔註106〕《周禮古注集疏》，卷7，冊1，頁13上。
〔註107〕同注106，頁10下～11上。
〔註108〕同注106，頁12上。

是也。〔註109〕

在後稿又將此段全部刪去，對「虎侯、熊侯、豹侯」未加以解釋。不知劉氏此稿是否為未竟之作，亦不知彭作楨斷定後者為是的根據為何。不過，可以確定的是，劉氏對此書的重視，反覆考校，以求其善。此書成於孫氏《周禮正義》之後，注疏形式與孫氏頗類似，皆先以大字列經文，「注」，孫氏以鄭玄為宗，劉氏以鄭司農、杜子春、鄭眾、賈逵、馬融為宗；「疏」，孫氏引歷代古籍為說，並申己意，劉氏並旁採《春秋》內外傳、《大戴禮記》、《周書》等以證古義。除發明己意外，於孫義亦多所參考。然亦有因過信賈、馬而致誤者，如〈春官‧世婦〉「每宮卿二人，下大夫四人，中士八人，女府二人，女史二人，奚十有六人」，賈、馬皆云「奄卿」，劉氏云：

> 據本職有六宮之文，六宮即后六寢，則每宮卿二人，猶云每寢二人。謂卿計十有二人，下大夫二十四人，中士四十八人也，賈馬必知為奄卿也，以其主達內事，與內小臣略同。且所屬有女府女史，本經之例，凡與女官同職者，必用奄人，故經云每宮，則奄可知。後鄭云：「漢始大長秋、詹事、中少府、大僕亦用士人。」如其說，蓋以漢初后宮之官，兼用士人，則周代此職，當亦用士不用奄，所以隱破賈馬說也。賈《疏》謂鄭同賈馬，似非《注》意，惟既與女官同職，不得兼用士人，自以賈馬說為允也。〔註110〕

則劉氏仍信賈馬說，以「世婦」為奄卿。《周禮》有二世婦，〈天官〉「世婦」為內命婦，〈春官〉「世婦」為外命婦，皆為女官，鄭《注》曰士人，賈、馬曰奄卿，皆誤也。（詳見第三章第三節）

二、晚清《周禮》研究未受重視之因

　　如果以著作數量來衡量一個朝代對一門學科的研究興盛與否，則清代研究《周禮》的學者不算少。根據《四庫全書》、《續修四庫全書》、《皇清經解》、《皇清經解續編》等書統計，以乾嘉時期而言，校勘《周禮》的著作有四種，輯佚類有十八種，文字考訂類有五種，名物制度考釋類有九種，《周禮》全書綜論類有十三種，共四十九種左右。乾嘉時期是清代學術興盛的時期，四十九種《周禮》著作在數量上應該算是多的；以晚清的《周禮》學著作而言，

〔註109〕《周禮古注集疏》，頁11下～12上。
〔註110〕〔清〕劉師培撰：《周禮古注集疏》，卷19，冊2，頁6上。

有三十一種，亦是不錯的成績。但是，幾乎沒有學者探討或重視這一時期《周禮》的總體成就。筆者以為，究其原因，約有數端：一，乾嘉學術風氣盛，治學嚴謹，著作水準較統一，名家如江永、戴震、阮元、段玉裁、程瑤田等人考證詳實，令人信服。二，延續第一點因素，可供研究的方向幾乎被乾嘉學者囊括，晚清學者想突破前人的成就，相對而言，困難度增加。三，每論晚清研究《周禮》學者，一般只介紹孫詒讓，由於孫氏的成績太突出，同時期的學者又無法出其右，故逐漸為人所遺忘。四，晚清學術環境以公羊思想研究為盛，《周禮》研究者的空間並不大。五，《周禮》所記載的典章制度，無法憑空想像論辨，必須依據文獻輔佐證明。乾嘉時期正是清王朝國勢鼎盛時期，學者不論討論學術、蒐集資料，相對而言都較晚清方便；晚清則國勢頹危，書籍飽受戰火摧毀之外，學者為免戰火波及，亦疲於奔命，無力研究。由於以上的原因，使得晚清的《周禮》研究成果乏人問津。梁啟超更明白說「清儒禮學雖甚昌，然專治《周禮》的人很少，惟一的《周禮》專家就是孫仲容」〔註111〕，不僅連乾嘉學者的努力都視而不見，晚清研治《周禮》的學者更是只承認孫詒讓一人。整體而言，晚清學者的《周禮》學成果或許不如乾嘉學者突出，不過仍有一些好的見解值得採用，亦不可抹殺他們對《周禮》研究的貢獻。

表 2-3-1 　晚清《周禮》學著作一覽表

本表根據《續修四庫全書總目提要》所收經部禮類書，收錄自道光（1820）至宣統（1911）年間所出版的《周禮》學著作，注明書名卷數、作者、版本以及內容大要。內容大要亦根據《提要》而刪減之。

編號	書名卷數	作 者	內 容 大 要	版 本
1	周官指掌五卷	莊有可	凡百篇，編為五卷。提要云：是書大旨，沿襲宋人之作，往往不根據傳注疏解，自出心裁，而將本經分裂錯出，務伸一己之見。幾有如俗說所云以我馭題者，實非正法。然規制求詳，自可傳初學之講誦也。	道光九年（1829）刊本、道光二十八年（1848）刊本、光緒七年（1883）刊本
2	周禮學二卷	王聘珍	卷一首述周禮源委，次為天官、地官、春官；卷二自夏官司馬至考工記弓人，凡王氏有解詁者，皆見。	《皇清經解續編》本

〔註111〕 〔清〕梁啟超撰：〈清代學者整理舊學之總成績（一）〉，《中國近三百年學術史》（北京：東方出版社，1996年3月），頁233。

3	周禮精華六卷	陳龍標	此書略言周禮爲成周致太平之書，成康百餘年之治、姬宗八百年之法，皆根據《周官》一書。而百數家之箋疏訓釋，亦皆各據所以探討制作精心。凡可以明禮制、廣見聞、資考證者，皆爲酌繁就簡，擷其精華，使千百載之制度典章，瞭然心目之下，即所以探治本者在是，即所以通經術者在是。	道光刊本
	周官精義	連斗山	是書大旨多本《欽定義疏》，名物多用鄭、賈，義理則多採宋儒。	清道光二十一年刻本
4	周禮補注六卷	呂飛鵬	作者略言《隋志》馬融作《周官傳》以授鄭玄，玄因作《周官注》，而康成注僅引杜子春及鄭大夫、鄭司農之說，無一語及馬融，學者疑之。然其說猶見於賈《疏》；干寶注《周官》，《經典釋文》所徵引者，不下數十事，想其時猶及見全書，而《疏》中亦無徵引。作者因思漢魏治《周禮》者，遺文佚事，散見群籍，是以廣搜，以補所未備，條繫於經文之下。抑或旁采他經舊注，或兼取近儒經說，以申明古義。	道光二十九年旌德呂氏立誠軒刊本
5	周官識小一卷	沈豫	是書爲作者讀《周官》之札記，或申其義，或詳其故訓，大都隨文迻錄，殊少發明，然亦因此經而論政事得失者。	《蛾術堂集》本
6	周官參證二卷	王寶仁	錢氊《冬官補亡》，據《尚書》、大小《戴記》、《春秋》內、外傳補〈冬官〉之亡，凡二十有一，作者根據錢氏所言，推廣其例，而不敢謂有補《周官》之學，第曰聊資參證，胡玉縉謂其用力之篤而存心之虛，然惜學問未甚邃密。	同治甲戌舊香居重刊本
7	周官恆解六卷	劉沅	此書據作者自序言，初學驟難研覽，稍通其義，又間與門人商榷，遂筆記之，不覺久而成書，則此書形式類似讀書筆記。作者對《周禮》極爲信仰，遇有非議《周禮》者，必詳證之。每官末，皆有總論一段，《考工記》亦如之，以發明大意，多本《欽定周禮義疏》。注釋仍用鄭賈爲多。	光緒刊本
8	周禮注疏小箋五卷	曾釗	是書卷一爲天官冢宰惟王建國至追師，卷二爲地官大司徒之職至倉人，卷三爲春官大宗伯至都宗人，卷四爲夏官大司馬至訓方氏，卷五爲秋官大司寇至掌交。於「惟王建國」下即駁鄭說，而申賈馬之學，歷引《左傳》、《戴禮》之注，詳爲研覈。此書吳廷燮云可取者頗多，孫詒讓亦用其說。	《皇清經解續編》本
9	周官學附周官辨非辨一卷	沈夢蘭	此書雜引《司馬法》、《逸周書》、《管子》、《呂氏春秋》、《尚書大傳》、《大戴記》等書以解經，牽合附會，強以稅法說田制，以夫布	所願學齋本

			里布，孫詒讓議其新奇謬盭，非過言也。所附《周官辨非辨》語亦簡略，未能揭其癥結之所在。胡玉縉云：竊謂有此沈氏之《周禮》，而《周禮》眞亡矣。	
10	讀周官錄一卷	曾國藩	此書凡六十餘條，六官皆有，間引清制以相參證，頗有鄭《注》引漢制相況之義。期於使人易曉。而以環人況巡捕，則儼然又參合西制，吳廷變云清代說《周禮》者頗夥，然以清制況者尚少，或可資講政者之研究。	《曾文正公集》本
11	周禮今釋六卷	桂文燦	是書見杜、先鄭、碼、後鄭、干寶輩每以時制況周制，賈公彥亦以唐制況之，作者即師其法，凡《周禮》制度悉以今制釋之，然絕不強爲牽合。	桂氏《經學叢書》本
12	周禮札記一卷	潘任	凡二十餘條，潘氏極服膺鄭康成，而是書所言各條，則多有同異。孫氏《正義》，亦引其文。是書爲札記，雖覺寥寥，而時有精義存乎其間，爲治經者所宜留意者。	光緒刊本
13	周禮正義八十六卷	孫詒讓	詳本文第四、五章	光緒印本
14	周禮政要二卷	孫詒讓	詳本文第六章	卷退藏齋本
15	周禮三家佚注一卷	孫詒讓	詳本文第三章	光緒甲午刻本
16	周禮古學考十一卷	李滋然	是書卷一爲田賦考，卷二封建考，卷三賦稅考，卷四征役考，卷五出軍考，卷六至卷八禮制考，卷九職官考，卷十五官官爵數考，卷十一周禮職官同於今學考。是書又區《周禮》今學古學，以今學爲原文，古學爲劉歆竄改，又每以〈王制〉爲準，而以《周禮》不合〈王制〉者爲竄改，過於臆斷。	宣統印本
17	周官學一卷	劉光	是書用意，與孫詒讓氏《政要》略同，但孫氏以朝儀等分篇爲次第，是書則仍按五官原職爲次第。	傳鈔本
18	讀周禮日記不分卷	于鬯	此書爲學古堂日記之一種。凡考天官十一條，地官四條，春官二條，約計全書殆不及萬言，而頗多精義，且足以正注、疏之失。	《學古堂日記》本
19	周官書名考一卷	沈家本	原題爲《周官書名考古偶纂》。作者以其偶讀郎兆玉《周官古文奇字》頗多舛錯，因而正其誤，刪其謬，補其缺，遂成是書。又取阮氏《周禮校勘記》附於每字之下，更雜取段氏《漢讀考》、惠氏《禮說》及諸字書韻書之說以益之。	吳興沈氏家藏稿本

20	周官箋六卷	王闓運	是書或正鄭，或補鄭，或本成說，或下己意，足備一通。胡玉縉曰，然統觀全書，經學無師法，而小學則頗明通，過而廢之毋寧過而存之焉。	光緒丙申東洲講舍刊本
21	周禮古注集疏二十卷	劉師培	此書不宗後鄭，以杜鄭賈馬之說為主，旁采《春秋》內外傳、《大戴禮記》、《周書》之屬以證古義。此書成於孫氏《正義》之後，於孫義多所參考，亦為劉氏信心之作。	鉛印本
22	西漢周官師說考二卷	劉師培	是書以《漢書·王莽傳》為主，疏證《周官》，甄錄賈馬諸說，亦間采剌《春秋》內外傳，旁及《大戴禮記》、《周書》之屬，以證同制，於《周官》古意多所發明。	鉛印本
23	周禮鄭注正字考十二卷	葉德輝	此書稱鄭君注《三禮》，往往改易經字，《周禮》有故書、有古文、有或作或為，有杜、二鄭、禮家所據之本既各不同，音讀訓詁亦因而異，鄭君有從有不從者。故作者一一予以校訂，葉啟勳曰此書徵引經核，簡略詳明，頗有助於考證，其他稱是者尚夥，檢其全書，要非同講學家之空言辯論也，以視段玉裁《漢讀考》，亦有過之矣。	手稿本
24	周禮訂本略注二卷附周禮新義凡例	廖平	其書大旨不信《周禮》為周公所作，乃七十子之傳。謂《周禮》為書傳，如〈王制〉為春秋傳。黃壽祺曰，此書陳義詭異，已令人不解，又分天官經文，「惟王建國」至「以左王均邦國」一節為序。歷代儒者對《周禮》致疑頗多，然尚未有分散經文為序經傳聯說各節，如廖氏之所為者，甚矣其好怪也。	《六譯館叢書》本
25	周官考徵凡例不分卷	廖平	此書所留意者，蓋有五事：一，以〈曲禮〉之六大五官六府六工，當為《周官》舊題，宜於經末附〈曲禮〉舊題統屬各官一表，以不沒其實；二，以《周官》名職事，本有佚缺，宜將先秦以前諸書官名職事，悉為採輯，然後就本經考其亦同；三，以諸侯官職，與王臣名目職事全同，特品秩有異，因考定王臣後，即由王臣以推侯國，立大國次國小國三職官表；四，以軍制將左，本即公卿，用兵之時，隨而命之，非常職，皆為攝官，因立攝官一門，使不與正官相淆；五，以五等封地，專指五長而言，王制之地三等，則為本封，二者相合，乃為全璧，至所稱公侯伯子男，皆為五長，鄭君誤以九命之小國說之，因別為五長名號封祿器物儀節表以明之。	《六譯館叢書》本
26	九旗古義述一卷	孫詒讓	詳本文第五章第二節	自刻本

27	周禮輿服志一卷	陳宗起	是書大要以《周禮・考工記》爲主，注釋以鄭玄《注》爲主，旁徵羣籍，考其形制，甚爲詳明。	養志居僅存稿本
28	攷工記鳥獸蟲魚釋一卷	陳宗起	此書對《考工記》裡的鳥獸蟲魚摘出，廣引群書，對其名稱、種屬、形狀、習性乃至產地等進行考辨釋說。	養志居僅存稿本
29	攷工記攷辨八卷	王宗涑	此書體例，先列經文，下列鄭《注》、賈《疏》及江氏、戴氏、程氏、阮氏諸家考辨之文，而注疏在前，餘說在後。考則證本義，辨則駁舊說。	《皇清經解續編》本
30	輿輪私箋二卷	鄭珍	歷代言車制者，不下數十家，然往往讀鄭《注》不得其解，遂奮私臆，而鄭義轉無一是。作者治《考工記》，堅守康成，往復尋繹，以紬其義，鄭義既獲，則平列戴、程、金、阮之說，以證其失，誠鄭氏之功臣。	同治七年獨山莫友芝金陵刊本

第三章　孫詒讓之生平

第一節　生平傳略

　　孫詒讓，浙江溫州瑞安人。生於清宣宗道光二十八年戊申（1848）八月十四日，卒於德宗光緒三十四年戊申（1908）五月二十二日，年六十一。少名效洙，又名德涵。孫氏之名，有時也作貽讓。字仲頌，一作中容、仲容。晚號籀𢈪（𪉷）居士，別署「荀羕」。〔註1〕十九歲娶永嘉處士諸純仁女爲妻，繼又娶江蘇陳氏、楊氏；永嘉侯氏、李氏。共生男子九，女子二。晚清著名的經學家，與德清俞樾（1821〜1906），定海黃以周（1828〜1899）並稱清末浙江三先生。

　　孫氏出生在一個書香仕宦的家庭，父親孫衣言（1815〜1894），字劭聞，號琴西，於道光十七年丁酉科、廿四年甲辰科、三十年庚戌科與俞樾三爲同年。俞樾〈春在堂隨筆〉說：

　　　　余與孫琴西衣言，三爲同年：道光十七年丁酉科，君得拔貢，余中
　　　　副榜；廿四年甲辰科，同舉於鄉；三十年庚戌科，同成進士。相得

〔註1〕孫詒讓曾於所撰的〈顧亭林詩校記〉一文後自署「蘭陵荀羕」。徐益藩撰〈亭林詩集原本提要〉有：校文第一種：光緒二十□年，孫詒讓校錄，「是時尚畏清法，自署『荀羕』」。章炳麟《檢論》卷九〈小過〉注：「孫詒讓校亭林集後，系以詩云：『亡國於今三百年』。是時尚畏清法，自署『荀羕』，蓋以『孫』音通『荀』，『詒讓』切」『羕』也。其與余書，或觸忌諱皆署『荀羕』名。又《太炎文鈔》卷五〈瑞安孫先生哀辭〉附孫先生最後書即署『荀羕』，章先生釋之爲曰：「『荀』『孫』通假，羕則詒讓之切音」。參見《孫仲容先生百歲紀念專輯》，《圖書展望》（1947 年 10 月 31 日），復刊第 5 期，頁 16。

甚歡，而論詩不合。故余嘗贈以詩曰：「廿載名場同得失，兩家詩
派異源流。」然君刻《遜學齋》十卷，止余一序也。余於咸豐九年
刻《日損益齋詩》十卷，亦止君一序也。〔註2〕

同治四年（1865），兩人分主蘇、杭紫陽書院，俞樾又贈詩給孫衣言：

廿年得失共名場，今日東南兩紫陽。（同上）

可見兩人相得之契。

　　道光三十年（1850）孫衣言中進士，同年楊彝珍、俞樾、壽昌、丁紹周、
周星譽都是宿學名儒。咸豐初，由編修入直上書房，教授皇王諸子，歷任官
安慶府知府、鳳穎六泗道、江寧布政使、安徽按察使、湖北布政使等職，後
召爲太僕寺卿。〔註3〕有《遜學齋集》行於世。

　　由於孫衣言注重學術，使孫詒讓在耳濡目染下，深受父親的影響。

　　孫詒讓是孫衣言的第二個兒子。母親葉氏生二子，長子詒穀（字稷民）
在同治元年（1862）戰死於太平軍役中，年僅二十五。可以想見孫衣言對僅
有的二兒子的期望與關愛，這些在日後孫衣言的學術活動中，孫詒讓都隨侍
在旁學習，可以略窺一二。

　　孫氏在九歲的時候開始學《四書》，他在《札迻·敘》中說：

詒讓少受性迂拙，於世事無所解，顧竊嗜讀古書。咸豐丙辰丁巳間，
年八九歲，侍家大人於京師澄褱園，時甫受《四子書》，略識文義。
度閣有明人所刻《漢魏叢書》，愛其多古冊，輒竊觀之，雖不能解，
然瀏覽篇目，自以爲樂也。〔註4〕

《四書》之外，孫衣言又命其讀《周禮》，〈周禮正義序〉說：

詒讓自勝衣就傳，先太僕君即授以此經，而以鄭注簡奧，賈疏疏略，
未能盡通也。既長，略窺漢儒治經家法，……於經注微義，略有所
寤。〔註5〕

到了十六、七歲，開始研讀經、史、小學：

〔註2〕〔清〕俞樾撰：〈春在堂隨筆〉，《春在堂全書》（臺北：中國文獻出版社，1968
　　　年9月），冊5，頁3538～3539。

〔註3〕姚永樸撰：〈孫太僕家傳〉，《碑傳集補》（臺北：明文書局印行，1986年1月，
　　　《清代傳記叢刊》），冊1，卷7，頁452～454。

〔註4〕〔清〕孫詒讓撰：〈札迻序〉，《札迻》（北京：中華書局，1989年1月），頁
　　　1。

〔註5〕〔清〕孫詒讓撰，王文錦、陳玉霞點校：〈周禮正義序〉，《周禮正義》（北京：
　　　中華書局，2000年3月），頁4。

年十六七，讀江子屏《漢學師承記》及阮文達公所集刊《經解》，始
窺國朝通儒治經、史、小學家法。〔註6〕

孫氏治學，未曾師事他人，淵博的家學，豐富的藏書，再加上自己的好學，
使他逐漸窺通了漢儒治經史小學的家法，遵循這條路子發展，而成就自己的
學問。從文字訓詁實作工夫，言必有據，成為他畢生治學的態度。

十七歲，孫氏得阮元校勘本薛尚功《鐘鼎款識》後〔註7〕，便愛不釋手，
自此開始研究金石文字。孫氏〈跋〉云：

余少嗜古文大篆，年十七八，得杭州本讀之，即愛翫不釋。嘗取《考
古》、《博古》兩圖，及王復齋《款識》、王俅《集古錄》，校諸《款
識》。最後得舊景鈔手蹟本，以相參校。則手蹟本多與《考古》諸圖
合，杭本譌誤甚多，釋文亦有舛互。〔註8〕

同治六年丁卯（1867），孫氏二十歲，參加鄉試中第四十四名舉人。二十一歲，
由家鄉去金陵，時江寧設有官書局，該局原由兩江總督曾國藩於同治三年四
月創設於安慶，江寧收復後，移至金陵。於治城山之東北隅修葺「飛霞閣」，
為勘書之廬，與其事者皆四方碩彥之士，如周學濬、莫友芝、張文虎、劉壽
曾、唐仁壽、戴望、劉恭冕等人。〔註9〕曾國藩所招集的這一批人，在當時都
是方聞之士，孫衣言官事之餘，偕孫氏從諸先生游，相與議論為文章，因此
有機會與這些學者學習討論，成為孫氏日後學術的奠基。二十六歲，草創《周
官正義長編》，開始近三十年研究《周禮》的歲月。

二十八歲授刑部主事，從中舉後到三十六歲期間，他曾先後五次參加禮
部會試，但都落第，從此便淡於仕途，專心讀書治學。在此期間，正值太平
天國剛被清政府鎮壓，東南沿海故家密藏的古籍大量散出，孫氏趁此機會收
購了數萬卷書，他在《札迻·敘》說：

既又隨大人官江東，適當東南巨寇蕩平，故家祕藏多散出，間收得
之，亦累數萬卷。每得一佳本，晨夕目誦。遇有鉤棘難通者，疑牾
累積，輒鬱轖不怡。或窮思博討，不見端倪，偶涉它編，迺獲塙證。

〔註6〕同注4。
〔註7〕孫延釗編述：《孫徵君籀廎公年譜》（一），稿本，同治三年甲子條，頁8。
〔註8〕〔清〕孫詒讓撰：〈薛尚功鐘鼎款識跋〉，《籀廎述林》卷六（臺北：廣文書局，
　　　1971年4月），頁10上。
〔註9〕孫延釗撰，徐和雍、周立人整理：《孫衣言孫詒讓父子年譜》（上海：上海社
　　　會科學院出版社，2003年7月），頁84～85。

曠然昭窹，宿疑冰釋，則又欣然獨笑，若陟窮山，榛莽霾塞，忽覿
微徑，竟達康莊。邢子才云：「日思誤書，更是一適。」斯語亮己。
〔註10〕

這一切都為孫氏研究學問提供了極為有力的條件，也是他在學術上得以日益
成長並取得卓越成就的重要因素。

孫詒讓四十一歲時，孫衣言為他建了「玉海樓」作為讀書藏書的地方。
孫衣言〈玉海樓藏書記〉說：

今年春（光緒十四年，西元 1888 年），為次兒卜築河上，乃於金帶
橋北別建大樓，南北相向，各五楹，專為藏書讀書之所。盡徙舊藏
度之樓上，而以所刊《永嘉叢書》四千餘版，列置樓下，以便摹印。
〔註11〕

四十七歲（光緒 20 年甲午，1894 年），父親過世，享年八十歲，俞樾〈琴
西公輓聯〉說：

數丁酉甲辰庚戌三度同年，洵推理學名臣，內官禁近，外任屏藩，
晚以太僕歸田，老去白頭，重遊洴水。

刻橫塘竹軒水心諸家遺集，自任永嘉嫡派，文法桐城，詩宗山谷，
更有封章傳世，將來青史，豈僅儒林。〔註12〕

俞樾這副輓聯，可以說將孫衣言一生的學業全都括盡。孫氏第八次試禮部不
第，自是以後，不復入都，專心在玉海樓讀書治學。

孫氏的治學範圍很廣，涵蓋了經學、子學、古文字學、文獻學等各方面。
他的著作，據其次子孫延釗統計，有已刊及已成未刊遺著，即：《廣韻姓氏勘
誤》、《白虎通校補》、《溫州建置沿革表》、《浪語集札記》、《六麻甄微》、《溫
州經籍志》此六種為孫氏三十歲以前之作。《永嘉郡記輯佚》、《溫州古甓記》、
《瑞安建治沿革表》、《古籀拾遺》、《宋政和禮器文字考》、《札迻》、《周禮三
家佚注》、《周禮正義》、《周書斠補》、《大戴禮記斠補》、《九旗古誼述》、《周
禮政要》、《趁齋藏器釋文》、《亭林詩集校文附集外詩》、《古籀餘論》、《契文
舉例》、《名原》、《墨子閒詁》、《尚書駢枝》、《籀庼（頤）述林》等二十六種。

〔註10〕 〈札迻序〉，頁 1。
〔註11〕 朱芳圃編：《清孫仲容先生詒讓年譜》（臺北：台灣商務印書館，1980 年 6 月），
頁 55。
〔註12〕 《清孫仲容先生詒讓年譜》，頁 67。

又有未成之書八種，即：《溫州雜事詩》、《諷籀餘錄》、《永嘉四靈集箋異》、《漢石記》、《經迻史迻》、《河間樂記訓撰》、《四部別錄》、《古文大小篆沿革表》。此外，孫氏歿後，由孫延釗等徵集編鈔有《經微室遺集》一種，共三十五種。〔註13〕

中、晚年以後的孫氏，除了與友朋進行學術交游外，偏逢國家外患不斷，給孫氏帶來了不小的衝擊，早年幫助父親整理永嘉學派人物的遺著，永嘉學派經世致用的思想，在孫氏心中逐漸成形，他認為只有以永嘉之學，才能綜合漢學、宋學的長處，而超越兩者的界限。他雖然矻矻窮經，卻又不以「為經而經」、「為考據而考據」的治學作風為然，他通經致用的思想，主要表現在著作《周禮政要》（本文有專章討論）、《墨子閒詁》以及辦教育的活動上。

章太炎說孫氏認為「典莫備於六官，故疏《周禮》；行莫賢於墨翟，故次《墨子閒詁》」〔註14〕；又說「詒讓行亦大類墨氏」〔註15〕，可見他對墨子的推崇。孫氏研究《墨子》，是鑑於墨子「其用心篤厚，勇於振世救敝，非韓呂諸子之倫比也」。〔註16〕徐和雍認為，孫氏「企圖用墨家精神改變人們的思想面貌，為克服社會弊端，挽救國家民族的危亡而奮鬥」。〔註17〕此書撰於光緒三年（1877），到光緒十九年（1893）始成，歷時十七年。書名的由來，〈敘〉云：

> 昔許叔重注淮南王書，題曰《鴻烈閒詁》。閒者，發其疑牾；詁者，正其訓釋。今於字誼多尊許學，故遂用題署，亦以兩漢經儒本說經家法，箋釋諸子，固後學所晞慕而不能逮者也。〔註18〕

墨學不合於儒術，長期不被重視，傳誦既少，注釋也不多，致此書脫誤錯簡無法通讀、古言古字多沿襲未改，如果不能精究形聲通假的原則，是無法貫通全書的。而孫氏能匡正舊訓的不當，糾正傳鈔的舛誤，疏通疑難的字句，大多是得益於在文字音韻學方面的功底。俞樾稱讚此書：

> （仲容）乃集諸說之大成，著《墨子閒詁》。凡諸家之說，是者從之，

〔註13〕孫延釗編述：《孫徵君籀廎公年譜》（一），稿本，頁3。

〔註14〕〈孫詒讓傳〉，頁75右。

〔註15〕同上注，頁75左。

〔註16〕〔清〕孫詒讓撰：〈序〉，《墨子閒詁》（臺南：唯一書業中心，1976年1月），頁2。

〔註17〕徐和雍：〈論孫詒讓〉，《杭州大學學報》第18卷第4期（1988年12月），頁34。

〔註18〕《墨子閒詁・序》，頁3。

非者正之，闕略者補之。至〈經說〉及〈備城門〉以下諸篇尤不易讀，整紛剔蠹，鉤摘無遺，旁行之文，盡還舊觀，詭奪之處，咸秩無紊。蓋自有墨子以來，未有此書也。〔註19〕

俞樾以自身曾爲《墨子》作注疏，而有如此的評價，應該是中肯持平的。

孫氏的教育活動主要是在溫州、處州（今麗水）等地進行，從甲午戰爭失敗後，他先後創辦了各級各類學校共二十餘所〔註20〕，孫氏五十八歲（光緒31年，1905）時，被推選爲溫、處學務分處總理，負責兩府十六個縣的教育事業，在孫氏任職的三年時間裡，溫、處兩府創立了三百餘所新學校。除了辦學外，他還親自組織了許多研究教育和改良當地社會風氣的學會，以便通過學會來改良民風士氣，發展教育。他的教育活動有明確的目的，無論是創辦學校，設立學會，還是擔任教育領導職務，他都不忘「救國自強」的教育宗旨。

光緒三十四年戊申（1908）春，孫氏患寒咳者累月，自覺體力、腦力日就衰弱。三月二十二日，猝患中風，急延醫診視，治頗見效，言語回復，起坐自如。繼又常接見各界人士於榻前，商討地方諸事，猶爲創辦溫州工商實業學堂，擬設各縣蒙養院及通俗教育館而操勞。〔註21〕家人皆勸其息心靜養爲宜，但是孫氏興學不懈，不以爲意，並時時告訴門下客說：

先君子《永嘉叢書》雖經詒讓校定付梓，而《海甌逸聞》僅成甲集，餘如〈儒林〉、〈文苑〉、〈名臣〉、〈隱逸〉等門，卷數未分，郅爲恨事。詒讓自著如：《六厤甄微》、《尚書駢枝》，成而未刻；《名原》、《契文舉例》，前以原稿寄示端午橋，家藏副本，篆文不完，皆非我手定不可，老病催人，奈何！〔註22〕

〔註19〕〔清〕俞樾撰：〈墨子閒詁序〉，《墨子閒詁》，頁2。
〔註20〕計有瑞安學計館（1896年）、瑞安方言館（1897年）、瑞平化學堂（1899年）等專門學校；溫州蠶學館（1897年）、溫州蠶學堂（1905年）等職業學校；溫處暑期音樂講習所（1906年）、博物講習所（1907年）、理化講習所（1907年）、溫處初級完全師範學堂（1908年）等培養教師的學校或短期訓練班；實用學塾（1903年）、商務學社（1903年）、工商學社（1903年）等業餘職業補習學校；女學蒙塾（1903年）、德象女塾（1906年）等女子初等學校；瑞安普通學堂（1901年）、東北隅蒙學堂（1902年）、溫州府中學堂（1902年）、瑞安高等小學堂（1904年）等普通中小學校。（童富勇：〈孫詒讓教育思想評述〉，《杭州大學學報》，第18卷第1期（1988年3月），頁131。）
〔註21〕《孫衣言孫詒讓父子年譜》，頁362。
〔註22〕《清孫仲容先生詒讓年譜》，頁98～99。

四月二十七日，竟又不省人事，從此病情加劇，至五月二十二日巳時，終告不治，享年六十一歲。

第二節　成學背景

　　孫氏治學，未曾師事他人，淵博的家學，豐富的藏書，再加上自己的好學，使他逐漸窺通了漢儒治經、史、小學的家法，遵循這條路徑發展，而成就自己的學問。從文字訓詁實作工夫，言必有據，成為他畢生治學的態度。但是為什麼在十三經中，他唯獨選擇了《周禮》作為他研究經學的重心，而且耗費近三十年的光陰撰成《周禮正義》，其中一個關鍵人物，即是其父親——孫衣言。

一、南宋永嘉學派與孫衣言對孫詒讓治學的影響

　　永嘉之地，與瑞安同屬浙江溫州。神宗元豐中，大學有「永嘉九先生」之稱，九先生，為周行己、許景衡、劉元承、劉安上、戴述、沈彬老、趙霄、張輝、蔣元中等人，除蔣、趙、張之外，皆學於程門。中原淪陷時，永嘉諸先生多先卒，未及見南渡中興之盛。而以周、許二人對南宋永嘉學派影響最深。孫詒讓〈艮齋《浪語集》敘〉云：

> 南北宋間，吾鄉學派元豐九先生昌之，鄭專（敷）文、薛右史賡之。
> 專（敷）文之學，出於周博士行己，接鄉先生之傳；右史之學，出
> 於胡文定公，師法雖不同，而導原伊雒，流派則一。故其學類皆通
> 經學古，可施於世用。永嘉經制之儒，所以能綜經義治事之全者，
> 諸先生為之導也。〔註23〕

〈橫塘集跋〉又云：

> 蓋元豐九先生，惟忠簡獨後卒，名德亦最顯。厥後永嘉學者，後先
> 輩出，多於忠簡為後進，或奉手受業其門。靖康、建炎之際，永嘉
> 之學幾墜而復振，於忠簡誠有賴哉！〔註24〕

南渡後，鄭伯熊（景望，1128～？）私淑周行己（浮沚，1067～？），並首刻

〔註23〕〔清〕孫詒讓撰：〈艮齋《浪語集》敘〉，《籀廎述林》（臺北：廣文書局，1971
　　　　年4月），卷4，頁8下。
〔註24〕〔清〕孫詒讓撰，潘猛補校補：《溫州經籍志》（上海：上海社會科學院出版
　　　　社，2005年9月），冊中，頁810。

程氏之書於閩中，自此永嘉之學宗鄭氏，陳傅良（止齋，1137～1203）、陳亮
（龍川，1143～1194）、葉適（水心，1150～1223）等人皆其門人。而宋南渡
後所謂永嘉學派之巨擘，則推薛季宣（艮齋，1134～1173）艮齋之學重實用，
朱子所謂永嘉功利之學〔註25〕，則指艮齋而言，陳傅良亦學於其門下。

這些學者，同住溫州，關係友好，互相切磋學問，使永嘉學派注重經制
之學，講究「學以致用」，反對空談的義理，此即葉適所言「永嘉之學，必彌
綸以通世變者」。〔註26〕永嘉學派的學術思想特點，綜而言之，如周夢江所言
有三：一、明「夷夏之別」，有強烈的愛國思想。溫州學者薛季宣、陳傅良、
徐誼、葉適、陳謙等人都是堅決的抗戰派，很多人曾親自指揮軍隊抗擊金兵。
他們著書立說，以愛國思想教育生徒，希望恢復中原。二、重視史學研究。
為振興南宋，永嘉學派的學者希望考求歷代國家成敗興亡的道理，因此，研
究歷史的風氣很盛。三、重視實際問題，研究實用之學。永嘉學者為了整頓
吏治，改革財政制度，達到國家富強，對《周禮》大加研究。〔註27〕

孫衣言畢生從事永嘉之學，一方面以其地緣關係，一方面與永嘉學派兼漢
宋之長、經世致用的思想正契合，因而推崇之。他認為自古以來盛衰治亂的關
鍵都在學術，人心的邪正，風俗的厚薄，都由此而見。孫衣言兄弟二人更曾分
別為葉適、陳傅良、鄭伯熊等人撰作年譜：孫衣言著有《葉適年譜》、《大鄭公
行年小紀》；孫鏘鳴著有《陳文節公年譜》。他們的「貽善祠塾」有聯：

務求知古如君舉（陳傅良），尤喜能文似水心（葉適）。〔註28〕

對永嘉學派之尊崇，溢於言表。並以振興永嘉學派為己任，因此對於家鄉先
哲的遺著，蒐集傳播，不遺餘力。〔註29〕又因為黃宗羲、全祖望的《宋元學

〔註25〕 宇野哲人云：「當時號永嘉功利學，而功利者，經世濟民之謂，與近世英國風
之功利主義有霄壤之別，是又不可不知也。儒家之目的在修己治人，易語言
之，即在修齊治平，故以經世濟民為主眼之永嘉派所主張，實亦未可厚非。」
參見〔日〕宇野哲人撰，馬福辰譯：〈永嘉學派〉，《中國近世儒學史》（臺北：
中國文化大學出版部，1982年10月），頁268～269。

〔註26〕 〔宋〕葉適撰：〈溫州新修學記〉，《水心文集》（臺北：新文豐出版公司，1989
年7月，《叢書集成續編》本，第129冊，據光緒壬午瑞安孫氏據明正統本校
正刻置貽善祠塾）卷10，頁15左。

〔註27〕 周夢江撰：《葉適與永嘉學派》（杭州：浙江古籍出版社，2005年12月），頁
298～300。

〔註28〕 參見周夢江撰：〈孫詒讓與南宋永嘉學派〉，《孫詒讓紀念論文集》（溫州：溫
州師範學院學報，1988年增刊），頁196。

〔註29〕 孫衣言蒐採鄉邦文獻的步驟約分五項：

案》對於永嘉諸儒資料的蒐集未完備，更蒐補爲《永嘉學案》，又編其遺文爲
《永嘉集內外編》。

　　永嘉學者從事功思想出發，重視《周禮》的研究，同時，他們又承襲溫
州地區的學術淵源〔註30〕，致力於《春秋》之傳解。根據《溫州經籍志》著
錄宋永嘉學者研治《周禮》及《春秋》學的情況如下〔註31〕：

《周禮》	《春秋》
王十朋《周禮詳說》	王十朋《春秋解》
陳堯英《周禮說》三卷	周淳中《春秋說約》六卷
薛季宣《周禮釋疑》	薛季宣《春秋經解》十二卷
陳傅良《周禮說》三卷	《春秋指要》二卷
陳傅良、徐元德	陳傅良《止齋先生春秋後傳》十二卷
《周官制度精華》二十卷	《春秋後傳補遺》一卷
鄭伯謙《太平經國之書》十一卷	《左氏章指》三十卷
楊恪《周禮辨疑》	葉適《春秋通說》十三卷
陳汲《周禮辨疑》	宋晉之《春秋十二公論》一卷
陳謙《周禮說》	陳謙《春秋解》
曹叔遠《周禮地官講義》	曹叔遠《春秋書法起例》
戴仔《周禮傳》	黃仲炎《春秋通說》十三卷
陳汪《周官集傳》	林拱辰《春秋傳》三十卷

　　一、訪購。永嘉先哲的遺著自元明以來十遺八九，孫衣言所購得的明寶綸閣
　　　　原刻本張孚敬《敕諭錄》、寫本《蒙川遺稿》、影宋鈔殘本《永嘉四靈詩》
　　　　等，都是海內孤本。
　　二、借鈔。如從丁丙處借鈔文瀾閣殘本《止齋集》、《浪語集》。
　　三、輯佚。孫衣言爲夏槐《廣濟耆舊集》作序時說：「予生平喜言鄉邑軼事，
　　　　每讀史策及諸家文字，凡有涉於我鄉先生，雖單詞瑣事，必錄而存之。」
　　四、校勘。如《水心文集》、《浣川集》等，都由孫衣言親手校勘，至於由詒
　　　　讓校勘的，更是指不勝數。
　　五、刊刻。孫衣言刻行《永嘉叢書》共十二種，二百餘卷，重要的鄉哲遺著，
　　　　大抵都收入。
　　參見朱芳圃編：《清孫仲容先生詒讓年譜》（臺北：臺灣商務印書館，1980年
　　6月），頁12。
〔註30〕北宋中期，溫州瑞安學者林石（介夫），是胡瑗的再傳弟子，管師常的學生，
　　　　反對新學，在家鄉瑞安一帶專以《春秋》之學教授學生，比他晚一輩的「元
　　　　豐永嘉九先生」中的周行己、許景衡都深受他的影響。參見周夢江撰：〈孫詒
　　　　讓與南宋永嘉學派〉，頁193。
〔註31〕《溫州經籍志》，冊上，頁84～158。

王與之《東岩周禮訂義》八十卷	戴厚《春秋經解》三十卷
《周官補遺》	戴溪《春秋講義》四卷
《周禮十五圖》	《續春秋口義》
王奕《周禮答問》	蔡幼學《春秋解》
胡一桂《古周禮補正》	戴栩《春秋說》

　　研究《周禮》學有十七部，研究《春秋》學有十八部。同時研究《周禮》學又研究《春秋》學者，有王十朋、薛季宣、陳傅良、陳謙、曹叔遠等人。又據周夢江統計，南宋理宗時期王與之《周禮訂義》一書，採用前人之說共五十一家，其中計漢人四家、唐人二家、宋人四十五家。四十五家當中，南宋永嘉學者就有鄭伯熊、薛季宣、陳傅良、葉適等十一家；有著述而未被《訂義》引用的還有九家。〔註32〕這些永嘉學者及其學生之所以研究《周禮》，主要是受薛季宣之學而有所發揚，陳傅良說：「《周禮》妄意熟讀，豈敢言它。……幸以薛常州之意，一一尋繹，得其離合，切告條示，亦欲共講之爾。」〔註33〕可見永嘉學派與《周禮》的淵源。他們研治《周禮》的目的，企圖對當時弊政有所改革。孫衣言深善之，《孫衣言、孫詒讓父子年譜》即云：

> 時衣言欲以經制之學，融貫漢宋，通其區畛，而以永嘉儒先治《周官》特爲精詳，大抵闡明制度、窮極治本，不徒以釋名辨物爲事，亦非空談經世者可比，因於四子書外，先授詒讓以此經，藉爲研究薛、陳諸家學術之基本。〔註34〕

章太炎（1869～1936）〈孫詒讓傳〉亦云：

> 孫詒讓字仲容，浙江瑞安人也。父衣言清太僕卿，性骨鯁，治永嘉之學。……父乃授《周官》經，其後爲《正義》。〔註35〕

因此，在孫詒讓「勝衣就傅」〔註36〕，孫衣言就親自授以《周禮》，孫詒讓也不負父親的期待，最後撰成《周禮正義》一書。

　　孫詒讓因蒙父親的教誨，在思想上、行事作風上深受永嘉學派的影響，

〔註32〕周夢江撰：〈孫詒讓與南宋永嘉學派〉，頁195～196。

〔註33〕〔宋〕陳傅良撰：〈答潘叔昌書〉，《止齋集》（臺北：世界書局，1988年2月，《四庫全書薈要》本），卷35，〈手書〉，頁3右。

〔註34〕《孫衣言、孫詒讓父子年譜》，咸豐五年（1855）條，頁26。

〔註35〕閔爾昌纂錄，周駿富輯：《碑傳集補》（三）（臺北：明文書局，1985年，《清代傳記叢刊》），卷41，頁23下。

〔註36〕〔清〕孫詒讓撰，王文錦、陳玉霞點校：〈周禮正義序〉，《周禮正義》（北京：中華書局，2000年3月），頁4。

張謇（1853～1926）〈孫徵君墓表〉即說「君之爲用承永嘉」。〔註 37〕永嘉學派研究《周禮》，以托古改制的方式，期望對當時弊政有所改革，陳傅良〈進《周禮說》序〉云：

> 王道至於周備矣。……文武成康積行累功之勤，誠見於此者。……
> 嘗緣《詩》、《書》之義，以求文、武、周公、成、康之心，考其行
> 事，尚多見於《周禮》一書，而傳者失之，見謂非古。彼二鄭諸儒，
> 崎嶇章句，窺測皆薄物細故，而建官分職，關於盛衰，二三大指，
> 悉晦弗著，後學承誤，轉失其眞。漢魏而下，號爲興王，頗采《周
> 禮》，亦無過輿服官名，緣飾淺事，而王道缺焉盡廢。……熙寧用事
> 之臣，經術舛駁，顧以《周禮》一書理財居半之說，售富強之術，
> 凡開基立國之道，斫喪殆盡，而天下日益多故。迄於夷狄亂華，中
> 原化爲左衽，老生宿儒發憤推咎，以是爲用《周禮》之禍，抵排不
> 遺力。幸以進士舉，猶列於學官。至論王道不行，古不可復，輒以
> 熙寧嘗試之效藉口，則論著誠不得已也。故有格君心、正朝綱、均
> 國勢說各四篇。〔註38〕

則陳傅良以爲，文、武、周公、成、康之行事施政，多見於《周禮》一書，但二鄭以降爲之傳解者皆拘泥在「薄物細故」上，而忽略了《周禮》的設官分職，關係著國家的盛衰。更因王安石變法失敗，老生宿儒更把《周禮》打到萬劫不復的地步，陳傅良因此有格君心、正朝綱、均國勢之說。他認爲國家要強盛，則要落實《周禮》的制度。孫詒讓《溫州經籍志·周禮說》案語即云：

> 永嘉諸儒，本以經制爲宗，止齋爲薛文憲弟子，於井地、軍賦尤爲
> 專門之學，宜其精究治本，非空談經世者比也。〔註39〕

對永嘉學派給予極大的肯定。也因爲他認同「經世致用」的思想，使其在平常看起來只是個埋首故紙堆中的古文經師，一旦國家遇到危機，他又能馬上投入救國的行列，循著永嘉學派託古改制的方法，撰成《周禮政要》，將國家的弊病一一糾舉，並提出具體可實行的建議。更身體力行於溫州、麗水一帶辦學，以培育青年學子，作爲國家的後盾，充分發揮永嘉學派的宗旨。

〔註37〕錢仲聯主編：《廣清碑傳集》（江蘇：蘇州大學出版社，1999 年 2 月），卷 16，頁 1081。
〔註38〕《溫州經籍志》，冊上，頁 88～89。
〔註39〕同上注，頁 93。

二、乾嘉學者對孫詒讓治學的影響

孫氏生當乾嘉諸儒之後，服膺戴震（1723～1777）、段玉裁（1735～1815）、二王（念孫 1744～1832，引之 1766～1834）等人之學，〈答日人館森鴻書〉云：

> 我朝乾嘉以來，此學大盛，如王石臞先生念孫及其子文簡公引之之於經、子，段若膺先生玉裁之於文字訓詁，錢竹汀先生大昕、梁曜北先生玉繩之於史，皆專門樸學，擇精語詳，其書咸卓然有功於古籍，而詒讓自志學以來所最服膺者也。〔註40〕

因此取王念孫《讀書雜志》和盧文弨（1717～1795）《群書拾補》的方法，以校治古書。他在《札迻・敘》中說：

> 詒讓學識疏譾，於乾、嘉諸先生無能為役，然深善王觀察《讀書雜志》及盧學士《群書拾補》，伏案擘誦，恆用檢覈，間竊取其義法以治古書，亦略有所窺。嘗謂秦、漢文籍，詰詘奧博，字例、文例多與後世殊異，如《荀卿書》之「案」，《墨翟書》之「唯」、「毋」，……驟讀之，幾不能通其語。復以竹帛梨棗，鈔刊甚易，則有三代文字之通假，有秦、漢篆隸之變遷，有魏、晉正草之輨淆，有六朝、唐人俗書之流失，有宋、元、明校槧之羼改，遠徑百出，多歧亡羊，非覃思精勘，深究本原，未易得其正也。〔註41〕

不求古書善本，博考精校，就不能明其根柢，被後世惡本訛文所誤；不通古音古訓，而用晚近常見的字義訓釋古書，必定違背古人的旨意。他從十三歲起治校讎學，就著有《廣韻姓氏刊誤》，十八歲撰《〈白虎通〉校補》，二十歲以後繼續校勘群書。《周書斠補》、《大戴禮記斠補》、以及由後人整理出的《十三經注疏校記》等都是這類的作品。孫氏校書，必求善本、初刻或經過名家校勘的本子，並廣涉其他書籍，以及類書、古注、舊疏所摭引，將這些資料相互印證，多方比勘，凡文字有異同、疑異或謬誤的，常隨手注記。他在四十六歲（1893）的時候，整理三十年校讀古書的心得，撰成《札迻》〔註42〕十二卷。其用力之

〔註40〕 〔清〕孫詒讓撰，張憲文輯：《孫詒讓遺文輯存》（溫州：浙江人民出版社，1990 年 5 月，《溫州文史資料》第五輯），頁 159。此書信孫氏寫於光緒 33 年 9 月 16 日，輯自《經微室遺集》稿本，卷 6。

〔註41〕 〈札迻序〉，頁 2。

〔註42〕 全書校勘訂正了秦、漢至齊、梁間七十八種古書中的訛誤衍脫千餘條，是孫詒讓三十多年研讀古書心得的集錄。「凡所考論，雖復簡絲數米，或涉瑣屑，

深，非一般學者所能及：

> 每得一佳本，晨夕目誦。……卅年以來，凡所采獲，咸綴識簡耑，
> 或別紙識錄，朱墨戡眷，紛如落葉。既又治《周禮》及墨翟書，爲
> 之疏詁，稽覽羣籍，多相通貫，應時楬記，所積益眾。中年早衰，
> 意興零落，惟此讀書結習，猶復展卷忘倦，綴艸雜遝，殆盈篋衍矣。
> 〔註43〕

可知孫氏數十年養成的習慣，每得一部書，第一件工作就是校勘。俞樾曾給
這部書極高的評價：

> 至其精埶訓詁，通達假借，援據古籍以補正訛奪，根柢經義以詮釋
> 古言，每下一說，輒使前後文皆怡然理順。阮文達序王伯申先生《經
> 義述聞》云：「使古聖賢見之，必解頤曰：吾言固如是。數千年誤解，
> 今得明矣。」仲容所爲《札迻》，大率如此。然則，書之受益於仲容
> 者，亦自不淺矣。〔註44〕

章太炎也盛讚此書：

> 每下一義，妥聑寧極，渾入湊理，書少於《諸子平議》，校讎之勤倍
> 《諸子平議》，孫氏學術蓋有金榜、錢大昕、段玉裁、王念孫四家，
> 其明大義，鉤深窮高過之。〔註45〕

除此之外，他亦繼承乾嘉學者「訓詁明而經義明」的思想，以《說文》、《爾
雅》爲基礎，「聲類通轉爲關鍵」〔註46〕，進行名物訓詁的工作。他肯定因聲
求義的方法，但不「穿穴形聲，掊摭新異，憑臆改易，以是爲非」。〔註47〕

　　清代乾嘉時期是金文學研究的鼎盛期，許多小學家繼承許學的傳統，對
一切可以印證經籍，辨證歷史，解說文字的資料都極度重視。孫詒讓在〈古
籀拾遺敘〉說：

> 考讀金文之學，蓋萌柢於秦漢之際，《禮記》皆先秦故書，而〈祭統〉

> 於作述闊恉，未窺百一，然匪違苦佚，必有誼據，無以孤證肊說，貿亂古書
> 之真」這是他遵循的基本原則。
〔註43〕〔清〕孫詒讓撰，梁運華點校：〈自序〉，《札迻》（北京：中華書局，1989 年
　　　1 月），頁 1～2。
〔註44〕〔清〕俞樾撰：〈俞序〉，《札迻》，頁 1。
〔註45〕〔清〕章太炎撰：〈孫詒讓傳〉，《章氏叢書》（臺北：世界書局，1982 年 4 月）
　　　冊下，文錄 2，頁 75 左。
〔註46〕〈札迻序〉，頁 2。
〔註47〕同上注。

述李悝鼎銘，此以金文證經之始。漢許君作《說文》，據郡國山川所
出鼎彝銘款以修古文〔註48〕，此以金文說字之始。誠以制器爲銘，
九能之選，詞誼瑋奧，同符經藝。至其文字，則又上原倉籀，旁通
雅故，博稽精斠，爲益無方。然則宋元以後最錄款識之書，雖復小
學枝流，抑亦秦漢經師之家法與？〔註49〕

用金文「證經」、「說字」是漢代經師的家法，用金文等古文字來說解文字，
是文字學家的傳統。這是因爲漢字的結構與演變有一定的規律，只有依據這
些早期的文字資料，才能得出與事實相符合的結論。許愼在他的《說文解字》
中所收錄的古文、籀文、奇字等，都可說是古文字的一支，沒有了這些資料，
他是沒有辦法做出準確的推測與結論，也不會被歷代的學者所不斷的徵引及
研究。但是《說文》中的古文字及孔子壁中所發現的古文經書，在歷代傳寫
的過程中多有訛誤，想要準確的運用這些資料，必定要經過與出土古器物銘
文的相互對照，才能得到較完整的結論。這就是歷來漢學家重視金石文字的
緣由。

　　清代對銅器的蒐集整理，比起宋代要興盛得多。這主要是由於如上所說
小學家治學的目的在於通經考史，經世致用，誠如阮元（1764～1849）所說
青銅器銘文「其重與《九經》同之」〔註 50〕，青銅器銘文自然要被視爲重要
的史料。同時，清代的銅器比宋代有更豐富的發現，爲青銅器銘文的研究提
供了一個良好的環境。

　　孫氏治小學，除以《說文》、《爾雅》爲基礎，更多方運用歷代著錄、摹
寫、墨拓、傳世彝器、石刻、甲骨資料，並秉持著乾嘉學者「通經考史」的
目的。他自十六、七歲開始研讀經、史、小學。到了十八歲，得到杭州本的
《歷代鐘鼎彝器款識》，反覆閱讀，愛不釋手，曾蒐羅《考古圖》、《博古圖》
及王復齋的《款識》、王俅的《集古錄》相校讀，從此，便開始研究古文字。

〔註48〕　許愼雖於《說文·敍》中說：「郡國亦往往於山川得鼎彝，其銘即前代之古文，
　　　　　皆自相似。」但在《說文》中並未如詒讓所說許愼利用銅器銘文以修古文，
　　　　　比較可能的情況是許愼確實看到這些出土的青銅器，可是當時出土的青銅器
　　　　　並不多，許愼無法廣泛利用。如果他利用青銅器以證字，行文中應有「某某
　　　　　器作某」的字樣，然觀《說文》，並未發現有此例。

〔註49〕　〔清〕孫詒讓撰：〈古籀拾遺敍〉，《古籀拾遺·古籀餘論》（北京：中華書局，
　　　　　1989 年 9 月），頁 1。

〔註50〕　〔清〕阮元撰，鄧經元點校：〈商周銅器說·上〉，《揅經室集》（北京：中華
　　　　　書局，1993 年 5 月），頁 632。

二十五歲時，他依據薛尚功、阮元、吳榮光三家金文著錄爲底本，對其中有疑問的銘文內容進行校勘考證的工作，撰成《商周金識拾遺》三卷；同月，他又作〈毛公鼎釋文〉。二十六歲，作〈召伯虎敦拓本跋〉。二十七歲，作〈周季子白盤跋〉。二十九歲，得到「周要君盂」，又購得葉志詵金文拓本二百種，有龔定庵的考釋題字，孫氏非常珍愛這些資料。四十一歲，將《商周金識拾遺》改名爲《古籀拾遺》重校付刊。四十二歲，作〈井人殘鐘拓本考釋〉。四十三歲，作〈克鼎釋文跋〉。四十四歲，撰成〈宋政和禮器文字考〉。四十九歲，於永嘉得「周麥鼎」，並撰成〈周麥鼎考〉。五十歲，友人費屺懷寄贈金文拓本五十種給孫氏，孫氏立即寫定釋文。五十六歲，重訂〈毛公鼎釋文〉，並撰成《古籀餘論》二卷。五十七歲，作〈籀文車字說〉，並撰成《契文舉例》，這是中國文字學史上第一部有系統探討甲骨文字的著作。五十八歲，撰成《名原》，這又是文字學史上第一部綜合《說文》學、甲骨學、金石學，探討文字源流的著作。其他無法繫年的古文字學著作多見於他的《籀廎述林》中。孫氏窮究四十餘年的時間在研究古文字學上，他的努力及用心，以及他秉持乾嘉學者治學方法的態度，從以上的著作中可見一斑。

三、「玉海樓」的落成對孫詒讓治學的影響

光緒十四年（1888）春，孫衣言爲孫詒讓別築新居於城東虞池金帶橋北，旁建「玉海藏書樓」〔註51〕，以供父子二人藏書、讀書、治學之所。取名「玉

〔註51〕陳東輝指出，不少論著中提到，玉海樓舊藏後來大部分歸杭州大學圖書館（現浙江大學西溪校區圖書館）收藏，其實這種提法並不符合事實。1951年，孫延釗將玉海樓舊藏約二萬二千冊捐贈給溫州市圖書館，其中包括明刻本和名家批校本近二百種。瑞安縣人民政府於1956年將玉海樓闢爲文物陳列館，並徵集、收購原玉海樓散出的藏書、文物、字畫等入樓庋藏。現藏書已逾三萬冊，包括部分玉海樓舊藏，内中有孫詒讓《墨子閒詁》稿本卷十和孫詒讓批校本《周禮鄭氏注》、《墨子》、《墨子經校注》、《墨子斠錄》、《淮南鴻烈解》、《黃文簡公介庵集》等。此外，國家圖書館、浙江圖書館、上海圖書館、南京圖書館和北京大學圖書館等有少量玉海樓舊藏。比較確切地說，玉海樓舊藏中較爲珍貴善本目前大部分保存在浙江大學西溪校區圖書館古籍特藏部，尤其是孫詒讓的稿本和批校本較爲集中。而玉海樓原先收藏甚富的溫州地方文獻則以溫州市圖書館庋藏最多，同時溫圖還藏有十分珍貴的孫詒讓《周禮正義》、《溫州經籍志》、《諷籀餘錄》、《補藝宦檢書小記》、《論語正義補誼遺稿》、《永嘉瑞安石刻文字》等著述之稿本，以及孫詒讓批校本《周禮總義》、《周禮學》、《周禮漢讀考》、《禮箋》、《群經宮室圖》、《春秋公羊傳義疏》、《鮮虞中山國事表中山疆域圖說》、《葉文定公年譜》、〔隆慶〕《樂清縣志》、〔乾隆〕

海樓」者，乃因孫衣言傾慕宋代學者王應麟讀書之博、著述之富，著書至六百餘卷，其中以二百卷的《玉海》最鉅，遂以此書爲樓命名，取其「如玉之珍貴，若海之浩瀚」之意。「玉海樓」爲五楹兩進的木構重檐建築，五楹爲藏書之所，樓下藏孫衣言所刊之《永嘉叢書》書版四千餘塊。

孫氏先世極好聚圖書，有「詒善堂」舊藏〔註52〕，且多前朝善本，但經亂後無復存者。孫衣言、孫詒讓父子亦承襲先祖之志，不僅聚書，更喜愛讀書，但因祿薄不能盡如所欲。孫衣言大規模購書是在清同治七年（1868），當時他任南京監司，孫詒讓隨侍在側，各地學者雲集金陵，「隨大人官江東，適當東南巨寇蕩平，故家秘藏多散出，閒收得之，亦累數萬卷」〔註53〕；再加上當時日本等地船來，有許多彼國所刊而中國所未見之書，孫衣言乃命孫詒讓恣意購求。

孫衣言自同治七年至光緒五年，歷官江南鹽法道，安徽按察使，湖北、江寧布政使，蘇、皖、鄂三省是文化鼎盛、私家藏書薈萃之地，也是太平天國戰亂最盛的地區。亂後，孫衣言身爲地方大官，所交遊者又多碩儒名彥，如張文虎、劉毓崧、劉壽曾、梅毓、譚獻、戴子高、劉恭冕、唐仁壽等人，孫詒讓因此得識諸先生。《孫衣言孫詒讓父子年譜》云：

> 子高之學得其外祖鄭堂周先生中孚之傳，又常請業於陳碩甫先生，從宋于庭先生受《公羊春秋》；叔俛方繼成其父楚槙伯山先生兩世經業；嘯山在諸先生中最爲老宿，精研惠、江、戴、錢諸家之學，尤長比勘。端夫爲錢警石先生泰吉高弟，家富藏書。芙卿邃於考證，兼通曆算。諸先生皆秉承乾嘉大師緒論，以稽古爲職志。〔註54〕

因此不但與諸先生互相切磋學問，廣求圖書的條件亦頗爲優越。〔註55〕在江蘇、安徽一帶購書，僅十餘年間，便致書八九萬卷。

《溫州府志》、《雁山志》、《東甌掌錄》、《泉志》、《東甌金石志》、《鶡冠子》、《齊民要術》、《補修宋金六家術》、《後村居士集》、《安雅堂集》、《不繫舟漁集》與《甌濱文錄》等。參見陳東輝撰：〈孫詒讓學術思想與玉海樓藏書特色之關係〉，《文獻》，2006年第2期（2006年4月），頁53。

〔註52〕 宋炎撰：〈記瑞安孫氏玉海樓藏書及其與兩浙人文之關係〉，《圖書展望》，復刊第5期（1947年10月），頁29。

〔註53〕 〈札迻序〉，頁1。

〔註54〕 《孫衣言孫詒讓父子年譜》，同治七年（1868）條，頁85。

〔註55〕 張憲文撰：〈瑞安孫氏玉海樓書藏考〉，《文獻》，第37輯（1988年7月），頁189。

　　除了到處購書，孫衣言亦移錄諸家書藏，同治三年（1864），於杭州紫陽書院講學，講學之餘，認爲宋永嘉學派學者皆能讀書善著述，但年久率多亡佚，除有秘府著錄，人間絕少傳本，鄉人士更是無法得見。遂致力搜求鄉先生遺著，其得力最多的是陸心源和丁丙二家。除錄副外，更命孫詒讓細心校勘。如此經過多年，不僅保存了地方文獻，更豐富玉海樓的藏書。

　　此外，更有師友投贈，據張憲文統計，現存玉海樓《曬書目錄》及《經微室書目》集部，均別列「師友投贈」一門，所錄贈書者姓名有：曾國藩、錢泰吉、林昌彝、姚復莊、陳用光、何紹基、梅植之、張際亮、張文虎、楊彝珍、徐鼎、吳嘉賓、孫鼎臣、俞樾、鄭珍、方東樹、黃富民等人，所贈多爲自著，爲他人著作未加著錄者亦不少。〔註56〕

　　玉海樓不僅僅是作爲藏書用，也是孫氏父子著書立說，輯刊地方文獻的場所。也可從玉海樓的完成，看到一個父親對兒子的期許，希望提供一個良好的讀書環境給孫詒讓，使其能專心讀書治學。孫詒讓亦不負父親所望，豐富的藏書，寬廣安定的環境，孫氏在此完成了許多傳世佳作，顧頡剛〈孫詒讓之著作環境〉即言：

> 瑞安孫氏姻戚居鄂者曰：仲容得美婦，能文，善治事，侍仲容居樓上，七年未出門。樓惟夫婦能登，外無一人敢闖入。樓上置長桌十餘，每桌面書卷縱橫，稿書錯雜，丹黃墨漬，袍袖卷帙皆滿。寫何條注，翻何書籍，即移坐某桌。日移座位，十餘桌殆遍。篝燈入睡前，桌上書稿，夫人爲清理之。外人只知仲容閉戶著書，但不知所著何書。七年後，始知與夫人孜孜不倦者，即今日鄂刻之《周禮正義》也。〔註57〕

若非有如此優良的環境，寬敞的空間，豐富的藏書，得以將所需的資料一一排列於十餘張桌子上，恐怕孫氏得花費更多的時間來完成八十六卷的《周禮正義》了。顧頡剛更直言：

> 按孫衣言兩任藩司，一江寧，一湖北，腰纏累累，詒讓在其蔭育之下，讀書、生活均無問題，性本聰敏好學，得斯無憂無慮之環境，而又配以佳婦，代爲安排著作生涯，故能有此偉大成就，爲近百年稀有人物。在其前者，惟王念孫與之媲美，有大學士安國爲之父，

〔註56〕〈瑞安孫氏玉海樓書藏考〉，頁191。
〔註57〕顧頡剛撰：《顧頡剛讀書筆記》（臺北：聯經出版事業公司，1990年1月），第八卷（上），辛丑夏日雜鈔，頁5883。

有尚書引之爲之子，不必更爲稻粱之謀，而又克享高年，故能爲乾
嘉時代最卓絕之學者。若段玉裁，必以四川縣令之貪污，供其楓橋
四十年杜門治學之資，以是益知封建時代成學之難也。〔註58〕
亦道出能有如此成就者，非當時尋常百姓苦心用功所能達也。

第三節　孫詒讓學術簡譜

【凡例】

一、本簡譜以孫延釗《孫徵君籀廎公年譜》爲主，朱芳圃《孫詒讓年譜》、
　　《孫衣言孫詒讓父子年譜》與其他相關傳記資料爲輔，編列而成。

二、※記號者爲張憲文所輯錄詒讓的遺文。〔註59〕

三、＊記號者爲雪克所輯錄詒讓的遺文。

四、◎記號者爲學界相關人物、事件，以視孫詒讓所處之時代。

五、需特別陳述者，於注釋中陳述之。

六、年譜中有關孫氏研治《周禮》之條目者，以新細明體標之。

一八四八年（宣宗道光二十八年戊申）孫詒讓生

　　八月十九日巳時，孫詒讓生於瑞安縣治西北二十五里集善鄉潘埭茂
　　德里的演下村。

一八四九年（道光二十九年己酉）二歲

　　◎績溪胡培翬卒，年六十八。

一八五四年（文宗咸豐四年甲寅）七歲

　　◎嘉興徐同柏卒，年八十。

　　◎安邱王筠卒，年七十一。

　　◎儀徵劉文淇卒，年六十六。

　　◎南海曾釗卒，年三十四。

〔註58〕《顧頡剛讀書筆記》，第八卷（上），辛丑夏日雜鈔，頁5884。

〔註59〕張憲文是根據孫延釗《經微室疑集》（稿本，今藏於溫州市圖書館）與《孫徵
　　君籀廎公年譜》（抄本未刊，今藏於溫州市圖書館）中所錄及別見的詒讓遺文，
　　擇要勾稽標點而成。而《孫徵君籀廎公年譜》編定於一九三三年，譜中所收
　　詒讓的雜文、序跋、書札諸作，或錄自玉海樓書藏的手跡，或見諸傳家世守
　　的籃笥，都爲原始資料。

一八五五年（咸豐五年乙卯）八歲

　　受《四子書》、《周官經》於父。

　　　　時遜學公（孫衣言）欲以經制之學融貫漢宋，通其區畛而以永嘉儒先，治《周官經》特爲精詳，大抵闡明制度，究極治本，不徒以釋名辨物爲事，亦非空談經世者可比。因於《四子書》外，先授公以此經，藉爲研究薛、陳諸家學術之基本。

一八五七年（咸豐七年丁巳）十歲

　　見度閣有明刻《漢魏叢書》，愛其多古冊，瀏覽篇目，自以爲樂。

一八五八年（咸豐八年戊午）十一歲

　　◎吳縣朱駿聲卒，年七十一。

一八五九年（咸豐九年己未）十二歲

　　父親孫衣言教授詩法。

一八六〇年（咸豐十年庚申）十三歲

　　*七月，草《廣韻姓氏刊誤》一卷初稿。

　　*十月，撰《廣韻姓氏刊誤》成。

　　◎長洲宋翔鳳卒，年八十五。

一八六一年（咸豐十一年辛酉）十四歲

　　撰〈溫州雜事詩〉數十首。

一八六二年（穆宗同治元年壬戌）十五歲

　　*增刪《廣韻姓氏刊誤》爲二稿。

　　◎定海黃式三卒，年七十三。

一八六三年（同治二年癸亥）十六歲

　　補學官弟子。

　　研讀《漢學師承記》、阮元《皇清經解》，始知清儒治經、史、小學家法。

　　◎獨山莫友芝撰《唐寫本說文解字木部箋異》刊行，孫氏覽而疑之，有書一篇以著其說。

　　◎長洲陳奐卒，年七十八。

　　◎遵義鄭珍卒，年五十九。

一八六四年（同治三年甲子）十七歲

　　秋，得「東漢衡鼎」及「晉泰康磚」。

　　冬，購得元大德本《白虎通德論》二冊，樂意軒吳氏藏舊鈔本《水
　　　心集》八冊，孫詒讓鑒藏善本古籍始於此。

　　　得阮元校刊本薛尚功《歷代鐘鼎彝器款識》，嘗取《考古》、《博
　　　古》兩圖、王復齋《鐘鼎款識》、王俅《嘯堂集古錄》校諸薛氏
　　　《款識》，孫詒讓治金文之學始於此。〔註60〕

　　　又於杭州得掃葉山房刻本《契丹國志》二十七卷、《大金國志》
　　　四十卷，合四冊。

　　又得明正德本《陳正齋文集》十冊。

　　※撰〈掃葉山房刻本《契丹國志》跋〉。

　　※撰〈書戴侗《六書故》後〉。

　　＊詒讓潤色《廣韻姓氏刊誤》為三稿。

一八六五年（同治四年乙丑）十八歲

　　冬，父主講杭州紫陽書院，在旁隨侍。

　　※撰〈《白虎通校補》序〉。

　　＊修改《廣韻姓氏刊誤》為定稿。〔註61〕

一八六六年（同治五年丙寅）十九歲

　　◎上虞羅振玉生。

　　秋，應童試，縣試第二，府試第一，遂以第一人補學官弟子，出學
　　　史泰興吳和甫存義門下。

　　草《諷籀餘錄》，又題《補執宮檢書小志》。〔註62〕

───────────

〔註60〕朱《譜》以為是同治四年事。據朱芳圃考證，詒讓治金石文字之學四十年，
　　　則發軔於此時。此後數年中，詒讓研習此書，遇有心得，便注於眉端，後收
　　　入《古籀拾遺》中。參見朱芳圃：《清孫仲容先生詒讓年譜》（臺北：台灣商
　　　務印書館，1980年6月），頁13。

〔註61〕據雪克《籀廎遺著輯存・輯點前記》說：「今據孫氏自題同治三年稿尾識語，
　　　知此著實創草於咸豐十年七月，成於是年十月。時年十三歲。初稿創成，復
　　　於同治元年加以增刪為二稿，三年更潤色之為三稿，四年又為之修改而成定
　　　稿。其初稿、二稿今未得見，三稿、四稿各一冊，並藏杭州大學圖書館。」
　　　參見雪克輯點：《籀廎遺著輯存》（濟南：齊魯書社，1987年5月），頁1。

〔註62〕為孫氏二十歲前後之讀書筆記。稿僅數葉，載短篇文字若干首，下識「丙寅
　　　以後」四小字，以知草創當在此年。同上注，頁2。

與諸氏成婚。寓永嘉城南虞師里李氏之屋。

※撰〈明內府本《玉篇》跋〉。

一八六七年（同治六年丁卯）二十歲

邑中李氏所藏《呂氏讀詩記》，有方雪齋點勘手箋，蓋據明嘉靖、萬曆兩本校訂，以朱筆傳錄，並取明小字本對覈一過，有墨筆校語，並迻錄方氏舊跋。

夏，得明張文忠公寶繪樓原刻本《敕諭錄》，上下二卷，一冊於武林。

秋，應浙江補甲子科鄉試，中式第四十四名舉人，出太和張霽亭澐卿、南皮張孝達之洞之門。

冬，校勘王致遠《開禧德安守城錄》。

得吳拜經藏鈔本宋趙叔向《肎繁錄》一冊、盧抱經藏書鈔本宋劉安上《給諫集》四冊於杭州。

※撰〈羅以智校本《集韻》跋〉。

※撰〈題日本刊本《孝經鄭注》〉。

※撰〈題錢大昕《十駕齋養新錄》〉。

※撰〈題盧本《白虎通》〉。

※撰〈又題盧本《白虎通》〉。

◎儀徵劉毓崧卒，年五十。

一八六八年（同治七年戊辰）二十一歲

受父命收藏書籍。自此以後，為學問邁進的時代。

始預禮部試，不第。

為父代作顧刻〈藝苑捃華序〉。

※撰〈題明內府本《廣韻》〉。

※撰〈寫本《劉忠肅公遺稿》校記〉。

※撰〈影寫宋本劉攽《漢官儀》跋〉。

※撰〈題楊州汪氏摹刻宋本《公羊何注》〉。

一八六九年（同治八年己巳）二十二歲

撰〈《溫州建置沿革表》序〉。

撰〈唐靜海軍考〉。〔註63〕

〔註63〕張謇撰詒讓墓表，列其遺著，其中有《溫州建置沿革表》一卷，原稿未見，

撰《永嘉郡記集本》一卷。〔註64〕

夏,《溫州經籍志》始稿。

※撰〈書校集宋鄭緝之《永嘉郡記》後〉。

※撰〈跋鈔本《四靈詩》〉。

一八七〇年(同治九年庚午)二十三歲

草《四靈集箋異》。

※撰〈書張金吾《愛日廬藏書志》後〉。

一八七一年(同治十年辛未)二十四歲

寫定邵位西先生遺著《四庫全書簡明目錄校注》二十卷。

※撰〈題邵位西《四庫簡明目錄校注》後〉。

撰《艮齋浪語集札記》□卷。

撰《溫州經籍志》成。〔註65〕

◎莫友芝辭世。

※撰〈書永嘉張氏《存愚錄》後〉。

一八七二年(同治十一年壬申)二十五歲

校勘《蒙川遺稿》。

冬,十月,撰《商周金識拾遺》三卷成。

　　同月,撰〈毛公鼎釋文〉

　　十二月,代父撰〈新刻永嘉叢書本浪語集序〉。

◎大學士曾國藩辭世,年六十二。

◎吳縣潘祖蔭著《攀古樓彝器款識》二冊刊行。

◎歸安吳雲著《兩罍軒彝器圖識》十二卷刊行。

※撰〈題元本《廣韻》〉。

※撰〈邵氏《四庫簡明目錄校注》跋〉。

※撰〈傳鈔宋翔鳳校本《陸子新語》書後〉。

※撰〈題傳鈔盧校《越絕書》〉。

朱芳圃懷疑此篇即其中一部分。

〔註64〕劉宋鄭緝之《永和郡記》自宋以後久佚不見,詒讓從《世說注》諸書輯出逸文,共五十餘條,撰成此書。見《清孫仲容先生詒讓年譜》,頁16。

〔註65〕朱芳圃認為詒讓的《四部別錄》應撰於此年前後。(《清孫仲容先生詒讓年譜》,頁25。)

一八七三年（同治十二年癸酉）二十六歲

《周禮正義長編》始稿。

孫詒讓草創《周禮》，而詳考經之源流，題〈周官經源流攷〉，其文曰：《周官》晚出，在漢中葉。至於新莽，使立學官。班書不詳其原委，止云河間獻王所得而已。後儒輕信傳聞，遂滋異論。壁中舊帙，或謂本有〈事官〉（即〈冬官〉），上與古記，乃云作自博士，今綜眾說，攷而正之。宋元以下，妄說峰起，等諸自鄶（不足道之意），不箸於篇，癸酉春日書。

班固《漢書‧藝文志》：周官經六篇。本注：王莽時劉歆置博士。周官傳四篇。河間獻王德傳：「獻王所得書，皆先秦舊書，《周官》、《尚書》、《禮》、《禮記》、《孟子》、《老子》之屬，皆經傳說記，七十子之徒所論。」　案：班書不言獻王奏《周官》及《考工記》為何人所補，略也。傳四篇，未著撰人，西漢時《周官》絕無師說，此不知何人所撰。

賈公彥敘〈周禮廢興〉，引馬融《傳》：秦自孝公以下，用商君之法，其政酷烈，與《周官》相反，故始皇禁挾書，特疾惡，欲絕滅之。搜求焚燒之獨悉，是以隱藏百年，孝武帝始除挾書之律，開獻王（當為「書」）之路，既出於山巖屋壁，復入於秘府，五家之儒，莫得見焉。至孝成皇帝，達才通人，劉向子歆，校理秘書，始得列序，著于錄略，然亡其〈冬官〉一篇，以《考工記》足之。　案：此即季長〈周官傳敘〉也，賈節引之，故未及河間獻王奏《周官》事，其言《考工記》為劉歆所足，與隋、唐諸儒之說不同，然馬氏去西漢未遠，當得其實。

范曄《後漢書‧儒林傳》：孔安國所獻《禮古經》五十六篇，及《周官經》六篇，前世傳其書，未有名家。　案：蔚宗因《禮古經》類，及周官經，非謂《周官》亦孔安國所獻也，馬、班二史，皆不言安國獻《周官》。

陸德明〈經典釋文敘錄〉：景帝時，河間獻王好古，得古禮獻之。或曰：河間獻王開獻書之路，時有李氏上《周官》五篇，失〈事官〉一篇，乃購千金不得，取《考工記》以補之。　案：陸氏此書，成於隋代，漢時李氏得《周官》及《考工記》為河間獻王所補之說，實始於此。攷之於古，殊無塙證，故以「或曰」兩字別之，「或」者，疑信未定之詞也。

　　《隋書・經籍志》：漢時李氏得《周官》，蓋周公所制官法政之法，上於河間獻王，獨闕〈冬官〉一篇，獻王購以千金不得，遂取《考工記》以補其處，合成六篇。　案：此與《經典釋文》所載「或說」同。

　　孔穎達《禮記・曲禮正義》：《六藝論》云：「《周官》壁中所得六篇，《漢書》說河間獻王開獻書之路，得《周官》有五篇，失其〈冬官〉一篇，乃購求千金不得，取《考工記》以補其闕，《漢書》云得五篇。」《六藝論》云得其六篇，其文不同，未知孰是。　案：〈經典釋文敘錄〉亦引《六藝論》云，後得孔氏壁中。舊本《釋文》此下衍「河間獻王」四字，今據臧庸《拜經日記》說刪。《古文禮》五十六篇，《記》百三十一篇，《周禮》六篇。孔氏所據，即此文也。鄭君禮學出於馬融，《六藝論》之說，不宜與〈周官傳敘〉異，竊疑所謂《周禮》六篇者，乃渾舉六官，偶未分析言之耳。惠棟《後漢書補注》：《六藝論》曰：「《周官》，壁中所得六篇，前書載河間獻王得《周官》，失其〈冬官〉一篇，取《考工記》補之。」竊意當時壁中所得有六篇，而李氏所獻之五篇，蓋既得復失之也。　案：《六藝論》之說，究當闕疑，惠氏以為既得復失，於古無徵，未可信也。至班《書》，並無獻王補〈冬官〉之文，孔沖遠所引，蓋是誤記，惠氏亦沿其說，疑矣！

　　又〈禮器正義〉：《周官經》秦焚燒之後，孝文帝時，求得此書，不見〈冬官〉一篇，乃使博士作《考工記》補之。　案：孔氏此說，尤為謬悠，《漢書・河間獻王傳》，以孝景前二年立，立二十六年薨，實元光五年。故《周官》之上於秘府，馬融以為武帝時，陸德明以為景帝時，皆在獻王既立之後。至文帝時，則獻王尚未立，何以已得《周官》？至魯恭王以孝景前二年立為淮南王，孝景前三年徙王魯，是孔壁之壞，亦在孝景之世矣！且孝文時，雖置博士，然據趙岐《孟子題辭》，有《論語》、《孟子》、《孝經》，而不聞有《周官》。《考工記》為先秦古書，本非為補〈冬官〉而作，故篇首不載〈司空〉之職，體例與五官絕異也。王應麟《漢書藝文志攷證》：齊惠文太子鎮雍州，有發楚王冢，獲竹簡青絲編簡廣數分，長二尺，有得十餘簡，以示王僧虔。僧虔曰：「是科斗書《考工記》。」然則《考工記》亦先秦古書，謂之漢博士作，誤矣！　案：深寧此說頗精塙，《困學記聞》亦載之，並引馬季長《傳》辨孝文時《周官》未出，尤為詳備。翁氏元圻《注》乃

云：《漢書·藝文志》曰：周衰，樂尤微眇，魏文侯最為好古，孝文時得樂人竇公獻其書，乃《周官·大宗伯》之〈大司樂章〉也。如其時《周官》未出，安知為〈大司樂章〉乎？是又不然，攷〈樂記疏〉引劉向《別錄》，載河間獻王所修《樂記》，其第二十三篇曰：竇公。而《漢書藝文志》謂獻王與諸儒采《周官》諸子作《樂記》，然則竇公所獻書，正由獻王得《周官》後，勘驗而知為〈大司樂章〉。翁氏乃據以證孝文時《周官》已出，顚矣！

　　賈公彥疏《周禮·太宰疏》：〈司空〉之篇亡者，謂六國時亡，其時以《考工記》代之。　案：〈司空〉篇亡，當在秦焚書後，此云六國時亡，恐未然。

　　又「故書」者，鄭注《周禮》時有數本，劉向未校之前，或在山巖石室，有古文考校，後為今文。古今不同，鄭據今文，故云「故書」。案：「故書」即劉歆教本，賈謂考校後為今文，非也。鄭所據本與故書異者，一則傳寫之不同，一則杜子春、鄭司農各有所改定，而故書、今書，一本中又各自有異同，鄭君擇善而從，不主一本，亦不得云「據今文作注」也。

　　杜佑《通典·禮類總敘》：孝武始開獻書之路，時有李氏得《周官》五篇，闕〈冬官〉一篇，河間獻王千金購之不能得，遂取《考工記》以補其闕，奏之。　案：此又與《經典釋文》所載或說同。

春，得劉寶楠所錄《大戴禮記舊斠》，手錄藏之。

◎二月，戴望子高辭世，年三十七。

※作〈與陳蘭洲書〉。〔註66〕

※撰〈書戴望校本《諧聲補逸》後〉。

※撰〈題易山齋《周禮總義》〉。

※撰〈召伯虎敦拓本跋〉。

※撰〈題蘇時學《墨子刊誤》〉。

一八七四年（同治十三年甲戌）二十七歲

春，正月，撰〈周虢季子白盤跋〉。

〔註66〕此書與以下致陳蘭洲各書，都錄自《冬暄草堂師友箋存》第三冊。參見孫延釗輯，張憲文整理：〈孫詒讓書札輯錄（上）〉，《文獻》，1986年第3期（1986年3月），頁182。

冬，十二月，撰〈吳禪國山碑跋〉。〔註67〕

※撰〈鈔本會稽章氏《隋書經籍志考證》史部校記〉。

※撰〈跋鈔本《周官說》〉。

得鈔本《周官說》，記云：

《周官說》二冊，同治甲戌春，得于敝（廠）肆，卷耑無標題，亦不著撰人，其邦布條自稱傅安，按：疑即撰書者之姓名也。傅安亦不知何許人，所引舊說，正于翁覃谿，蓋乾嘉以後人，附記於此，以俟考定。

※撰〈《不系舟漁集》鈔本跋〉。

※撰〈齊天保造象拓本碑文跋〉。

※撰〈書平津館本《華氏中藏經》後〉。

※撰〈書劉履芬重刻影寫宋本《鄧析子》後〉。

一八七五年（光緒元年乙亥）二十八歲

秋，八月，撰《六秝甄微》成。

※撰〈書戴校《墨子》錄本後〉。

※撰〈書舊著《廣韻姓氏刊誤》稿本後〉。

一八七六年（光緒二年丙子）二十九歲

春，二月，父到京，侍行，於河南項城道次，得「周要君盂」。

校刊同邑方成珪《集韻考正》。

購得葉志詵金文拓本二百種。

※作〈與陳蘭洲書〉。〔註68〕

※撰〈寫本《曹松隱集》題識〉。

〔註67〕孫氏考釋碑碣，另有〈書徐鼎臣臨秦碣石頌後〉、〈漢司隸校尉楊淮表紀跋〉、〈漢仙人唐公昉碑跋〉、〈漢衛尉卿衡方碑跋〉、〈漢三公山神碑跋〉、〈漢武班碑跋〉、〈漢郃陽令曹全碑跋〉、〈晉太公呂望表跋〉、〈北齊西門豹祠堂碑跋〉、〈周保定四年聖母寺四面造象跋〉、〈唐房玄齡碑跋〉、〈唐明微君碑跋〉、〈唐撝先塋記跋〉、〈宋刻曹娥碑跋〉諸篇，均收於《籀廎述林》卷八。以上各篇因撰作年代不可考，朱芳圃暫將各篇繫年於此，並懷疑以上各篇是張謇所撰墓表中詒讓的遺著《百晉精廬碑錄》中的一部分。（《清孫仲容先生詒讓年譜》，頁33）。又，戴家祥在〈書孫詒讓年譜後〉中說《百晉精廬碑錄》應該是《百晉精廬碑錄》之誤。（頁22）。

〔註68〕光緒二年，詒讓從弟詒燕浙闈獲雋，此書當作於是年。（〈孫詒讓書札輯錄（上）〉，頁182～183）。

※撰〈汲古閣本《孔氏家語》題識〉。

※撰〈復勘癸酉所鈔馬氏《集韻校勘記》題識〉。

※撰〈津逮秘書本《泉志》題識〉。

鈔得《周官集說》六冊，《禮箋駁正》一冊，記云：

莊大久《周官集說》十二卷，《禮箋駁正》二卷。光緒丙子冬，屬武進錢茂才無擇，叚莊氏家藏本傳錄，某某記。

一八七七年（光緒三年丁丑）三十歲

撰《墨子閒詁》始稿。

◎冬，十月，海寧王國維生。

※作〈與陳蘭洲書〉。

※撰〈校檢同治壬申所鈔宋校本《陸子新語》題識〉。

※撰〈校讀漢《郭泰碑》拓本題識〉。

一八七八年（光緒四年戊寅）三十一歲

春，返回瑞安，遊陶山。

春，鈔得吳廷華《周禮疑義》殘帙，校正二十餘事，而記于冊首云：

吳氏《周禮疑義》，本四冊，光緒戊寅正月，叚泉杏丁氏本，錄于學淵（開）閣，中容記。

夏，五月，整理《永嘉郡記集本》付梓。〔註69〕

※作〈與陳子珊書〉。〔註70〕（二篇）

※撰〈傳錄陸進《東甌掌錄》書後〉。

※撰〈題日本刊本金武學上舍施氏《七書講義》〉。

一八七九年（光緒五年己卯）三十二歲

春，二月，《集韻考正》刊成。

校刻《止齋集》。

訪古，得「晉升平」、「宋元嘉」、「梁天監」諸磚。

〔註69〕〈永嘉郡記集本·跋〉對於溫州建置沿革敘述詳細，朱芳圃懷疑與〈唐靜海軍考〉同為《溫州建置沿革表》的一部分。（《清孫仲容先生詒讓年譜》，頁38）

〔註70〕此書信錄自溫州市博物館所藏手跡，原書信不著年月，但文中言及母喪，當作於光緒四年。參見張憲文整理：〈孫詒讓遺文續輯（中）〉，《文獻》，1989年第4期（1989年4月），頁225。

　　　　永嘉縣重修縣志，聘任王棻爲總纂、戴咸弼爲總纂兼提調總校、
　　　　孫詒讓爲協纂。

　　作〈致宋平子書〉。〔註71〕

　　※撰〈漢五鳳三年磚硯拓本跋〉。

　　※撰〈題丹徒莊蒿庵舊藏鈔本《避暑錄話》〉。

一八八〇年（光緒六年庚辰）三十三歲

　　夏，五月，遊密印寺，拓得宋元豐證覺院鐘款。

　　秋，訪得故〈通守朝散項公墓誌銘〉殘石，精拓數紙，再以南隄項
　　　　氏譜中所錄全文校讀，而得項公生平事蹟大概。

　　冬，十月，得「晉泰和」諸磚。

　　　　十二月，《溫州古甓記》一卷成。

　　※撰〈鈔錄顧觀光校《吳越春秋》、《烈女傳》、《文子》題識〉。

一八八一年（光緒七年辛巳）三十四歲

　　校方成珪常侍《易注疏證》。

　　秋，劉壽曾辭世，年四十五，爲其撰墓表。

　　※作〈與周伯龍、仲龍書〉。〔註72〕

　　※撰〈宋睿思殿石硯拓本跋〉。

　　※撰〈《補修宋金六家術》跋〉。

一八八二年（光緒八年壬午）三十五歲

　　夏，《永嘉縣志》完成。

　　　　撰《瑞安縣志局總例》六條。

　　　　校補戴咸弼《東歐金石志》。

　　◎陳澧辭世，年七十三。

　　※作〈致周伯龍、仲龍書〉四篇。

　　※撰〈藏磚拓本跋〉。

一八八三年（光緒九年癸未）三十六歲

〔註71〕〈孫詒讓遺文續輯（中）〉，頁227。

〔註72〕此書與以下致周伯龍、仲龍諸書，均錄自浙江溫州市圖書館館藏抄件。周瓏
　　　　字伯龍，瑞安人，詒讓從妹夫，曾爲隨員出使英法各國，光緒二十一年辛於
　　　　英國倫敦使館。周璪，字仲龍，光緒舉人，周瓏弟，工篆籀。參見〈孫詒讓
　　　　書札輯錄（上）〉，頁184。

春，應考禮部試，報罷。

秋，七月，代父撰〈舅母薛太恭人八秩壽序〉。

一八八四年（光緒十年甲申）三十七歲

◎劉師培生。

◎吳大澂撰《說文古籀補》十四卷，附錄一卷刊行。〔註73〕

※撰〈畢氏靈巖山館校本《山海經》題識〉。

一八八五年（光緒十一年乙酉）三十八歲

孫詒讓官刑部主事，與當代名流討論金石文字之學。

※作〈與友人某君書〉。〔註74〕

一八八六年（光緒十二年丙戌）三十九歲

※作〈與黃漱蘭先生書〉。

一八八七年（光緒十三年丁亥）四十歲

春，致書王棻，論《尚書》大麓義。

※作〈與王子莊書〉。

※撰〈書薛福成《興辦鐵路疏》後〉。

一八八八年（光緒十四年戊子）四十一歲

春，父親為其蓋玉海樓，為讀書藏書的地方。

　　改《商周金識拾遺》為《古籀拾遺》重校付刊。

※作〈致筱華書〉。〔註75〕

※作〈致羊心楣函〉。

※撰〈題許珩《周禮注疏獻疑》〉。

＊撰《籀廎讀書錄》。〔註76〕

〔註73〕詒讓常稱引吳大澂此書。朱芳圃說兩人均為當時金石學大家，但是兩人似乎並無往來。參見《清孫仲容先生詒讓年譜》，頁53。

〔註74〕孫延釗《孫徵君籀廎公年譜》卷三光緒十一年：「夏，閱日本澀江全喜森立之《經籍訪古志》六卷，補遺一卷，凡八冊。卷中佚書秘籍於眉上手加標識寄示友人某君，屬訪求之。」參見〈孫詒讓書札輯錄（上）〉，頁186。

〔註75〕此書與以下致筱華諸書均錄自浙江溫州圖書館館藏抄件。張筱華為詒讓同治六年浙闈同年，後官湖北某地同知，其名與籍貫未詳。參見〈孫詒讓書札輯錄（上）〉，頁188。

〔註76〕雪克〈輯點前記〉說：「孫孟晉先生《孫徵君年譜》（未刊稿本）以不明校閱

校讀宋陳祥道《禮書》一百五十卷，箋正十餘事。

點勘宋聶崇義《三禮圖集注》二十卷，箋正十餘事。

校讀阮元《考工記車制圖解》二卷，箋正九條，正誤字一。

校讀戴震《考工記圖》二卷，箋正八條，訂補誤奪十餘字。

校讀林喬蔭《三禮陳數求義》三十卷，箋正八十餘事。

點勘淩廷堪《禮經釋例》十四卷，箋正二事。

鈔得黃蕘圃《周禮札記》一卷，記云：

> 黃氏丕烈《周官札記》附栞嘉靖本周禮覆本後，余重疏《周官》，篋中偶未有此冊，乃屬恭父同年，叚洪氏弅本錄之，以備斠覈，某某記。

閱鈔本儀徵許珩《周禮注疏獻疑》一冊，記云：

> 余重疏《周官》，廣搜近儒之說，此經者，偶讀鄭堂《漢學師承記》，知有許氏此書，馳書訪之儀徵劉副貢壽曾，云有梓本，屬為迻錄一帙。寄至讀之，則多鑿空妄說，或望文生訓，殊不厭所望。眉間時有鄭堂評語，皆切中其病，而敘中乃深為獎許，復附之《師承記》，殆不免私其弟子耶？《漢學師承記》，於揚州人記述獨多，有甚庸淺不足記者，此鄉曲之私也，讀《師承記》者，當能辨之。

閱鈔本嘉定王宗涑《考工記考辨》八卷，舉正四十餘事。

以上十條均未詳年月，而並與禮疏有關，爰彙錄於校理疏稾條之前。

秋間，粵督張香濤，馳書來徵《周禮正義》稾，並招赴粵，相與商榷，謀即付刊。時疏稾尚未寫成，公亟校覈理董，經課劇忙，偶見滬上書肆編印《續經解目》，有曾釗《周禮注疏小箋》六卷，以為勉士為阮太傅創學海堂第一高才生，其書必有可采，適周仲龍新領鄉薦，將自杭歸，當過滬，因屬其商叚曾書底本，以備參訂。

一八八九年（光緒十五年己丑）四十二歲

撰〈井人殘鐘拓本考釋〉。

◎潘祖蔭辭世，年六十一。

一八九〇年（光緒十六年庚寅）四十三歲

春，正月，《古籀拾遺》刊成。

年月，姑係於光緒十四年戊子，時孫氏年四十一。這些札記，雖是隨手批校，多舉證不詳，未免精粗互見，價值亦有差別，然作為一項學術資料與成果，實足為我們所取資。」參見《籀廎遺著輯存》，頁 4。

正二月間，計偕北行，篋攜新寫成《禮疏長編》稾本數十巨冊。時張公移節兩湖，遂先往鄂垣以就商榷。自鄂返滬時，嘗致書周伯龍先生於瑞安，略云：

廿七日到申，廿九日附船上駛，初五日到鄂。謁見香師，深荷優睞。惟鄂中自裕壽師裕祿，字壽山，滿州正白旗人履任後，以刻書非近時急務，即行裁撤，僅存官書處售書而已。至局款則盡舉以歸部用，督撫不能擅支一泉。香師談及，深為扼腕。拙稾擬寄粵局校栞，並欲重刻《古籀拾遺》與鄭子尹先生《漢簡箋證》並行。惟彼中大吏與香師意見微有未洽，不識能否應手。天下事各有機緣，倘《禮疏》早成兩年，則此時已可栞畢，可惜之至。

三月，撰〈克鼎釋文跋〉。

※作〈致筱葊書〉。

※作〈致周伯龍書〉。

※撰〈重校刊《古籀拾遺》補記〉。

一八九一年（光緒十七年辛卯）四十四歲

春，二月，撰〈宋政和禮器文字考〉成。

※撰〈《宋政和禮器文字考》敘〉。

一八九二年（光緒十八年壬辰）四十五歲

撰《尚書駢枝》成。

◎孫文、陸皓東、楊鴻飛等人倡興中會，以圖革命。

※作〈與黃仲弢書〉。

※作〈致黃仲弢書〉。〔註77〕

一八九三年（光緒十九年癸巳）四十六歲

◎兩廣總督張之洞奏設「自強學堂」於武昌。

冬，十月，撰《墨子閒詁》成。

　　十一月，撰《札迻》成。

冬，閱任大椿《深衣釋例》三卷一冊，記云：

此書攷證極覈，惜所引漢以後制度，比《傳》間有未塙耳。校勘極疏，

〔註77〕本篇錄自瑞安林鏡平先生所藏手跡。參見張憲文整理：〈孫詒讓遺文續輯（中）〉，文獻，1989年4期，頁228。

舛誤滿紙，未能盡正也。光緒癸巳冬，孫某記。

※撰〈重勦宋校《新語》題識〉。

※撰〈閱任大椿《深衣釋例》題識〉。

※撰〈重閱《校邠廬抗議》題識〉。

一八九四年（光緒二十年甲午）四十七歲

夏，請吳門工匠毛翼庭以聚珍版印成《墨子閒詁》三百冊。

撰《周禮三家佚注》一卷刊成。〔註78〕

撰《札迻》刊成。

秋冬之間，閱黃以周《禮書通故》五十卷，細校一過，凡箋正三百數十條，朱墨筆並見於書眉。

十月，輯賈逵、馬融、干寶《周禮》遺說，成《周禮三家佚注》一卷。

※十月，撰〈防辨條議〉。〔註79〕

一八九五年（光緒二十一年乙未）四十八歲

◎春，三月，中日簽定〈馬關條約〉。

◎冬，十月，康有為開「強學會」，孫詒讓友人黃紹箕列名會籍。

父親琴西先生辭世，年八十一。

著〈學約〉。〔註80〕

得費峋裳十月廿五日書（節錄）：

所校《周官》尚未迻寫，前於一歲中，見四宋本一為單注十行本，郘亭師所藏，一為巾箱有重言無重意本，半葉九行十七字，當見一荀子正同，疑亦建本繆筱珊所藏，皆用士禮居本對校，兩書皆完善無闕補。〈天官·腊人〉注中，皆有羼入疏語，則皆非出自北宋。至多間，李書估自南中來，攜章碩卿藏殘本，密行小字止前半部，〈腊人〉注不入疏語，為嘉靖本所自出後半部以纂圖互注補之索四百金，秘不示人。終竟未得一見，木齋與之稔，堅取觀，僅留一宿，木齋以校於石印黃本上。弟昨冬從木齋借臨不及寫，而木齋往熱河，索歸，至今悔之。又伯羲得一宋槧初印纂圖互注本，傳是樓故物絕精，不肯假出，亦未

〔註78〕 此書為《周禮正義》附錄之一。參見《清孫仲容先生詒讓年譜》，頁66。

〔註79〕 此篇文章由張憲文從孫延釗《孫徵君籀公年譜》（稿本卷四）中輯錄出來。參見〈孫詒讓遺文續輯（上）〉，《文獻》，1989年第3期，頁217。

〔註80〕 此篇原稿已不存。參見《清孫仲容先生詒讓年譜》，頁68。

得校。木齋別藏一本，與伯義所得同，又一八行殘疏，亦海內孤本，亦不肯借。前後所見凡六，而止讀其三，眞平生憾事也。稍暖，當寫寄。今春出都時，又得一十行疏本，補板頗少，與阮儀徵所據，當有可互證者。寫時亦當並校出也。他日入都，終當就兩君校彼四本。芇卿禮學甚深，秋初疫殤於京師，檢其遺稿，止《五禮義類》數大冊，已成之書寥寥不滿一卷。

◎吳式芬撰《攟古錄金文》三卷，刊行。

※撰〈興儒會略例並敘〉。〔註81〕

※作〈致俞曲園書〉。〔註82〕

※撰〈重勘聚珍版《墨子閒詁》題識〉。

※撰〈創辦瑞安算學書院向府、縣申請立案文〉。

一八九六年（光緒二十二年丙申）四十九歲

春，正月，撰〈冒巢民先生年譜敘〉。

撰〈新始建國銅鏡拓本跋〉。

撰〈周星貽龥橫詩質跋〉。

三月，於永嘉得「周麥鼎」，撰〈周麥鼎考〉。

同月，與同邑學人劻設學計館。

梁啓超致書，詢問〈學約〉。

夏，四月，王棻致書，呈《六書解》，請為審正。

同月，拓「周麥鼎」贈與黃紹箕。

秋，回覆王棻書，奉還《六書解》，並駁王棻假借說的錯誤。

七月，撰《逸周書斠補》成。

回覆梁啓超書。

※作〈與溫處道宗湘文書〉。

※作〈答海寧鄒景叔壽祺書〉。

※撰〈題吳式芬《餽古錄》〉。

※撰〈書莊述祖《尚書記》後〉。

※撰〈讀顧廣圻《墨子》校本題識〉。

〔註81〕此篇文章由張憲文從《孫徵君籀公年譜》（稿本卷五）中輯錄出來。參見〈孫詒讓遺文續輯（上）〉，頁222。

〔註82〕原手跡藏上海圖書館。參見〈孫詒讓遺文續輯（中）〉，頁229～230。

※撰〈《孝寬塔銘》殘拓跋〉。

一八九七年（光緒二十三年丁酉）五十歲

校《顧亭林詩》寫爲一卷。

由宋恕介紹，與章太炎定交。〔註83〕

撰〈長洲朱中我咸豐以來將帥別傳敍〉。

※作〈致汪穰清先生書〉。

八月，兩湖總督張之洞六十官壽，撰壽敍祝賀。

費屺懷寄贈金文拓本。

※撰〈復閱所錄丁、嚴、趙、劉諸家校本《大戴記補注》題識〉。

※撰〈葉仲宣二尹六十壽序〉。

※撰〈爲創辦蠶學館告溫州同鄉書〉。

一八九八年（光緒二十四年戊戌）五十一歲

春，正月，校勘王德膚《易簡方》付梓。

清廷更政，尚書瞿鴻機、中丞陳右銘推薦孫詒讓。

◎秋，七月，政變。康有爲逃到香港、梁啓超逃到日本；楊銳、劉
光第、譚嗣同、林旭等被殺。

※作〈致汪穰卿書〉。

一八九九年（光緒二十五年己亥）五十二歲

◎發現甲骨文字。濰縣古董商人范維卿初以安陽小屯村出土的甲骨
文字介紹於世。

秋，八月，撰《周禮正義》成。

八月，撰〈周禮正義自序〉及〈凡例〉，是書先成《長編》，原多
最錄宋元諸說以及近儒異義，辨論甚繁，繼復更張義例，刻繁補闕，

〔註83〕據朱芳圃說：「按先生與章氏定交時代無考，姑繫於是年。」（《清孫仲容先生
詒讓年譜》，頁71）周立人根據詒讓子孫延釗《孫徵君籀廎公年譜》（手稿）
的敍述，1896年章太炎和他的好友宋衡（原名存禮，改名恕，後又改名衡）
等人在杭州成立了一個學術研究團體「經世實學社」，章太炎以社約寄示詒
讓，邀請他作爲該社的贊助人，詒讓在收到社約後，隨即以自己所著的《札
迻》、《墨子閒詁》、《古籀拾遺》等書郵寄社中，以表示他對章太炎等人的支
持。這說明兩人在1896年即有過間接的接觸，至於兩人直接的書信往來，則
是在1897年（光緒二十三年）。因此孫、章兩人的定交，當在1897年。參見
周立人撰：〈孫詒讓與章太炎〉，《溫州師院學報》，1988年第1期，頁82～83。

廿年以來，**橐艸**屢易，最後乃迻錄爲此本，凡爲卷八十有六云。凡例至甲辰
歲始成最後定稿

　　十二月，撰《大戴禮記斠補》成。

※作〈與陳蘭洲書〉二篇。

※撰〈斠讀張惠言《墨子經説解》題識〉。

※撰〈題曹金《懷來山房吉金圖》及畫拓本〉。

一九〇〇年（光緒二十六年庚子）五十三歲

◎王懿榮購得甲骨文字。

◎春，義和團起，蔓延京津各處。

夏，五月，撰沈丹曾《東遊日記跋》。

◎秋，七月，八國聯軍攻陷北京，德宗、西太后出奔長安。

◎團練大臣王懿榮殉難。

撰《九旗古義述》。

　　夏，治《周禮》〈司常〉、〈大司馬〉注，以爲二千年來闕疑承譌，
舊誼莫明，乃取《詩》、《禮》、《爾雅》諸經，與旗物相涉之文，參綜
考覈，反證辨證，成《九旗古義述》一卷。遠匡許釋鄭詁之失，近糾
金榜《禮箋》之謬，凡爲篇七，曰九旗五正第一、曰釋旜物第二、曰
旚旐旌第三、曰釋《周禮》大閱治兵旗物第四、釋《爾雅》常旜旐旍第
五、釋鄉射禮獲旌第六、釋士喪禮銘旌第七。

※作〈與金湉生書〉。

※作〈致陳栗庵書〉。

※作〈致陳栗庵第二書〉。

※撰〈楊葆彝《墨子經説校注》題識〉。

一九〇一年（光緒二十七年辛丑）五十四歲

夏，金武祥以鈔本張惠言《墨子經説解》寄贈，致書伸謝。

◎秋，七月，清廷與八國訂立和約。

冬，尚書端方以所藏的秦權精拓，手跋其後，並大驪權拓本，由黃
　　紹箕介紹寄給孫詒讓，並請審定。

作〈九旗古義述敍〉。

◎大學士李鴻章辭世，年七十九。

※作〈致嚴儀韶書〉。

※作〈致劉紹寬論辨學手札〉（十二通之一）。〔註84〕

※作〈致劉紹寬論辨學手札〉（十二通之二）。

※詒讓撰〈重閱楊氏《墨經注》題識〉。

一九○二年（光緒二十八年壬寅）五十五歲

春，正月，撰秦權、大驪權兩拓本跋。

◎同月吳大澂辭世，年六十八。

《九旗古義述》刊成。

夏，四月，撰《周禮政要》四十篇。

檢閱舊作《變法條議》副稿，易題曰《周禮政要》，分成二卷，並補自敘，俾瑞安普通學堂刊行。

五月，撰《自題變法條議後》詩八章。

致書金武祥，索取其所著筆記。

秋，七月，溫州知府王琛改中山書院為溫州府中學堂，延聘孫詒讓及余朝紳為總理。

◎王懿榮家人為償清債務將其所藏古器物賣出，甲骨最後出，全部賣與劉鶚。

◎作〈與惠卿、雅周書〉二篇。

※作〈致劉紹寬論辨學手札〉（十二通之三）。

※作〈致張筱孟書〉。

一九○三年（光緒二十九年癸卯）五十六歲

樊時勛先生棻謀以《周禮正義》鑄鉛版今通行本即此，其版歸於余家，按家藏正義定稿卷耑附識云：光緒壬寅三月，從鮮堪前輩叚觀，病中校讀至《考工》，以目疾未卒業。癸卯二月，樊君時勛，將付鉛印，匆匆寄還，念慈記。則定稿於鉛印之先，曾經仲弢峣裏二先生校勘也。

從邵伯絅太史章叚得其祖位西先生舊藏明嘉靖本《周禮》鄭注，即前在江寧時其父子進先生曾以見示者也。

上海求新圖書館，以評點本《周禮政要》鉛印出版。

春，二月，重訂〈毛公鼎釋文〉。

〔註84〕劉氏嘗手錄詒讓與其論辨學手札凡二十五件，張憲文擇要選錄十二通，因原書不著年份，僅依據事實編排次序。參見孫延釗輯，張憲文整理：〈孫詒讓書札輯錄（下）〉，文獻，1987年4期，頁197～204。

夏，六月，撰《古籀餘論》二卷成。

清廷開經濟特科，吏部尚書張百熙、工部尚書唐景崇、兩湖總督張之洞推薦孫詒讓，因病未參試。

撰沈儼崑《富強芻議敘》。

秋，七月，撰〈秦大騩權拓本跋附記〉。

八月，劉鶚以所得甲骨文字選拓千餘片，編《鐵雲藏龜》六冊。

※作〈與陳蘭洲書〉。

一九○四年（光緒三十年甲辰）五十七歲

春，重校《周禮》。

校讀邵藏明本《周禮》鄭注，竭兩旬力校竟。訂正世所盛行黃蕘圃校本之疏捂，有跋。跋文刊載《籀頤述林》卷六。

寫定〈周禮正義略例十二凡〉。

重校《墨子閒詁》。

撰〈籀文車字說〉。

冬，十一月，撰《契文舉例》成。

撰〈改紅封爲櫃完以期羨餘充學款議〉。

※作〈致劉紹寬論辦學手札〉（十二通之四）。

※作〈致劉紹寬論辦學手札〉（十二通之五）。

※作〈致劉紹寬論辦學手札〉（十二通之六）。

※撰〈題仇十洲《觀音圖》〉。

※撰〈許母洪太宜人七秩壽敘〉。

※撰〈東甌通利公司章程序〉。

※撰〈彤華館書畫潤格啓〉。

一九○五年（光緒三十一年乙巳）五十八歲

春，二月，與同志於溫州開設瑞平化學學堂。

三月，溫屬六縣士紳發起創辦溫處學務處，開會成立，公推孫詒讓主持一切事宜。俞樾致書，贈書集《曹景完碑楷帖》及新刻詩冊各種，覆書伸謝。

撰〈劉紹寬東瀛觀學記敘〉。

夏，《周禮正義》刊成。

《周禮正義》鉛版鑄成，有自校初印本，凡十六冊。

秋，七月，溫處兵備道甯鄉童兆蓉辭世，爲其撰神道碑及墓誌銘。

八月，清廷明令停止科舉。

京師大學堂聘任爲教習，不赴。

冬，溫處學務處遷入溫州校士館，改稱溫處學務總匯處，由發起人稟請溫處兵備道，轉詳浙江巡撫立案，並委託孫詒讓接任總理，於是有創辦師範學堂之議。

十一月，撰《名原》成。〔註85〕

※作〈致郡邑各紳書〉。

※作〈與黃仲弢書〉。

※作〈爲于鹽棧租項下撥款充學務經費與溫處學務處同人書〉。

※作〈致劉紹寬論辦學手札〉（十二通之七）。

※作〈致劉紹寬論辦學手札〉（十二通之八）。

※作〈致溫處道觀察某書〉。

一九〇六年（光緒三十二年丙午）五十九歲

※作〈致黃仲弢書〉。

學部奏派充二等學部諮議官。

浙江提學史支恆榮聘爲學務議紳。

溫處學務總匯處創辦溫州師範學堂，省委任兼充總理。

◎秋，七月，清廷下詔，預備立憲。

※作〈與前溫處道觀察省三書〉。

◎俞樾辭世，年八十八。

◎費屺懷辭世，孫詒讓往昔治學朋儔，至此死亡殆盡。

※撰〈上浙撫論學務困難事〉。〔註86〕

※作〈位處州請分款別辦初級師範致學務處同人書〉。

※作〈致劉紹寬論辦學手札〉（十二通之九）。

※作〈致劉紹寬論辦學手札〉（十二通之十）。

〔註85〕 張謇撰詒讓墓表，列其遺著有〈大篆沿革表〉一卷，朱芳圃懷疑爲《名原》初稿的一部分。參見《清孫仲容先生詒讓年譜》，頁94。

〔註86〕 此篇原載於《中外日報》，民國初年經《直隸教育雜誌》第十一期節錄轉載。據張憲文考證：清廷頒行《奏定學堂章程》在光緒三十年十一月，廢科舉設學校在光緒三十二年，此論有「於是廢學堂復科舉之謠言充耳」等語，當作於光緒三十二年間。參見〈孫詒讓遺文續輯（上）〉，頁230～232。

※作〈致劉紹寬論辦學手札〉（十二通之十一）。

※作〈致劉紹寬論辦學手札〉（十二通之十二）。

※撰〈蔚文張君五十壽序〉。

※撰〈在溫州慶祝仿行立憲典禮大會上演說憲政〉。

※撰〈諭唱歌傳習所學詒讓生〉。（二篇）

※撰〈爲改辦勸學所事稟省文〉。

一九〇七年（光緒三十三年丁未）六十歲

章太炎致書，存問起居，並贈《新方言》一書。

溫州人士創辦圖書新社，與呂文起各捐巨冊助之。

重定《墨子閒詁》十五卷，目錄一卷，附錄一卷，後語二卷。

※七月，作〈復張相國電〉。

秋，八月，回覆章太炎書，贈《周禮正義》一書。

※八月，作〈致溫州府知府王雪廬書〉。

※八月，作〈辭釀金建築公園介壽與同人書〉。

六十誕辰，里中親舊，擬稱觴祝賀，撰〈辭壽啓〉遍告親友。

冬，十月，闔省士民公推爲教育會長。

禮部開禮學館，當局擬任爲總纂，遲遲未赴任。

※作〈與致永嘉縣尹大令書〉。

※作〈再致尹大令書〉。

※作〈致某君書〉。〔註87〕

※作〈致省學務公所及教育總會書〉。

※作〈復學務公所議紳書〉。

※作〈致黃仲弢書〉。

※作〈致支季卿提學書〉。

※作〈再致支提學書〉。

一九〇八年（光緒三十四年戊申）六十一歲

春，著〈學務本議〉四則，〈枝議〉十則。

※作〈致教育總會書〉。

〔註87〕本篇錄自溫州市博物館所藏手跡。「某君」據張憲文考證爲樂清馮豹。參見
〈孫詒讓遺文續輯（中）〉，頁238。

夏，四月，患風痺。

五月二十二日，辭世。葬於永嘉南湖。張謇爲撰墓表。

秋，翰林院侍講吳士鑑奏請宣付史館，列入儒林傳，從之。

孫延釗撰〈孫詒讓身後餘聞〉

民國二十年（1931）辛未

湖北武昌歲蓬湖精舍以楚學舍刊本《周禮正義》補校印行。冊尾周跋節鈔於左：

孫籀廎先生《周禮正義》八十六卷，爲清代羣經新疏最後成之一種，其蒐采宏富，考證精詳，論者謂集漢唐以來諸儒注是經之大成，而躋其盛，洵絕業也。顧書成，當時僅用細字鑄版印行，海內學人無能卒讀，光緒末造，鄂臬梁節庵先生罷官旅居，及門諸子，餽金不受，乃移其貲，用刻是書，經大注小，通作直行，以校勘之役，委之吾鄂人士，又以刻出自吾鄂，特於版心署楚學社本。豫刻兩年，如期蕆事，海內人士，想望是書，以爲今後庶有可讀之本矣。乃校勘未竟，適值鄂變，未幾，梁先生去鄂，以未完之版，付諸易君始盦，廿餘年來，迭經變故，一再遷徙，版復多殘，今春靈柄夏軍長警備武漢，治軍之暇，雅好藝文，於省垣立蓬湖精舍，延致鄂中耆舊，聚集其中，搜求故書，表章遺獻，詢知是書殘版，尚爲易君保存，乃召梓人與之商洽，移存精舍，爲付補刊。即由精舍同人分任覆校，經營數月，全功告成。先生是書，遂有佳本。餉遺海內，爲快無窮。獨念吾鄂，自首義以來，適當厄會，一遭兵變，再困城圍，煙火荒殘，人流凋散，故家舊籍，文館積藏，大都化爲灰燼。官局收存公私版刻，連楹累棟，以之代樵蘇供炊爨者，何止用千萬計？而是書殘版，獨以保存之善，闕失尚希，無難修補，一經整理，脫手如新，光氣爛然，遂以大顯於世，是豈非箸作者之精氣亙古不可磨滅，而亦前後諸君子，爲之促成以表彰之者？其心力有不可湮晦者與，斯可爲歎異者已。初刻原校者，沔陽黃福翼生傳廷儀漢亭，孟晉祺壽生，彭邦禎季禎，漢川劉洪烈聘之，應城易奉乾始盦，竹山郭肇明炯堂，黃梅帥培寅畏齋。補刻覆校者，監利龔寶琅耕廬，潛江甘鵬雲藥樵，羅田王葆心青垞，周景墀季英，漢陽周貞亮退舟，秦鳳宣縱仙，鄂城胡大華蓮舟，天門劉炳光泥清，沔陽高建埁岱原，黃岡羅樹蘅鹿賓，黃陂張則川瀚溪，孝感鄧一鶴北堂，功既訖，貞亮用述其始末如右。中華民國二十年五月。

民國二十一年（1932）壬申

延釗嘗檢鄂刻本《周禮正義》，與家藏定槀及公手校之鉛印本，三者互勘。此書徵引繁博，延釗討覈根氏，歷時數載，又以凡例中有經注字例理董劃一及案語用六書正字一條，故今校於字體點畫之間，亦必逐細鈎稽，不敢忽略。蓋自壬申秋初開卷至明年冬乃畢全帙焉。

民國二十二年（1933）癸酉

武進陶蘭泉湘、丹徒尹石公炎武等發起彙刊清儒名著《十三經新疏》，於是公之《周禮正義》及我族曾祖敬軒公希旦之《禮記集解》六十一卷同治七年藥田公嘗校刻行世，即永嘉叢書本並與其選。其他諸經新疏，則列有：張惠言《周易虞氏義》九卷，附十卷；孫星衍《尚書今古文注疏》三十卷；陳奐《詩毛氏傳疏》三十卷；胡培翬《儀禮正義》四十卷；洪亮吉《春秋左傳詁》五十卷；陳立《春秋公羊義疏》七十六卷；鍾文烝《春秋穀梁補注》二十四卷；劉寶楠《論語正義》二十四卷，附補一卷；焦循《孟子正義》三十卷；阮福《孝經義疏補》九卷；郝懿行《爾雅義疏》二十卷，附札記十一卷。十三種統計凡五百餘卷，都一千二百數十萬字，顧以剞劂需費逾十萬金，款巨難集，事乃不果。

民國二十四年（1935）

公生平著述宏富，卷帙浩繁，且多幾經修改，數易其稿者，如《周禮正義》八十六卷，自初輯《長編》，至最後寫定，稿凡七易，尤為鉅製。居恆親自收發稿件，隨加校理，殆無虛日，雇用正楷鈔手，工資例較普通酬給稍厚，鄉里寒士，賴以為生者，無慮數十家。此輩如遇身患疾病，缺錢醫藥，或家遭大故，無法料理時，往往再在工資之外，要求佽助，公又必從寬供應，予以救濟。其楷秀勁，為公最所賞識者，有李杏堂，凡寫成一種清本，每以屬之，如今傳家刊本《周書斠補》三卷，及羅振玉彙印《吉石盦叢書》本《契文舉例》二卷，並出李君原鈔手筆。又如本地書法家鄭一山德馨，亦嘗為公手鈔《名原》定稿兩帙，公以一帙寄示端陶齋方，一帙寄示黃仲弢紹箕。又公先後舉辦瑞安普通學堂高等小學堂中學堂時，所用繕錄文書及謄寫講義人員，亦即就此中挑選，派充公職云。

張憲文輯《孫詒讓遺文輯存》

同治十二年〈題易山齋《周禮總義》〉

此書乃山齋後人從《大典》輯出，在乾隆四庫館重輯本之前。故卷數與《總

目》不同。同治癸酉，家君得此本於敝肆，攜歸江寧以示詒讓，時詒讓方治《周官》，甚喜邁此書，敬題其後，俟他日得官本再爲校勘。四月二十九日。

　　按：此題錄自「溫圖」所藏原書手迹。（頁390）

孫氏無法繫年的著作

1. 〈養素字説〉：此文錄自溫州市圖書館藏詒讓從侄孫宣公達所著《朱廬筆記》稿本。據張憲文考證，林獮，字養素，瑞安人，曾任瑞安縣中學堂舍長。

2. 〈論漢瓦當篆文〉：此文藏溫州市博物館。

3. 〈論漢銅印〉：此文手迹藏溫州市博物館。

4. 〈論清人篆書〉：此文錄自溫州市許兆洪家所藏手迹。

5. 〈募建雲峰山福應寺大殿疏〉：本文錄自《經微室遺集》鈔本卷四。

6. 〈《（乾隆）溫州府志》題識三種〉：此文錄自溫州市圖書館所藏原書手迹。

7. 〈鑒亭林君七十壽序〉：此文錄自《經微室遺集》未刊本卷七。

8. 〈題廣雅本丁晏《易林釋文》〉。

9. 〈徐曉峰六十雙慶文〉：此文錄自浙江省溫州市圖書館館藏鈔本《溫州地方資料匯編‧瑞安孫籀廎先生文稿》。據張憲文考證，琴西先生卒於光緒二十年十月，文內有「先太僕」之稱，當作於光緒二十年十月以後。

10. 〈書徐鼎臣臨秦碣石頌後〉、〈漢司隸校尉楊淮表紀跋〉、〈漢仙人唐公**昉**碑跋〉、〈漢衛尉卿衡方碑跋〉、〈漢三公山神碑跋〉、〈漢武班碑跋〉、〈漢郃陽令曹全碑跋〉、〈晉太公呂望表跋〉、〈北齊西門豹祠堂碑跋〉、〈周保定四年聖母寺四面造象跋〉、〈唐房玄齡碑跋〉、〈唐明徵君碑跋〉、〈唐**撝**先塋記跋〉、〈宋刻曹娥碑跋〉。以上十四篇爲朱芳圃認爲撰作年代不可考。

　　＊〈山海經錯簡〉。

　　＊〈商子境內篇校釋〉。

　　＊〈孔子家語校記〉。〔註88〕

　　＊〈籀廎碎金〉。〔註89〕

〔註88〕此篇由孔鏡清輯錄，雪克收於《籀廎遺著輯存》（頁4）。
〔註89〕此篇由張金泉輯錄，雪克收於《籀廎遺著輯存》（頁4）。

第四章　校勘之作——《周禮注疏校記》

　　《札迻》是孫氏的校勘代表作，也是他第一部問世之作。全書校勘訂正了秦漢至齊梁間七十八種古書中的譌誤衍脫約千餘條，是孫氏三十多年來研讀古書心得的札記。此書對閱讀和整理相關古書可以提供直接的參考，並且對清代樸學及其研究方法，也有相當的幫助。不過，孫氏的校勘成就，還不僅止於此，在他的未刊稿中，另有一部校勘羣經的著作。

　　《十三經注疏校記》是杭州大學（今浙江大學）雪克教授爲孫氏輯點並命名的未刊稿。經由他的考證，認爲此書與孫氏另一部傳聞而未刊的《經迻》有密切的關係。而《校記》中，又以《周禮注疏校記》所校勘的條目最多，篇幅幾乎佔全書之半。

　　在孫氏之前，清代的浦鏜〔註1〕、阮元都曾從事《十三經注疏》校勘的工作，阮元的校勘本甚至成爲後代學者研究《十三經注疏》最通行的本子。孫氏仍不厭其煩重新校勘的目的爲何、以及此書的撰作時間、校勘內容的探討與孫氏如何利用校勘成果、孫氏校勘《周禮》的貢獻，這些都是本章主要探討的問題。

第一節　《經迻》與《十三經注疏校記》

一、《經迻》——孫詒讓的未刊稿

　　章炳麟在〈孫詒讓傳〉中說孫氏的遺著除了《札迻》外，又有《經迻》。

〔註1〕浦鏜曾撰《十三經注疏正字》，可參考第一章第二節〈乾嘉時期的《周禮》學探究〉。

〔註2〕不過，《經迻》一書未經刊定，因此諸家的著述多無言及；對於此書的
內容，也沒有明確的界定。究竟《經迻》一書是否存在，朱芳圃《孫詒讓年
譜》說：

> 又案章炳麟〈瑞安孫先生傷辭〉，言其遺著，除《札迻》外，又有《經
> 迻》，考諸家著述，無有言及是書者。據此敘言（筆者按：指〈札迻
> 敘〉）「羣經、三史、《說文》之類，義證閎博，以竢續定」，疑先生
> 有意綴草，尚未成書；其別紙釋錄者，皆已編入《籀廎述林》中矣。
>
> 〔註3〕

朱《譜》認為，《經迻》一書實際上是「名亡而實存」的〔註4〕，由於孫氏「有
意綴草」，卻因為種種原因「尚未成書」，已經寫好的篇章，最後都編入了《籀
廎述林》。於是朱《譜》將《籀廎述林》中的各篇文章，依據〈札迻敘〉所言，
歸納成「羣經」、「三史」、「說文」三類，其中「羣經」一類〔註5〕，即《經迻》
的一部分。除此之外，朱《譜》認為，孫氏的「《大戴禮記斠補》、《逸周書斠
補》、《尚書駢枝》等專書，也是屬於為考證經義之作」〔註6〕，都應歸入《經
迻》。從以上的敘述，可知朱《譜》所主張《經迻》的內容。

張壽賢也對「羣經、三史、《說文》」作了解釋，他認為這三類的內容「尚

〔註2〕 〔清〕章炳麟撰：〈孫詒讓傳〉，《章氏叢書》（臺北：世界書局，1982年4月），
　　　文錄，卷2，頁755。

〔註3〕 朱芳圃編：《清孫仲容先生詒讓年譜》（臺北：臺灣商務印書館，1980年6月），
　　　頁63～64。

〔註4〕 《清孫仲容先生詒讓年譜》，頁64。

〔註5〕 根據朱《譜》推測，其中包括：〈徹法考〉、〈邶鄘衛考〉、〈唐杜氏考〉、〈聘禮
　　　記異讀考〉、〈禮記鄭注考〉（上）、（下）、〈聖證論王鄭論昏期異同考〉、〈大夫
　　　葬用輴異讀考〉、〈加席重席說〉、〈臺下說〉、〈石染草染鄭義述〉、〈釋周成王
　　　元年正月朔日廟祭補正鄭君書注師箋義〉、〈詩彤弓篇義〉、〈詩不殄不瑕義〉、
　　　〈毛詩魯頌駉傳諸侯馬種物義〉、〈今文禮記依銛義〉、〈申喪服注旁尊降義〉、
　　　〈官人義〉、〈樂記五色義〉、〈喪大記虞筐義〉、〈公羊昧雉義〉、〈蕭同叔子義〉、
　　　〈左傳室皇義〉、〈左傳齊新舊量義〉、〈斫斷謂之定義〉、〈爾雅匡名補義〉、〈爾
　　　雅時善乘領義〉、〈紹我周王見休義〉、〈國語九畡義〉、〈釋翼〉、〈釋纏〉、〈釋
　　　踣〉、〈衛宏詔定古文官書考〉、〈嘉靖本周禮鄭注跋〉、〈禮記子本疏義殘本跋〉、
　　　〈日本刊孝經鄭注跋〉、〈書南昌府學本漢石經殘字後〉、〈與黃巖王子莊同年
　　　菜論書大麓義書〉、〈與南海桂孝廉文燦書〉、〈與梅延祖論穀梁義書〉、〈與劉
　　　叔俛論論語義書〉等，以上諸篇，皆「考證經義」之作，即《經迻》之一部
　　　分。（筆者按：若以朱氏「皆考證經義之作」為收入之標準，則朱氏遺列〈公
　　　羊去樂辛事義〉。）

〔註6〕 《清孫仲容先生詒讓年譜》，頁64。

在書眉，未曾錄下」，或是「片注疏記，尚在祕笈」，而仍待有人「理董刊傳，嘉惠後學」。〔註7〕王世偉說「在《札迻》中，《經迻》書名也或有提及，然《經迻》一書僅見其名，不曾刊布」。〔註8〕這裡雖然沒有辦法說明《經迻》的內容為何，但可以確定的是，孫詒讓確實有意撰作一部名叫《經迻》的書。

　　杭州大學（今浙江大學）雪克教授在整理孫詒讓遺稿的過程中，發現孫氏一批校經札記，經過他的比對，認為這批「校經札記」應當就是《經迻》的依據〔註9〕，對於朱《譜》「未見孫氏校經札記，即作推測之詞，是不符合事實的」。〔註10〕

　　孫延釗《孫徵君籀㕠公年譜‧纂輯略例》第三條則說：

　　　公治舊學之總成績，有已刊及已成未刊遺著二十六種，……又未成之
　　　書八種，……（5）《經迻》、《史迻》（延釗謹案：《札迻‧自序》謂輩

〔註7〕　張壽賢撰：〈孫仲容先生學術概論〉，《清儒學術討論集》（上海：上海商務印
　　　　書館，1933 年 7 月），頁 88。
〔註8〕　王世偉撰：〈孫詒讓《札迻》之校勘學研究〉，《社會科學戰線》，1985 年第 4
　　　　期（1985 年 4 月），頁 307。
〔註9〕　參見雪克撰：〈杭大藏孫詒讓《經迻》稿本說略〉，《杭州大學學報》，第 12 卷
　　　　第 3 期（1982 年 9 月），頁 97～98。茲將雪克比對結果重點節錄如下：
　　　　孫氏玉海樓藏書，和孫氏手校、手稿本，現多由杭州大學圖書館收藏。在他
　　　　諸多的手校、手稿本中，有關《經迻》一書的，我見到過兩個本子。一是孫
　　　　氏以江西刻阮元校勘的《十三經注疏》為底本，通校全經，多有朱墨校語於
　　　　書眉。這個本子，共一八四冊。杭大圖書館編《館藏善本書目》著錄作：「經
　　　　迻手稿不分卷」。這部分孫氏校經的成果，我已依例選錄、整理、匯成專著，
　　　　題作《十三經注疏校記》。……另一個本子，就是這裡要說的「《經迻》稿本」。
　　　　該稿本，《書目》著錄作：「經迻節本不分卷，清孫詒讓撰，手稿本，有玉海
　　　　樓藏印」。今按：這個稿本，小三十二開，十六頁，中有空白數紙，原提「經
　　　　迻」二字於冊端，冊中夾有浮箋。條目不多，《詩》、《書》、《左傳》、《公羊》、
　　　　《穀梁》、《論語》等各有三幾條不等，多是僅錄經、注文字，……有校語的，
　　　　也是隨手選錄（當錄自《校記》），未經整理，各條次序雜厠。……另有十多
　　　　條校批《禮記》鄭注、孔疏的文字，抄錄在一起，較為完整。《稿本》的情況
　　　　大致如此。看來它是一個初創未成的草稿，《書目》說它是個「節本」，是不
　　　　當的。將《稿本》和《校記》相對照，可以發現：《稿本》中比較完整的條目，
　　　　不過十幾條，卻有《校記》所未及者。……這個《稿本》，雖草創未就，條目
　　　　不多，不成專著，惟係孫氏的校經成果，自有它的價值。
　　　　又「將《稿本》和《校記》相對照，可以發現，《稿本》中大部分條目校文，
　　　　錄自《校記》，這表明，孫氏欲據《校記》而作《經迻》，這個《稿本》就是
　　　　初創未成的《經迻》的一個草稿。」見〔清〕孫詒讓遺稿，雪克輯點：《十三
　　　　經注疏校記》（濟南：齊魯書社，1983 年 9 月），〈輯點說明〉，頁 3。
〔註10〕《十三經注疏校記》，〈輯點說明〉，頁 2。

經、三史、《說文》之類，義證繁博，別有著錄，以俟續訂等語。今
檢家藏遺稿，有《經迻》數冊，即輦經札記也。而朱墨粗互，纂錄未
竟，冊中夾有別紙條箋，亦復不少。……《尚書》、《周禮》及《大戴
禮記》，已各成專書，則《經迻》亦可不包括此三經也。）〔註11〕

將雪克〈杭大藏孫詒讓《經迻》稿本說略〉一文所言與孫《譜》對照，這裡
有兩個問題仍待釐清，其一，孫《譜》說家藏遺稿有《經迻》數冊，與雪克
所說「這個稿本，小三十二開，十六頁，中有空白數紙，原提『經迻』二字
於冊端，冊中夾有浮箋」冊數不相符，孫延釗與雪克都曾經看過原手稿，何
以有如此的差異。是否從「家藏遺稿」到「杭大館藏」的過程中原稿散佚或
藏於別處，則不得而知。其二，「輦經札記」的內容，是如朱《譜》所說為「考
證經義之作」，或如雪克所說為「校經札記」，孫《譜》並未說明。而「《尚書》、
《周禮》及《大戴禮記》，已各成專書，則《經迻》亦可不包括此三經也」，
純屬孫延釗的推測之語，無法代表孫詒讓的本意。

　　《經迻》的性質為何，孫詒讓生前並未對此書多作說明，不過，我們可
以從他的另一部書——《札迻》，來推測《經迻》的性質與內容。

　　《札迻》是孫詒讓花費三十多年「校勘輦書的精華」〔註12〕，〈札迻序〉
說：

每得一佳本，晨夕目誦，遇有鉤棘難通者，疑啎縈積，輒鬱轖不怡，
或窮思博討，不見崖倪，偶涉它編，迺獲塙證，曠然昭寤，宿疑冰
釋，則又欣然獨笑，……卅年以來，凡所采獲，咸綴識簡耑，或別
紙釋錄，朱墨戢眷，紛如落葉。……自以卅年覽涉所得，不欲棄置，
輒取秦、漢以逮齊、梁故書雅記都七十餘家，丹鉛所識，按冊迻錄，
申證厥誼，閒依盧氏《拾補》例，坿識舊本異文，以備甄攷，漢、
唐舊注，及近儒校釋，或有回穴，亦坿糾正，寫成十有二卷。〔註13〕

可見孫氏的讀書習慣，是每讀一書，必先校勘〔註14〕，每有所得，便記在書

〔註11〕孫延釗編述：《孫徵君籀廎公年譜》（一），手稿本，1933年7月，頁3。
〔註12〕〈孫詒讓《札迻》之校勘學研究〉，頁307。
〔註13〕〔清〕孫詒讓撰，梁運華點校：《札迻》（北京：中華書局，1989年1月），〈自序〉，頁1～2。
〔註14〕孫氏讀書前必先校書，是在年輕時即養成的好習慣，十三歲即草擬了《廣韻姓氏刊誤》一卷，已顯露出其校勘的功力。參見孫延釗撰：《孫徵君籀廎公年譜（一）》，手稿本，頁7；及孫延釗撰，徐和雍、周立人整理：《孫衣言孫詒

眉，或別紙記載。經過三十多年，這些讀書筆記，則「殆盈篋衍矣」。〔註15〕
多年的讀書筆記，紙張紛散，又「不欲棄置」，因此孫氏選擇了七十八種書的
校勘成果〔註16〕，編成《札迻》一書。可知《札迻》一名的由來：「札」所代
表的意義是「校勘筆記」；由於多年來隨校隨記，或記於書眉，或信手一紙，
或紙張大小不一，或字跡時楷時草，要編纂成書，勢必要一一抄錄出來，因
此「迻」則有抄錄、整理的意義。由《札迻》一書的命名，可推知孫氏《經
迻》一書的性質與《札迻》相同，而其內容，則是多年來校勘羣經的筆記。
因此，雪克在孫詒讓遺稿中所發現的一批校經札記，推斷應爲《經迻》的初
稿，這樣的推論是可以成立的。

　　這些「校經札記」，經過雪克歷時兩年的整理，將其命名爲《十三經注疏
校記》。不將其直接命名爲《經迻》的原因，則是雪克因爲「考慮到這是未經
作者手定的校文，多是隨手札記，不免偶有失檢的地方，爲了避免與成書定
名相混淆，故改題今名」。〔註17〕此書的輯成，不僅是提供研究孫詒讓學術的
一部重要著作，也爲《十三經注疏》提供另一部校勘的成果。再者，這部「校
經札記」雖由後人整理出版，但以《十三經注疏校記》的形式面世，相信是
最接近孫詒讓本意的。

二、《十三經注疏校記》──孫詒讓的校經筆記

　　根據雪克《十三經注疏校記‧輯點說明》，孫氏玉海樓的藏書，和孫氏的
手校本、手稿本，大部分由杭州大學圖書館收藏，這部《校記》就是根據杭
大所藏孫氏手批校本所輯錄整理而成。

　　孫氏此部《校記》排列順序，依次爲《周易正義》、《尚書正義》、《毛詩
正義》、《周禮注疏》、《儀禮注疏》、《禮記正義》、《春秋左傳正義》、《春秋公
羊傳注疏》、《春秋穀梁傳注疏》、《論語注疏》、《孝經注疏》、《爾雅注疏》、《孟
子注疏》。校文條目多寡不一，多則如《周禮注疏》，有一千四百○九條校文，

　　讓父子年譜》（上海：上海社會科學院出版社，2003 年 7 月），頁 43。後者是
　　由《遜學公年譜》10 卷與《孫徵君籀廎公年譜》8 卷合併、調整、刪減而成。
〔註15〕《札迻》，〈自序〉，頁 1。
〔註16〕孫詒讓在〈自序〉中僅說「都七十餘家」，俞樾在〈札迻序〉中說孫氏「讎校
　　古書共七十有七種」，據王世偉考證，則少了《易辨終備鄭康成注》，實際校
　　書當爲七十八種。（〈孫詒讓《札迻》之校勘學研究〉，頁 307。）
〔註17〕雪克撰：〈輯點說明〉，頁 5。

幾佔全書之半；少則如《論語注疏》、《孟子注疏》，各僅二條校文。如此懸殊的差異，正如野間文史所言，與孫氏是《周禮正義》的作者有相當程度的關係。〔註18〕

（一）撰作動機

由於本書是後人集結成書，無法得知孫氏撰作此書的動機為何，但仍可從孫氏性質相近的著作《札迻》的〈自序〉中略窺一二：

> 復以竹帛黎棗，鈔刊婁易，則有三代文字之通叚，有秦、漢篆隸之變遷，有魏、晉正艸之輥淆，有六朝、唐人俗書之流失，有宋、元、明校槧之屬改，遠徑百出，多歧亡羊，非覃思精勘，深究本原，未易得其正也。〔註19〕

古書在流傳的過程中，遇到太多無法控制的因素。文字的通假與字形的變遷，雖對古書的破壞不小，但歷朝許多校書、刻書者僅憑一己之意擅自屬改，沒有留下蛛絲馬跡供後人複查，才是破壞古書最大的元兇。因此，經由縝密的校勘工作恢復古書的原貌，是讀書的首要工作。孫氏深諳此理，多年來養成每得一書，必先校正的習慣。俞樾在〈札迻序〉中說自己「喜讀古書，每讀一書，必有校正」，而對孫氏亦喜校書，表示「其好治閒事，蓋有甚於余矣」，而「書之受益於仲容者，亦自不淺矣」。〔註20〕因此，即使前人對《十三經》已有校勘成果，孫氏仍不厭其煩，再一次校勘《十三經》，是其撰作此書的動機之一。

其次，雪克在〈輯點說明〉中引用〈周禮正義略例十二凡〉第一條表示：

> 其〈凡例〉有謂……並譏胡培翬《儀禮正義》、阮福《孝經義疏補》、陳立《公羊傳義疏》悉錄《阮記》為「俗本譌文，塵穢簡牘，非例也」。孫氏在這裡雖是就各書體例而言，從中卻不難看出他對《阮記》的態度。有了《校記》稿中校正各家（包括阮校）的各條，正可以幫助我們認識《阮記》的得失了。〔註21〕

是否「校正阮記」為孫氏另一個撰作《校記》的動機雖不得而知，但從《校

〔註18〕 〔日〕野間文史撰：〈讀李學勤主編之《標點本十三經注疏》〉，《經學今詮三編》（瀋陽：遼寧教育出版社，2002年4月，《中國哲學》，第24輯），頁686。

〔註19〕 《札迻》，〈自序〉，頁2。

〔註20〕 《札迻》，〈自序〉，頁1。

〔註21〕 雪克撰：〈輯點說明〉，頁5。

記》以阮元校勘的《十三經注疏》爲底本，除了它已是一般學界通行本外，似乎多少有此用意。以校文條目最多的《周禮注疏校記》而言，孫氏明確指出「阮失校」、「阮說非」或阮元判斷錯誤的條數，即約有四十四條左右，其他一千三百多條中亦多有阮元應出校而未校者。

又如《毛詩正義校記・出車》「戎仆掌御戎車」阮元《校勘記》：

> 案：「戎」當作「貳」，因別體字「貳」作「弍」，形近而譌也。○此條大謬！（○爲孫氏之校語。卷第9，頁50）

〈斯干〉「正以璋者」阮元《校勘記》：

> 案：「正」，當作「玉」，下《正義》「玉不用圭而以璋」可證。○「正」不誤，此說大謬。（卷第11，頁58）

又《周禮注疏校記・司服》「凡弔事，弁経服」條：

> 「冠則皮弁之経」，當作「冠則皮弁、弁経」，言士弔冠有此二者，然〈喪服〉注實無此文，蓋賈約鄭彼注義增之，戴校李如圭《儀禮集釋》乃據此增「冠則皮弁加経」六字，既誤以賈約增之語爲彼注闕文，又不悟此書之経爲弁経之誤，而改爲「加経」，大誤。阮氏《校勘記》、胡氏《儀禮正義》並據專書議增，何其疏乎！（卷第21，頁188）

〈大司樂校勘記〉「夔能殫均刑法以儀民」條：

> 《祭法》作「賞均」，不作「殫均」，《魯語》乃作「殫均」耳。賈已大誤，阮復不悟，何也！（卷第22，頁196）

同上，「竹枝根之末生者」條下阮元校文：

> 余本、閩監毛本同，宋本、岳本、嘉靖本「末」作「未」，此本疏中亦作「未」。按：根未生者故云孫竹，作「末」誤也，詳《漢讀考》。（卷第22，頁196）

孫氏辨正：

> 「末」是「未」非，阮不應如是之謬，段《考》亦從「末」。疑此傳寫互易，非阮之舊也。《御覽・樂部》引亦作「末」，《玉燭寶典》引亦同。（頁197）

可以看出孫氏對於阮元《校勘記》的評論，從「阮失校」、「阮說非」等不帶任何情緒的批評，到「此說大謬」、「何其疏乎」、「賈已大誤，阮復不悟，何也」、「阮不應如是之謬」，不滿與不解之情，已溢於言表。

（二）撰作時間

本書的撰作時間，雪克認為「從校語中時見『余初校誤』的話，知孫氏校經蓋不止一遍，札記實有先後，非一時之作」〔註 22〕。綜觀全書，此語共出現十二次〔註 23〕，如〈毛詩正義校記·白駒〉「皎皎白駒，食我場苗」箋「食我場中之苗」疏「散則繼其本地」，孫氏云：

> 「繼」、「繫」古通用，見《穀梁》范敍。余初校誤從阮改，當依舊本。（雪案：孫氏初據阮校改「繼」為「繫」。）（卷第 11，頁 56）

《周禮注疏校記·序校勘記》「其刻曰」：

> 浦鏜云：「曰」誤「日」。○汪文台曰：案：《書》疏作「曰」；鄭君注云「刻」謂刻石而記識之，則浦校是也。今《易緯》作「白」，蓋誤。與詒讓初校說同。（頁 89）

〈縣〉傳「冢大至大社」疏「孫炎曰：『有事，兵也；有事，祭也，宜求見使祐也。』」孫氏云：

> 「使」當依《書》正義引作「福」。〈墨〉
>
> 〈王制〉疏引「孫云：『求便宜也』」，則「使」疑「便」之誤，「祐」當作「宜」，余初校未允。（卷第 16，頁 70）

「〈墨〉」即雪克所言「孫氏批校，多用朱筆，間用墨筆。往往有同條兼用二筆者，蓋批校時間有先後，或則兩者互相發明，或則自作批辨」〔註 24〕，此處則為批校時間有先後，初校用墨筆，後校用朱筆。

全書僅有一條校文是孫氏沒有註明「余初校」的字樣，但可以看出孫氏不只校過一遍的情形，即〈儀禮注疏校記·鄉射禮〉疏「但畫五（三）〔正〕三正之侯，各以其色」：

> 「五三三正之侯」當作「五三二正之侯」，據〈射人〉文也。（雪案：孫氏初校改上「三」字為「正」，後校改下「三」字為「二」。）（卷第 13，頁 410）

此處孫氏初校時直接在底本上將「三」改為「正」，第二次校勘時才據〈射人〉改「三」為「二」。以上這些例子，可以作為雪克判定《校記》「非一時之作」的證明。

〔註 22〕雪克撰：〈輯點說明〉，頁 2～3。

〔註 23〕〈毛詩正義校記〉三次；〈周禮注疏校記〉四次；〈儀禮注疏校記〉三次；〈禮記正義校記〉二次。

〔註 24〕雪克撰：〈輯例〉，頁 1。

其次，雪克認為：

> 從孫氏據宋拓蜀石經《周禮》殘本校讀《周禮》，彼校後自跋記時為
> 「光緒丙戌」（〔雪克〕按：一八八六年，孫氏三十歲〔註25〕）〔註26〕，
> 知《校記》中多有他中年的手筆，校語中還見有「詳余所著《周禮
> 正義》」語（〔雪克〕按：孫氏《周禮正義》草創於同治之季年，成
> 於光緒己亥，時孫氏五十二歲），可見《校記》中亦多有《周禮正義》
> 成書前後的札記。孫氏終於六十二歲，說《校記》中包含了他晚年
> 校經的手筆，應該說是有根據的。〔註27〕

依照雪克所言，孫氏這部《校記》保守估計至少花費二十多年的時間陸續完
成。不過，雪克以「校語中還見有『詳余所著《周禮正義》』語」，而推斷《校
記》「亦多有《周禮正義》成書前後的札記」、「說《校記》中包含了他晚年校
經的手筆，應該說是有根據的」，值得再商榷。

　　筆者在翻檢《校記》的過程中，並未發現「詳余所著《周禮正義》」一語，
通書皆作「詳余所著《周官正義》」。〔註28〕《周官正義》雖然是《周禮正義》
的前身，但兩書存在著許多的差異。孫氏《周禮正義・序》曾說：

> 艸剏於同治之季年，始為《長編》數十巨冊，綴輯未竟，而舉主南皮
> 張尚書議集刊國朝經疏，來徵此書。乃䭾桔觕理，寫成一帙以就正。
> 然疏牾甚眾，又多最錄近儒異義，辯論滋繁，私心未愜也。繼復更張
> 義例，剟繁補闕，廿年以來，槀艸屢易，最後迻錄為此本。〔註29〕

《周禮正義》一書，草創於同治十二年（1873），一開始以《周官正義長編》
命名。光緒十四年（1888）秋間，兩廣總督張之洞「議集刊國朝經疏，來徵

〔註25〕光緒十二年丙戌（1886），孫詒讓三十九歲，雪克誤記。
〔註26〕〈周禮注疏校記〉云：「宋拓《蜀石經》《周禮》殘本〈秋官〉二卷，自〈敘
　　　官・蜡氏〉注『《月令》曰』起，至〈掌客〉注〈車彙〉止。宋拓本藏湖州張
　　　氏，光緒丙戌春試被放，䭾周邊修鬈詒影寫本校讀一過，奪誤至夥，自漢至今，
　　　《石經》之劣殆無過於此矣。詒讓記。」（頁378）
〔註27〕雪克撰：〈輯點說明〉，頁2～3。
〔註28〕如：《毛詩正義校記》：「《穀梁・莊二十九年》疏引〈校人〉注亦作『驚馬給
　　　官中之役』，於義較長，疑此文不誤。上引〈校人〉注作『宮中』者，轉是誤
　　　依今本《周禮》注改耳，說詳余所著《周官正義》。」頁85。又「右者參乘」，
　　　阮元《校勘記》：「余本、嘉靖本、毛本『右』作『古』，當據以訂正。」《周
　　　禮注疏校記》：「作『右』者是，說詳余所著《周官正義》。」頁239。
〔註29〕〔清〕孫詒讓撰，王文錦、陳玉霞點校：〈序〉，《周禮正義》（北京：中華書
　　　局，1987年12月），頁4。

《周禮正義》稿」〔註30〕，於是「乃隱栝觗理，寫成一帙以就正」，此即《周禮正義》的稿本《周官正義》。不過因「疏梧甚眾」而「私心未愜」，於是「更張義例，剟繁補闕」，二十年來「橐艸屢易」，至光緒二十五年（1899）《周禮正義》終於面世。胡珠生說：

> 《長編》和《周官正義》常被混淆，實際上性質不同，前者按照《周官》分職次序，以經注為綱目，臚列各家經說於下，是一部資料分類匯編；後者是以前者為基礎，進而引述經注和經說並提出自己看法的《周官》新疏。〔註31〕

從《長編》到《周官正義》雖然已做過修正，但是孫氏仍對《周官正義》〔註32〕很不滿意〔註33〕，於是對是書再一次進行全面的修改補充。並在第二次謄清稿就將此書定名為《周禮正義》〔註34〕，不過內容的修改，卻面臨二十年「橐艸屢易」的浩大工程。將《周禮正義》成書的經過大略介紹，目的要說明《周官正義》雖是《周禮正義》的初稿，但不是完全相同的一部書，兩部書中間經歷了易名以及二十多年的反覆修改。《十三經注疏校記》中稱《周禮正義》為《周官正義》，表示《校記》的校勘過程中，《周官正義》還未易名為《周禮正義》，即《校記》的成書時間，不會晚於光緒十四年左右。這個假設在《孫徵君籀廎公年譜》中得到證實：

〔註30〕　《孫徵君籀廎公年譜（一）》，頁112。
〔註31〕　胡珠生撰：〈《周禮正義》稿本探略〉，《孫詒讓紀念論文集》（溫州：溫州師範學院學報，1988年增刊），頁48～49。
〔註32〕　《周官正義》有三個特徵：一是每卷卷目寫的都是「周官正義」；二是開始時曾用「周官正義長編」的多餘稿紙寫作和謄抄，並用朱筆規掉「長編」兩字；三是「疏」字下都有「正義曰」三字。（〈《周禮正義》稿本探略〉，頁50。）
〔註33〕　胡珠生在通過朱改文字的粗略對比後，認為《周官正義》雖具有良好的基礎，但有許多不足之處，一、大部抄錄賈《疏》，對鄭《注》賈《疏》所存在問題尚未全面批駁；二、《周官》職事之間的內在聯繫尚少貫通，有就職論職，就事論事之嫌，更談不上使用內證，以《周官》論證《周官》；三、偏重於清人經說的會通，對先秦古籍的舉證多有欠缺；四、疏文缺乏獨創體例，未能綜述主旨、簡要明暢，而是脫沓繁蕪，難以自拔。（頁51）
〔註34〕　雖然第二次謄清稿就定名為「周禮正義」，不過內容的修改據胡珠生說：「《正義》稿本從帶有《周官正義》痕跡的清稿直到付印前的謄清本，中間也曾經過頻繁的修改。其修改情況相當複雜：某些難度大的問題修改次數最多，常常囑附特抄幾頁，同一卷中常常保存了前此各次的原始稿子，以致有幾卷出現『三代同堂』，彼此卻保持一定程度的連續性；……因此，確切說明它的修改次數是困難的。」（頁55）

光緒十四年戊子，公四十一歲

　　畢校阮刻文選樓本《十三經注疏附校勘記》四百十六卷，一百八十

　　四冊，箋語極夥，丹黃紛舂。〔註35〕

孫延釗認為《經迻》是閱讀羣經的札記（偏向考證經義），而非校勘之作，所以他不曾將《經迻》與孫詒讓校勘《十三經注疏附校勘記》聯想在一起。不過，「一百八十四冊」，和雪克在〈輯點說明〉中說「這部手批校本（原底本共一八四冊）」〔註36〕的數目吻合，《經迻》的性質是「校經札記」的說法應該可以成立。《校記》即是孫氏校勘阮元《校勘記》的成果。又，《校記》的撰成時間應在光緒十四年，而不是雪克所說有《周禮正義》成書前後的札記，或包含了他晚年校經的手筆。

（三）體　例

　　由於孫氏在阮元所校的《十三經注疏》上直接寫上校文，正如孫氏自己所說「朱墨戢舂」。不僅如此，冊數繁多，蛀蟲唒食，都讓整理者倍感吃力，因此，本書的體例，在雪克經過二年的整理，歸納出以下五條「輯例」，以說明此書的處理情況：

　　　　一、詒讓《十三經注疏校記》，係用江西刻阮元校勘之《十三經注疏》
　　　　　　為底本。此編所錄經、注、疏文，概依原本之舊；阮氏《校勘
　　　　　　記》亦按原本次第附錄。

　　　　一、此編先錄當校之經、注、疏文，後附以孫氏批校語。並於孫氏
　　　　　　批校語前加○號，以便識別。全書由輯錄者標點。

　　　　一、孫氏批校，多用朱筆，間用墨筆。往往有同條兼用二筆者，蓋
　　　　　　批校時間有先後，或則兩者互相發明，或則自作批辨。今於墨
　　　　　　者加注「墨」字，朱筆者不加注明。

　　　　一、孫氏批校，有逕改原文者，今概加〔〕號，刪去的文字，則以
　　　　　　（）號表明之。

　　　　一、孫氏原批偶有蛀闕處，其批校語，可補者補之，不可補者則加
　　　　　　□號以存其闕。

　　　　一、凡須加說明處，概加「雪案」。

將《校記》與《札迻》比對，由於兩者的性質相同，相信雪克一定程度參考

〔註35〕《孫徵君籀廎公年譜（一）》，頁112。
〔註36〕〈輯點說明〉，頁3。

了《札迻》的編纂方法，而爲《校記》作如是編排。不過《札迻》是經過孫氏親自整理付梓，體例更加完善，如《札迻》卷四〈管子尹知章注〉，標題下便列有孫氏用來校正的底本與輔本：

> **管子尹知章注** 影宋楊忱刊本。安井衡《(管子)纂詁》本。洪頤煊《(管子)義證》校。戴望《(管子)校正》校。王念孫《讀書雜志》。俞樾《諸子平議》校。〔註37〕

由於孫氏來不及整理，使《校記》中各經所用的輔本，常常以簡稱的方式著錄，必須由讀者一一還原、覆查出來。比較容易還原的如：「劉昌宗」指的是齊梁間劉昌宗撰，清馬國翰輯的《周禮劉氏音》；「汪文臺校本」指的是《十三經注疏校勘記識語》；「明汪道昆覆岳本」指的是明嘉靖間覆刻相臺岳氏本汪道昆修補印本；「程氏水地小記」指的是清程瑤田所撰《溝洫疆理小記》。又如：

> 〈大宗伯〉
>
> 疏「異義天號（等）〔第〕六」 ○「第」，依陳壽祺校本正。〔註38〕

「陳壽祺校本」指的是什麼書？陳壽祺是否校過《周禮》？原來賈公彥將《五經異義》簡稱爲「異義」，「異義天號」是《五經異義》〈天號〉篇的簡稱。賈《疏》原作「異義天號等六」，孫氏根據陳壽祺《五經異義疏證》改「等」爲「第」。像這樣難還原的例子在全書中雖然不多，但每遇一條就要翻查可能的出處，未蒙其利，先受其害。

此外，據王世偉的比對，《札迻》的內容是經過孫氏選擇的：

> 以所校古書的種數而論，《札迻》入選的内容並不包括孫氏除單書刊布外群書校勘的全部。以某一種古書而言，《札迻》入選的校記，也並非孫氏校勘的全部，或文字略有改動，或僅選錄了其中的一部分。如《白虎通德論》，《札迻》中收入校記三十九條，與孫氏原校相對，未及十一。……這些未被收入的校記，是由於孫詒讓手定是書時，選擇較爲謹嚴，一些舉證未盡周密，立說未盡平允的校釋，均未被采入。〔註39〕

《校記》雖由雪克細心整理，在只能將孫氏所校內容全部抄錄的情況下，對

〔註37〕 《札迻》，卷4，頁105。

〔註38〕 〔清〕孫詒讓撰，雪克輯點：《周禮注疏校記》（濟南：齊魯書社，1983年9月，《十三經注疏校記》之四），頁173。

〔註39〕 〈孫詒讓《札迻》之校勘學研究〉，頁307。

於一些「舉證未盡周密，立說未盡平允的校釋」的條目，只能靠讀者去取決。
（詳第三節）。

第二節　《周禮注疏校記》的內容

　　在《十三經注疏校記》中，以《周禮注疏校記》所佔篇幅最多，筆者統
計，孫氏共校出一千四百○九條校文。其中有二條問題校文，其一，全文蛀闕
不可辨者：

　　卷十八校勘記·〈大宗伯〉

　　　　「群臣禮爲小禮」：《漢讀考》云：「群臣」乃「群神」之誤。（雪案：
　　　　此條孫氏有校語，全文蛀闕不可辨）（頁177）

其二，有阮元校勘原文，但無孫氏校語，也無雪克的案語：

　　卷二十七校勘記·〈巾車〉

　　　　「漆則成蕃」：嘉靖本、閩本同，余本、監本、毛本「蕃」作「藩」。
　　　　按：賈疏作「藩」，引下經藩蔽釋之，余本是也。（頁234）

所以實際上只有一千四百○七條校文。相較於其他各經，《周禮注疏校記》不
純粹校文字之是非，對經文、注、疏的內容亦有所發揮。〈校記〉依照阮元《周
禮注疏》附《校勘記》的分卷爲四十二卷，出校的條文順序，首列標題，次
列經文，換行低一格列注文，注文下空一格列疏文，疏文下空一格加「○」，
其後列孫氏校文。如：

　　卷第三

　　　宮正

　　　爲之版以待

　　　　注「鄭司農云：爲官府次舍之版圖也」　　疏「先鄭於八成注云：版，
　　　名籍；圖，地圖。」　　○八成注「版」作：「版，戶籍」。（頁100）

這部分的校文，大都是阮元《校勘記》未出校者，或阮元有出校，但語焉不
詳者。

　　每卷後針對阮元《校勘記》，對不同意見的校文，作辨證的工作，如：

　　卷五校勘記

　　　籩人

　　　　「服云剢形非是筑剢爲之」：閩本同，監、毛本「剢」改「尌」。按：

此處有譌。○「剋」與「尅」同,「非是」云云,乃賈駁服語,此無誤。(頁 116)

「卷五校勘記」指的即是阮元《校勘記》卷五,在「○」之前,是阮元《校勘記》的內容,「○」之後才是孫氏的辨證。這是《周禮注疏校記》的大致的校文形式。

一、底本與輔本

從事校勘工作,除了本身的專業素養外,最重要的是要善選底本與輔本。前文曾提及,孫氏撰作《校記》的動機,其中之一是要校正阮元的《校勘記》。阮《記》雖然如加藤虎之亮所言:

清儒校勘之書頗多,然其惠後學,無若阮元《十三經注疏校勘記》,凡志儒學者,無不藏《十三經》;讀注疏者,必並看《校勘記》。是學者不可一日無之書也。〔註40〕

但也常為人詬病,在當時,王念孫嘗手校是書,「題識殆徧,惟所記多證經文,未及注疏」;〔註41〕翁方綱即訾此篇「輕付他手〔註42〕,謬誤紛出」。而陳壽祺則以書信為之辯護:「夫經義高深,詁訓繁賾,一家之言,孰無千慮之失」。〔註43〕

朱華臨〈重校宋本十三經注疏跋〉云:

董其事者,武寧明經盧君來庵也。嗣宮保(阮元)升任兩廣制軍,來庵以創始者樂於觀成,板甫就,急思印本呈制軍,以慰其遺澤西江之意。局中襄事者未及細校,故書一出,頗有淮風別雨之訛,覽

〔註40〕 〔日〕加藤虎之亮撰:〈序說〉,《周禮經注疏音義校勘記》(東京:無窮會,1958 年 9 月),頁 1。

〔註41〕 參見江瀚撰:〈十三經注疏校勘記提要〉,《續修四庫全書總目提要》(北京:中華書局,1993 年 7 月),下冊,頁 1364。

〔註42〕 雖然《校勘記》以阮元名之,實則成於眾人之手,而由阮元總其事。李銳任《周易》、《穀梁》、《孟子》;顧廣圻任《詩經》;臧庸任《周禮》、《公羊》、《爾雅》;嚴杰任《左傳》、《孝經》;徐養原任《尚書》、《儀禮》;洪震煊任《禮記》;孫同元任《論語》。汪紹楹:「其凡例雖云:『授經分校,復加親勘』,而參校採摭,實各為政。」參見汪紹楹撰:〈阮氏重刻宋本十三經注疏考〉,《文史》(北京:中華書局,1963 年 10 月),第三輯,頁 30。

〔註43〕 〔清〕陳壽祺撰:〈答翁覃谿學士書〉,《左海文集》(臺北:藝文印書館,《皇清經解》本,第 18 冊,卷 1252),頁 13685。

者憾之。〔註44〕

野間文史認爲阮元校勘的《十三經注疏》之所以廣泛流傳的理由之一，可能就是他在每卷之後所附的《校勘記》。〔註45〕不過，《校勘記》中並沒有提及其自身的誤刻問題，而這個問題，必須經由其他版本一起核對才能發現。由於嘉慶本（嘉慶二十年，1815）問世以來，即受到當世學者許多質疑，因此，補正誤刻的道光本旋即在道光六年（1826）刊成。但是道光本究竟補正誤刻的能力到達何種程度，是他所懷疑的。〔註46〕經過野間文史針對《春秋左傳正義》的這兩個版本做比對後，發現嘉慶本的錯誤，道光本只補正了兩成左右。因此，阮元本身的「補正校勘記」是有必要做的。〔註47〕

加藤虎之亮在〈論十三經注疏校勘記〉則批評阮元對校勘版本的取擇有不盡理想之處：

> 觀《周禮注疏校勘記》引據書目，蒐收非不博，採擇非不精，而猶不能無望蜀之憾，以阮氏聲望，於天下之書，無不得，然而其所據於單經本，止《唐石經》、《石經考文提要》，不逮宋刊小字本、秦刻九經本，何況論蜀石經、與汴京二體石經；於經注本，不及重言本、建本、京本。重言本在彼難獲之書，不必深尤，建、京兩本，得之豈無方？至於注疏木，不言及浙東本、元板十行本、聞人詮本，如閩本則闕卷頭〈序周禮廢興〉者，其爲不善本，可推而知矣，監本獨依重修惡本，而逸重校善本，毛本自稱原刊，其爲重刻，歷歷可證。閩監毛三本，獲其精刻，在今日猶不爲至難之事，況於當時乎？而搜羅不及此，爲可憾！要之，其所校，多據錢孫保本、惠棟校本、浦鏜《正字》，其就原本對校者，似不多矣！〔註48〕

校勘版本取擇的好壞，直接影響校勘內容，再加上阮福所說《十三經注疏》在尚未刻校完工，阮元即奉命移撫河南，校書者的粗心，導致錯字甚多，甚至有

〔註44〕〔清〕朱華臨撰：〈重校宋本十三經注疏跋〉，《標點本十三經注疏・周禮注疏》（北京：北京大學出版社，1999 年 12 月，李學勤主編），頁 4。
〔註45〕〔日〕野間文史撰：〈讀五經正義札記（二）・阮刻の嘉慶本と道光重刊本〉，《東洋古典學研究》（東廣島市：東洋古典學研究會，2000 年 5 月），頁 163。
〔註46〕同上注，頁 164～165。
〔註47〕〈讀五經正義札記（二）・阮刻の嘉慶本と道光重刊本〉，頁 165～167。作者統計了《春秋左傳正義》卷 1 到卷 10，嘉慶本的 74 個誤刻例，道光本只補正了 18 例，約只訂正二成左右。
〔註48〕〔日〕加藤虎之亮撰：《周禮經注疏音義校勘記》，頁 5。

「監本、毛本不錯而今反錯者」的情況發生；而《校勘記》的去取也不盡善，連阮元本身也不以此刻爲善。〔註49〕因此，導致在阮本之後，仍有一些學者曾針對《十三經》或單經重新校勘。孫詒讓爲其中之一。即使阮元此本不盡理想，孫氏這種有目的性的校勘工作，使他選擇了阮元本作爲校勘的底本。

　　爲了能清楚分辨阮元與孫詒讓校勘所運用的版本，以下製成表格說明之（孫氏校記中所舉版本與書名大都簡稱，可還原原書者，筆者將其恢復全名，以「標楷體」字形表示）。

表 4-2-1　阮元、孫詒讓校勘《周禮》所用版本比較表

	阮　元	孫　詒　讓	
底本	宋刊十行本	阮元校勘《十三經注疏》嘉慶本	
輔本：			
單經本	1.唐石經周禮十二卷	1. 唐石經周禮	
	2.石經考文提要周禮一卷	2. 唐石經校文	清‧嚴可均纂
經注本	1.經典釋文周禮音義二卷	1. 嘉靖本	明嘉靖仿宋刊本
	2.錢孫保所藏宋本周禮注十二卷〔註50〕	2. 黃刻嘉靖本	《重雕嘉靖本校宋周禮附札記》，清‧黃丕烈《士禮居叢書本》
	3.嘉靖本周禮注十二卷〔註51〕	3. 經典釋文	唐‧陸德明撰《經典釋文》
		6. 盧校本《釋文》	清‧盧文弨撰《經典釋文考證》
		4. 宋拓蜀石經周禮殘字「秋官」	據湖南周編修鑾詒影寫本
		5. 蜀石經考異	清‧馮登府撰
注疏本	1.惠挍本周禮注疏四十二卷〔註52〕		

〔註49〕〔清〕阮元撰，鄧經元點校：〈江西校刻宋本十三經注疏書後‧阮福附記〉，《揅經室文集》（北京：中華書局，1993 年 5 月），下冊，頁 621。

〔註50〕注語：宋槧小字本，附載《音義》。〈春官〉、〈夏官〉、〈冬官〉，余仁仲本；〈天〉、〈地〉二官，別一宋本；〈秋官〉以俗本抄補，非佳者，臧庸據宋刻大字本〈秋官〉二卷校補。參見〔清〕阮元撰：〈周禮注疏校勘記序‧引據各本目錄〉，《重栞宋本周禮著疏附校勘記》（臺北：藝文印書館，1989 年，據嘉慶二十年江西南昌府學本影印），頁 2。

〔註51〕注語：分卷及款式悉與唐石經同，每頁十六行，每行十七字。按此不附《音義》，而勝於宋槧余氏、岳氏等本，當是依北宋所傳古本也。頁 2。

〔註52〕注語：盧文弨曰：「東吳惠士奇暨子棟以宋注疏本校疏，以余氏萬卷堂本校經、注、《音義》，書於毛氏本。」何焯云：「康熙丙戌，見內府宋板元修注疏本，

		1. 閩本	明嘉靖間李元陽福建刻十三經注疏本・周禮注疏
	2.附釋音周禮注疏四十二卷〔註53〕		
	3.閩本周禮注疏四十二卷	2. 監本	明萬曆年間國子監刊本
	4.監本周禮注疏四十二卷	3. 毛本	明常熟毛晉汲古閣刻十三經注疏本・周禮注疏
	5.毛本周禮注疏四十二卷	4. 十行本	《附釋音周禮注疏》，宋刊元明遞修本
		5. 何焯校本	《周禮注疏》何焯校本
		6. 汪文臺校本	指《十三經注疏校勘記識語》清光緒三年（1877）江西書局刻本
經注音義本		1. 明汪道昆覆岳本	明嘉靖間覆刻相臺岳氏本汪道昆修補印本
		2. 葛本	明崇禎十二年（1639）崑山葛氏永懷堂刊十三經古注之一
		3. 福禮堂本	清嘉善周氏就乾隆殿本鈔出經注音義，署乾隆五十二年五月，福禮堂藏版
引用諸家禮書	1.周禮注疏正誤十卷　浦鏜撰	1. 《三禮目錄》	漢・鄭玄撰，清・臧庸輯
	2.禮說十四卷　惠士奇撰	2. 劉昌宗	指齊梁間劉昌宗撰，清・馬國翰輯《周禮劉氏音》
	3.周禮漢讀考六卷　段玉裁撰	3. 孔沖遠《禮記疏》	唐・孔穎達《禮記正義》
		4. 《考工記解》	宋・林希逸
		5. 《儀禮集釋》	宋・李如圭撰　戴校本
		6. 《周禮訂義》	宋・王與之
		7. 《儀禮經傳通解》	宋・朱熹撰
		8. 《三禮圖》	宋・聶崇義集注
		9. 《禮說》	清・惠士奇
		10. 程氏〈水地小記〉	清・程瑤田撰《溝洫疆理小記》
		11. 《禮箋》	清・金榜

　　粗校一過。」惠棟云：「盧見曾嘗得宋槧余仁仲《周禮》經注，校閱一過，書共十二卷。」頁2。

〔註53〕注語：每頁二十行，經每行十七字，注疏夾行，每行二十三字。因兼載《釋文》，故稱「附釋音」。因每半頁十行，故今稱十行本，以別於閩、監、毛注疏本每半頁皆九行也。內補刻者極惡劣，凡閩、監、毛本所不誤者，補刻多誤。頁3。

		12.《周禮漢讀考》	清‧段玉裁撰
		13. 任子田《深衣釋例》	清‧任大椿撰
		14.《儀禮正義》	清‧胡培翬
		15.《周禮補注》	清‧呂飛鵬
		16.《周禮故書疏證》	清‧宋士犖
其他經部		1. 丁杰輯《鄭易注》	《周易鄭注》十二卷漢‧鄭玄撰，宋‧王應麟輯，清‧丁杰等校訂
		2. 張惠言輯《鄭易注》	宋‧王應麟輯，清‧丁杰後定，清‧張惠言訂正《周易鄭注》十二卷
		3. 趙在翰本《通卦驗》	清‧趙在翰輯《七緯‧易緯通卦驗》清嘉慶十四年（1809）小積石山房刊本
		4. 杜《注》	晉‧杜預注《春秋左傳集解》
		5. 李貽德《賈服注輯述》	清‧李貽德《春秋左氏傳賈服注輯述》二十卷
		6. 汪云	指清‧汪中撰《大戴禮記正誤》
		7. 孫《注》	指魏‧孫炎注《爾雅》
		8. 陳校本	指清‧陳壽祺《五經異義疏證》
		9.《白虎通》	漢‧班固
		10.《說文》	《說文解字》
		11.《說文繫傳》	南唐‧徐鍇撰
		12.《廣雅》	三國‧張揖撰
		13. 王伯申	指清‧王引之《經義述聞》
		14. 臧琳校本	散見於《經義雜記》各卷
史部類		1. 衛宏《漢舊儀》	漢‧衛宏撰
		2.《史記‧天官書》	漢‧司馬遷撰
		3.《漢書》	漢‧班固奉敕撰
		4. 范《書》	南朝宋‧范曄撰《後漢書》
		5. 陳《志》	晉‧陳壽撰《三國志》
		6. 韋本《國語》	吳‧韋昭注《國語》
		7.《山海經》	晉‧郭璞注
		8.《通典》	唐‧杜佑撰
子部類		1.《孫子》	春秋‧孫武撰

		2.《司馬法》	齊‧司馬穰苴撰
		3.《淮南子》	漢‧劉安撰、高誘注
		4.《九章算術》	魏‧劉徽注，唐‧李淳風注釋
		5.《齊民要術》	後魏‧賈思勰撰
		6.《開元占經》	唐‧瞿曇悉達撰《唐開元占經》
集部類		1.《文選》	《昭明文選》
		2.《研六室文鈔》	清‧胡培翬撰
		3.《困學記聞》	宋‧王應麟撰
		4.《籀廎睼學錄》	清‧孫詒讓撰
類書		1.《玉燭寶典》	隋‧杜臺卿撰
		2.《藝文類聚》	唐‧歐陽詢等奉敕撰
		3.《初學記》	唐‧徐堅等奉敕撰
		4.《書鈔》	唐‧虞世南《北堂書鈔》
		5.《玉海》	宋‧王應麟撰
		6.《太平御覽》	宋‧李昉等奉敕編

　　孫氏在校勘的過程中，除上述所引書目外，也常徵引本書其餘職官內容或其他經書相互校勘，在此未予列出。從上表可以歸納孫氏不僅使用許多《周禮》歷代的版本校勘，亦採用清人的研究所得與校勘成果。參考的資料種類更加繁多，領域跨越史書、子書、文集、古注、類書。

二、《周禮注疏校記》校勘釋例舉隅

（一）《周禮注疏》應出校部分

　　在這一部分，孫氏主要針對有錯誤而阮《記》並未出校的情形作補充。目前通行的《十三經注疏‧周禮注疏》本，奪字、衍字、形近而譌、聲近而譌的的情況仍然嚴重存在。筆者根據全書校文，約可歸納出二十三個校勘文例，說明致誤的原因。以下依照孫氏《校記》的內容，依篇名、經文、注、疏、孫校的順序排列，為節省篇幅，孫氏校經文則只列原經文，不一一將注文、疏文列出（以此類推），但會將篇題著明以備考。遇孫氏義不顯處，則以按語說明之。

（1）賈氏釋語誤植正文例

①〈序周禮廢興〉

　　六鄉之人，實居四同地，故云絙千里之地者誤矣。又六鄉大夫家宰以

下所非者不著，又云多多者，如此解不著者多。

孫校：「六鄉之人」以下至「不著者多」，乃賈氏釋馬敘語，雜廁此處，未安。（頁88）

按：孫氏意為賈氏解釋馬融敘語，應以小注置於其下，不應混入正文中。

②〈序周禮廢興〉

案：《尚書》〈盤庚〉、〈康誥〉、〈說命〉、〈泰誓〉之屬三篇，序皆云某作若干篇⋯⋯時有若茲，焉得從諸。

孫校：案：「《尚書》」至「焉得從諸」，臧庸《三禮目錄》本不錄，蓋以為賈氏釋鄭序語，是也。盧弨弓以為全段並鄭序，恐非。（頁89）

按：李學勤主編《標點本周禮注疏》則以盧文弨所言為是。（頁9）

（2）賈說謬誤例

〈大宰〉

疏「云〈司空〉之篇亡者，謂六國時亡，其時以《考工記》代之」

孫校：〈司空〉篇亡當在秦火之後，此說謬。（頁93）

按：孫氏校勘不僅校文字之是非，對內容謬誤處亦更正。孫氏「〈司空〉篇亡於秦火後」之辨證參看孫氏《周禮正義・考工記總敘・疏》。

（3）不諳人名而誤例

〈酒正〉

疏「又引《國語》者，案：〈楚語〉云：『鬬且廷見令尹子常，聞子常畜貨聚馬，鬬且廷以為非，遂陳令尹子文之行。⋯⋯』」

孫校：見《國語》十八。此括其語。韋《注》以「鬬且」為姓，則「廷見」謂在朝廷見。此以且廷為二名，與韋不合，疑用孔晁說。（頁110～111）

按：見《國語》卷十八，〈子常問蓄貨聚馬鬬且論其必亡〉。

（4）誤植官名而誤例

〈調人〉

疏「案：漢時徐州刺史荀文若問玄《周禮》」

孫校：文若，荀彧字，但范《書》、陳《志》並不云彧嘗為徐州刺史，此疑有誤。（頁155）

（5）引書年代誤例

〈大宗伯〉

　　疏「案：文公六年魯惠伯云」

　　孫校：叔仲惠伯語見文七年，此誤。（頁 174）

（6）引書出處誤例

　　①〈肆師〉

　　疏「云『禮不親饗則以酬幣致之』者，此亦〈公食大夫禮〉文。」

　　孫校：此〈聘禮〉文，賈亦謂出〈公食大夫禮〉，誤。（頁 180）

　　②〈內史〉

　　疏「〈遂人〉注有夫有婦乃成家，自二人以至十人爲九等。」

　　孫校：此〈小司徒〉注文，云「〈遂人〉注」，誤。（頁 226）

（7）引書譌奪不可讀例

〈保章氏〉

　　疏「按：〈天文志〉云：『歲星所在，其國不可〔伐〕，〔可〕以伐人。

　　　（起）〔超〕舍（如）〔而〕前（爲）〔贏〕，〔退舍爲縮〕。〔凡五星〕，

　　　〔早〕出〔爲〕贏，盈爲客；客晚出爲縮，縮爲主人。故人有言曰……』」

　　孫校：此引〈天文志〉譌奪不可讀，今據《漢志》校正。（頁 224）

（8）失句讀例

〈大司馬〉

　　疏「云『九籍其禮差之書也』者」

　　孫校：注「有分限者九」句斷，賈讀「九籍」相屬，失之。（頁 240）

（9）所引之書無其文例

　　①〈司常〉

　　疏「〈隱公傳〉云：『兵、凶器，戰、危事』，亦是凶事也」

　　孫校：《三傳》並無此文。（頁 231）

　　②〈大司馬〉

　　疏「云『兵者凶事』者，〈隱公傳〉文。」

　　孫校：《三傳》並無「兵者凶事」之文，此與《春官‧司常》疏同誤。

　　　（頁 240）

（10）羨文例

〈大卜〉

　　疏「此大祭祀不作龜，進使命龜，作龜作龜是勞事」

　　孫校：「作龜」不當重，蓋羨文。（頁 210）

（11）因誤字而衍字例

〈大宰〉

　　疏「春，東方六服盡來；夏，南方六服盡來；秋冬。司農云『舉春秋
　　即冬夏可知』者，經直云大朝覲，……。」

　　孫校：「秋冬」下有奪文。「司」，當作「同」，「農」字疑衍。此注並
　　非先鄭說，不當云「司農云」。（頁 96）

（12）因奪字而誤植例

〈小宰〉

　　疏「且大宗伯祀天言禋，祭社言血，享大神不祼者」

　　孫校：「享」字下蓋奪「廟言灌是亦天地無祼也天地」十二字，而誤
　　錯入後文，又誤「是」爲「且」，文義遂不相承接。（頁 98）

（13）形近而誤例

〈男巫〉

　　疏「此男巫於地官祭此神時，則以茅招之於四方也」

　　孫校：「地」疑「他」之誤。（頁 220）

（14）聲近而誤例

〈酒正〉

　　疏「不敢與王之（臣）〔神〕共器尊用酌齊，故酌清以自酢」

　　孫校：「臣」字誤。據〈司尊彝〉注云：「諸臣獻者，酌醴以自酢，不
　　敢與王之神靈共尊。」此約其義，則「臣」即「神」之誤，因二字聲
　　相近也。（頁 110）

（15）因重文而誤刪例

〈大司徒〉

　　又疏「故〈食貨志〉云：『七十已上，所養也。』」

　　孫校：「所養」上，據《漢志》當重「上」字。（頁 138）

（16）涉上文而誤衍例

〈充人〉

疏「案：楚昭王問于觀射父曰：芻豢牲則不必三月，其諸侯祭祀養牲幾何」

孫校：此行譌舛不可讀，今以〈楚語〉校之，疑當作：「其諸侯祭祀養牲。案：楚昭王問于觀射父曰：『芻豢幾何？』」依此校乙，文義始可通。其「牲則不必三月」六字，乃涉上文而誤衍，當刪去。（頁149）

（17）錯簡例

〈大司徒〉

疏「云『一曰不孝之刑』者，……此乃禮之通教……『三曰不婣之刑』者，不親兼戒凡品，故不孝有刑也。」

孫校：「兼戒凡品」十字，當在「通教」下，錯寫於此，亦不可通。各本并誤，今迻正。（頁139）

（18）傳寫之誤例

〈大司馬〉

疏「云『以其素信於民』者，兵書《孫子》云：『素信者與眾相得』是也。」

孫校：《孫子·行軍篇》作「素行」，蓋傳寫之誤，當據此正之。（頁241）

（19）重刻誤改例

〈典同〉

注「嘽，讀爲飛鉆涅闇之闇，嘽，聲小不成也」

孫校：「涅闇」，「闇」，汪覆岳本及閩本並做「嘽」，阮《記》引段說疑賈本作「闇」，然亦不云十行本作「闇」，疑重刻時誤改。（頁202）

（20）校者誤改例

〈大祝〉

疏「先鄭云：牲號爲犧牲皆有名號」

孫校：「爲」，閩本作「謂」。此疑校者所改，與阮《記》不相應。

按：阮《記》云：賈《疏》引注「爲」作「謂」，此誤，諸本同。而此本賈《疏》仍作「爲」，故孫氏疑爲校者所改。

（21）後人移竄例

〈司士〉

疏「云『作士從』者，謂選可使從於王者，此士亦謂卿大夫皆是也。」

孫校：經明云「作士從」，則非卿大夫皆是。疏似誤，且與下疏自相抵牾。下節疏引〈射人〉一段，疑當在此下，或皆後人移竄，非賈舊。（頁 252）

（22）後人因已誤之本而加校語例

〈朝士〉

疏「案：《家語‧本命》『男子（七）〔八〕歲而齔齒，女子（八）〔七〕歲而齔齒。』此言七歲，據男子，若女子則（八）〔六〕歲，皆刑人所生。諸處八歲是男，七歲是女。」

孫校：汪云：此當云男子八歲，女子七歲，與《家語》及《小司寇》疏合，下疏云「七歲據男子，若女子則八歲」，「八」當作「六」，此謂未齔者，故注云未齔七歲以下，妄人不明文理，乃改上就下，謬之甚也。案：汪說甚塙，今據正。後〈司厲〉注亦不誤。又案：依汪說，則疏末諸處「八歲是男、七歲是女」十字，當是後人因已誤之本而加校語，非賈氏元文。（頁 302～303）

按：「汪云」，指汪中《大戴禮記正誤》。

（23）後人妄添例

〈大司徒〉

疏「正日景者，夏日至，晝漏半中表北得尺五寸景」

孫校：「中」字妄人所加，各本並無。（頁 136）

（二）阮元《校勘記》部分

這個部分是孫氏針對阮《記》中誤校或有不同意見的辨證，除奪字、衍字、誤字外，筆者根據孫氏《校記》歸納為八個校勘文例，說明校勘者致誤的原因。

（1）不諳賈疏述鄭注間有刪定例

①〈大宰校勘記〉

「常者，其上下通名」：案：疏曰：云「常者上下通名」者；右，故云「常者上下通名」也，兩引此注皆無「其」字。

孫校：疏述注間有刪定，疑非所見本異。（頁 97）

②〈大宰校勘記〉

「稚門災及兩觀是也」：案：《春秋經》作：「稚門及兩觀災」。

孫校：汪云：賈襲鄭〈閽人〉注，非經正文。（頁 97）

（2）不識賈氏駁語而誤例

〈鼈人校勘記〉

「服云剞形非是筑剞爲之」：閩本同，監、毛本「剞」改「尅」。案：此處有譌。

孫校：「剞」與「尅」同。「非是」云云，乃賈駁服語，此無誤。（頁 116）

（3）不諳賈疏文例而誤例

〈大司馬校勘記〉

「又秋名獮中殺者多」：閩、監本同誤也，當從毛本「又」作「及」。

孫校：「又」不誤，賈疏文例往往如此。（頁 245）

（4）因傳寫奪字而誤校例

〈大司徒校勘記〉

「憂之則不懈怠者」：案：注作「則民不懈怠」，賈本注蓋無「民」字。

孫校：此蓋傳寫奪之，未必賈所見本如此。（頁 140）

（5）校者失句讀例

①〈大司徒校勘記〉

「欲見財既爲九賦斂財賦」：閩本同，監、毛本「斂」誤「故」，浦鏜云：「財賄」誤「財賦」。

孫校：此當讀「財」字句斷。「賦」字屬下爲句，乃分釋經「財賦」二字，浦失其句讀，大誤。（頁 140）

②〈小司徒校勘記〉

「帥帥而致於大司徒」：浦鏜云：「帥師」誤「帥帥」。

孫校：「帥」讀，帥而致於大司徒，釋經帥字也。經不云「帥師」，浦校大誤。（頁 143）

（6）《釋文》誤爲賈《疏》例

〈封人校勘記〉

「漢時有置于犬之上謂之椵」：《漢制考》此句下有「音加」二小字，當亦賈疏本文。

孫校：「音加」出陸音，非賈疏本文也，阮誤。（頁 148）

（7）不諳唐人文例而誤例

〈大史〉

「故云建六典處六卿之職以解之」：浦鏜云：「以」當在「六卿」上。

孫校：此自是唐人文例如此，不必乙。（頁 227）

（8）與所引書不合例

〈萍氏〉

「玄謂今〈天問〉『萍號』作『萍』，《爾雅》曰：『萍、蓱』」：諸本同。
段玉裁云：「當作『今〈天問〉萍號作蓱。王逸注本正作蓱，云：一
作萍。』」案：後鄭增成司農義而意主蓱字，故引今〈天問〉「蓱號」、
《爾雅》「苹蓱」以證之。「萍蓱」當作「苹蓱」，《釋文》云：「萍，
本亦作苹。」是也。萍、蓱乃一字，不得為二名。

孫校：此引段說與《漢讀考》不同，說亦不塙。（頁 283）

按：段氏原文為：此注轉寫譌誤，今不能正。云「今〈天問〉萍號作
萍」，此謂今之〈天問〉，與舊〈天問〉字異，不當皆作「萍」也。今
億必求之，疑是「鄭司農云『萍』或為『蚌』，讀為蓱號起雨之蓱。
玄謂今〈天問〉萍號作萍」蓋司農說或作蚨蠙蚌之蚌，不可通，故讀
為蓱號起雨之蓱。……考之《爾雅》，萍與蓱正是一物，而兩字同在
古音第十一部，故〈天問〉可通。〔註54〕

何種狀況應該出校，何種狀況應保留原貌，每個校勘者的標準不同，所
得出的結果也必定不同。在對照了阮《記》與孫《校》，其中一個很大的差異，
在於對賈《疏》的處理。賈氏的疏語，不論是述鄭注或引他書，都有約文的
現象，阮氏一一出校，孫氏則認為不必，是兩校記最大的歧異點。以阮《記》
的立場，認為引文不全，會讓讀者以為原文即是如此，必須出校；以孫《校》
的立場，引書約文是賈氏疏文的體例，明白此體例，讀者自可以原書對照，
不必出校。二者皆有其理。由此亦可知校勘的工作看似容易，實則取捨之間
相當困難。

此外，在翻檢全書的同時，筆者也發現雪克所輯的《周禮注疏校記》，有
些微整理上的錯誤。如：

〔註54〕〔清〕段玉裁撰：《周禮漢讀考》（上海：上海古籍出版社，1995 年 3 月，《續
修四庫全書》影清嘉慶刊本），頁 332～333。

〈天官冢宰第一〉

　〈庖人〉

　注「庖之言苞也，裹肉曰苞苴」

　孫校：「裹」，嘉靖本誤「杜」，宋董氏本「裹」。（頁 91）

《周禮正義》〈庖人〉孫疏亦有此條，四部備要本〔註55〕、萬有文庫薈要本〔註56〕、王文錦整理本：

　「裹」，嘉靖本誤作「在」，今據宋紹興董氏本、婺州唐氏本、建陽本正。（頁 26）

補刻楚學社本：

　「裹」，嘉靖本誤「任」。（頁 85）〔註57〕

一作「杜」、一作「在」、一作「任」。同一作者的校文，卻有三種寫法，不過可以知道這個錯誤是由形近而誤造成的。對照黃丕烈《重雕嘉靖本校宋周禮札記》，此字應作「在」。又如：

　〈載師〉

　疏「天子之正，十一行而頌聲作，故《周禮》國中園廛之賦廿而稅一」

　孫校：……「故」，《周禮》陳校「故」改「古」。（頁 150）

雪克此處標點錯誤，應作「故《周禮》，陳校『故』改『古』」。其一，陳壽祺未校過《周禮》；其二，孫氏引書雖以簡稱，但先列作者，後列書名，如：嚴氏《唐石經》校本、盧本《釋文》等；其三，「故《周禮》」實為「古《周禮》」之誤，由疏文可知此三字為斷。又如：

　〈挈壺氏〉

　孫校：……大斂與殯事相接，不可云「之後」，且與注末「大斂」之文亦相近，必誤無疑。（頁 249）

鄭玄《注》：「《禮》，未大斂，代哭。」雪克未將此校文與鄭《注》對照，「末」與「未」字形亦相近，因此標點錯誤，「注末『大斂』」應改為「《注》：未大

〔註55〕〔清〕孫詒讓撰：《周禮正義》（臺北：臺灣中華書局，1966 年，據清光緒乙巳本校刊）。

〔註56〕〔清〕孫詒讓撰：《周禮正義》（臺北：臺灣商務印書館，1968 年）。

〔註57〕〔清〕孫詒讓撰：《周禮正義》（臺北縣：藝文印書館，1963 年，據民國二十年（1931）補刻楚學社本影印）。

斂」。

又如《蜀石經・周禮》僅殘〈秋官〉二卷，自〈敘官・蜡氏〉注「〈月令〉曰」始，至〈掌客〉注〈車槖〉止。孫氏作一小記說明之（可參第四章第一節注 26），理應置於〈掌客〉校文後，雪克卻將之置於〈掌訝〉校文之後。其餘如孫氏按語，有「案」亦有「按」，未能統一，雖然對於讀者閱讀《校記》並不構成困擾，若能多加注意，必能使《校記》更加完整。

第三節　《周禮注疏校記》的校勘方法

一、校勘方法

孫詒讓的校勘方法，可以從《札迻・自序》歸納出來：

> 大氐以舊刊精校爲據依，而究其微恉，通其大例，精揅博考，不參成見。其諟正文字譌舛，或求之於本書，或旁證之他籍，及援引之類書，而以聲類通轉爲之鎔鍵，故能發疑正讀，奄若合符。〔註 58〕

將這段話與陳垣《校勘學釋例》提出的校法四例相比對〔註 59〕，「以舊刊精校爲據依」爲對校法；「求之於本書」爲本校法；「旁證之他籍，及援引之類書」爲他校法、「究其微恉，通其大例，精揅博考」則爲理校法。

（一）「以舊刊精校為據依」——對校法

對校的目的在校異同，不校是非。優點是易於發現古書中的錯誤。對校法也就是王叔岷在《斠讎學》中所說的「選擇底本」、「廣求輔本」。〔註 60〕底本以古、全、善兼備爲好；輔本多，則有助於判斷。雖然孫氏校勘《周禮》的目的在補充阮《記》的疏漏，而以阮元校勘的《周禮注疏》爲底本，不過，他所使用的輔本有：《唐石經・周禮》、《唐石經校文》、宋拓蜀石經《周禮》殘字〈秋官〉、《蜀石經考異》、嘉靖本、黃刻嘉靖本、宋董氏本、閩本、監本、毛本、十行本、明汪道昆覆岳本、永懷堂刊《十三經古注》之一、《周禮注疏》何焯校本、福禮堂本等，以彌補底本的不周全。如〈序校勘記〉：

〔註 58〕〈自序〉，《札迻》，頁 1～2。

〔註 59〕陳垣撰：〈校例〉，《校勘學釋例》（臺北：臺灣學生書局，1971 年 4 月），頁 144～150。

〔註 60〕王叔岷撰：《斠讎學》（臺北：中央研究院歷史語言研究所，1995 年 6 月補訂本，中央研究院歷史語言研究所專刊之三十七），頁 105、113。

〈序《周禮》廢興〉，所見閩本闕此篇。

　　孫校：詒讓所收閩本有此篇，今補校一過，無異文。（頁 89）

不僅《周禮》的版本眾多，連所收的「閩本」的情況也不一定相同，阮《記》作爲輔本的閩本前沒有〈序《周禮》廢興〉，阮元等人也沒有說明原因。加藤虎之亮就曾批評：「如閩本則闕卷頭〈序《周禮》廢興〉者，其爲不善本，可推而知矣。」〔註 61〕孫氏所收的「閩本」有此篇，並爲其校勘一過。又如〈宮正〉：

　　會其什伍而教之道（義）〔藝〕。

　　孫校：「藝」，《石經》及各本並不誤，唯此本誤刻。（頁 100）

諸本皆不誤，唯阮元《周禮注疏附校勘記》與諸本不同，可判定其誤刻。又如〈醢人〉：

　　王舉，則共齊菹醢物六十罋，（其）〔共〕后及世子之醬齊菹。

　　孫校：「其」當爲「共」，各本并不誤。（頁 117）

和其餘各本對校，發現各本皆不誤，阮校本誤「共」爲「其」，應爲形近而誤。

（二）「求之於本書」—— 本校法

　　本校則利用本書前後互證，而校其異同；或本書注、疏的敘述、闡釋，可提供改正正文的蛛絲馬跡，以知其中之謬誤。此亦王叔岷所說的參覈本書注、疏：「凡古籍有注、疏者，其正文之失，尋繹注、疏，往往可以訂正；甚或篇第之先後、分合問題，亦可推知。」〔註 62〕如〈宮伯〉：

　　掌王宮之士庶子，凡在版者。

　　「宮伯至版者」疏「庶子，士之適子也」。

　　孫校：此云「庶子士之適子」與《注》顯牾，賈必不爾。疑「庶子」二字當屬上讀。下云「士即適子也」，今本誤「即」爲「之」，遂不可通。「庶子」二字名義顯白，故賈不釋而獨釋「士」字之義。（頁 101）

鄭玄云：「王宮之士，謂王宮中諸吏之適子也。庶子，其支庶也。」而賈公彥云：「庶子，士之適子也。」此條孫氏認爲賈《疏》與鄭《注》相抵牾，「庶

〔註 61〕〔日〕加藤虎之亮撰：《周禮經注疏音義校勘記》，頁 5。
〔註 62〕《斠讎學》，頁 122。

子」二字淺顯易懂，不需解釋，因此賈氏只釋「士」字義：「士，即適子也。」
但今本《周禮》卻誤將「即」誤爲「之」，以至於讓人誤會爲「庶子，士之適
子也」，實則「庶子」應與上句相連，即「宮伯掌王宮中卿大夫之適子、庶子。
士，即適子也」。根據注文與疏文相互之間的關連，改正疏文的錯誤。又如〈載
師〉：

> 疏「則家邑二十五里，大都百里，通治溝洫及澮而言也。」

> 孫校：「家邑二十五里」下，據〈小司徒〉注當補「小都五十里」五
> 字。（頁 150）

孫氏根據本書前後官職所載《疏》，認爲「家邑二十五里」之後，應補「小都
五十里」五字。據《周禮注疏・小司徒》疏：「夫治澮者，此據四成爲縣，縣
方二十里，二十里更加五里，即爲大夫家邑也。縣方二十五里，四縣是小都，
五十里是六卿之采地。」（頁 172）

（三）「旁證之他籍，及援引之類書」——他校法

他校則以他書校本書，範圍則如陳垣所說「凡其書有採自前人者，可以
前人之書校之；有爲後人所引用者，可以後人之書校之；其史料有爲同時之
書所並載者，可以同時之書校之」〔註63〕。此即王叔岷所說的「檢驗古注、
類書」、「佐證關係書」〔註64〕。孫氏在這方面參考了非常多的資料，與《周
禮》相關的禮書就多達十四種；類書有《玉燭寶典》、《藝文類聚》、《初學記》、
《北堂書鈔》、《玉海》、《太平御覽》等；古注、關係書更是橫跨經史子集四
部書籍。如〈大司徒〉：

> 疏「案：《爾雅》云：『重崖岸。墳，大防』。是墳爲崖岸之峻者，故
> 知水崖曰墳。」

> 孫校：「重崖岸」，《爾雅》作「厓」。（頁 136）

此即孫氏所謂「旁證之他籍」，陳垣所說「凡其書有採自前人者，可以前人之
書校之」之例。賈《疏》引《爾雅》作「崖」，孫氏據《爾雅》而正爲「厓」。
又如〈甸師校勘記〉：

> 「注：鄭司農至縮酌」：閩本同；監本剜改「大夫」二字，則本作「司
> 農」也；毛本則竟作「大夫」矣。案：賈本注「鄭大夫」蓋作「鄭

〔註63〕《校勘學釋例》，頁 147。
〔註64〕《斠讎學》，頁 134、151。

司農」，此本疏中亦俱作「鄭大夫」，惟此標起至處改之未盡。

　　孫校：《左・僖四年》孔疏引作「鄭興云」，則唐本同是「大夫」非

　　「司農」。十行本標起至乃宋人所爲，不足據。（頁 108）

孫氏根據唐孔穎達《左傳正義》，凡言「鄭興」皆稱「鄭大夫」，則本作「大夫」非「司農」。阮《記》認爲標起至處漏改，孫氏認爲十行本標起至處是宋人爲方便對照鄭《注》、賈《疏》而標，非唐人所作，不足爲據。

　　又如〈大司馬校勘記〉：

　　「四表積二百五十步」：浦鏜云「三百」誤「二百」，疏中同。

　　孫校：「二百」不誤，《詩・車攻》孔《疏》引此注作「二百」，孔沖

　　遠說鄭義尤明析，浦校非是。汪文臺亦以浦校爲非。（頁 245）

根據《詩經》孔《疏》同引此注而校出「二百」不誤，並舉汪文臺亦糾正浦校爲誤，作爲自己立說的依據。孫氏除「旁證之他籍」外，還「援引之類書」，如〈大司樂校勘記〉：

　　「竹之根之末生者」：余本、閩、監、毛本同，宋本、岳本、嘉靖本

　　「末」作「未」。按：根未生者故云孫竹，作「末」誤也，詳《漢讀

　　考》。

　　孫校：「末」是「未」非，阮不應如是之謬，段《考》亦從「末」。

　　疑此傳寫互易，非阮之舊也。《御覽・樂部》引亦作「末」，《玉燭寶

　　典》引亦同。（頁 196〜197）

阮元受宋、岳、嘉靖本「末」作「未」及上下文意的影響，並引《周禮漢讀考》爲證，以「未」是「末」非。孫氏除複查《漢讀考》，發現作「末」外，更引用類書《太平預覽》、《玉燭寶典》爲佐證，以「末」爲是。又如〈內司服〉：

　　疏「案：《尚書・多士・傳》云：『古者后夫人侍於君前，熄燭後，

　　舉燭至於房中，釋朝服，然後入御於君。』」

　　孫校：此疏引《大傳》有誤，當據《御覽・皇親部》及《儀禮經

　　傳通解・內治部》所引校正。然以疏申述之語審之，似賈所見《大

　　傳》乃誤本，不若李昉及朱子所見本佳也。詳余所著《籀廎睋學

　　錄》。（頁 128）

孫氏利用《太平御覽》、《儀禮經傳通解》所引《尚書大傳》的內容與賈《疏》

相校，發現賈氏所使用的《大傳》非善本，在《周禮正義》中更直指賈《疏》所引《大傳》舊本，「譌挩不可讀」〔註65〕，應據《御覽》、《通解》及《詩·召南·小星·疏》來補正。

又，孫氏所說的自著《籀頵睼學錄》，在孫氏的已刊、未刊著作中，並未發現此書，在眾人研究中（包括年譜、傳記）也從未提及此書。

（四）「究其微悟，通其大例，精覈博考」──理校法

理校，即推理的校勘。〔註66〕遇無古本可據，或數本互異，無所適從時，則須用此法。陳垣認為「最高妙者此法，最危險者亦此法」，需「通識」為之。〔註67〕王叔岷所說的「熟悉文例」、「通達訓詁」〔註68〕也大致符合理校的涵義，因為唯有熟悉文例，通達訓詁，才能掌握當時的語法、解釋，方可以理校法校書。孫氏亦擅用此法：如〈大卜〉疏云「以其六十四卦合有八卦故也」，孫氏以「合」當作「含」（頁209）；〈司巫〉疏「子春之意，帥巫者巫則女巫」，孫氏云「巫亦兼男巫，賈謂止帥女巫誤也」。（頁219）又如〈挈壺氏〉：

疏「大斂之後乃更代而哭，亦使哭不絕聲」

孫校：「大斂」當作「小斂」，代哭在小斂後，殯前。大斂與殯事相接，不可云「之後」，且與《注》「未大斂」之文亦相近，必誤無疑。閩本亦誤。（頁249）

孫氏根據古時殯葬程序，證明「代哭」在小斂之後，加以與鄭《注》「未大斂」之文相違背，雖無其餘校本佐證，但可斷定「大斂」應為「小斂」之誤。

又如〈大史〉：

「故云建六典處六卿之職以解之」：浦鏜云：「以」當在「六卿」上。

孫校：此自是唐人文例如此，不必乙。（頁227）

浦鏜不明唐人文例，因此認為「以」應在「六卿」之前，孫氏認為不必如此。能夠通達各朝代的文例，對校勘工作大有助益。又如〈酒正〉：

注「陶器必良」疏「『陶器必良』者，酒甕陶中所燒器者必須成熟不津」

〔註65〕〔清〕孫詒讓撰：《周禮正義》，卷15，頁586。
〔註66〕程千帆、徐有富撰：《校讎廣義·校勘編》（濟南：齊魯書社，1998年4月），頁415。
〔註67〕《校勘學釋例》，頁148。
〔註68〕《斠讎學》，頁165、180。

孫校：《齊民要術》七「塗甕法」云：「凡甕無問大小，皆須塗治，甕津則造百物皆惡，悉不成。」則「津」乃六朝、唐人常語。（頁110）

「津」，即滲漏之意。為六朝、唐人常語，清人已不用，孫氏恐眾人不解，故引六朝賈思勰《齊民要術》第七卷第六十三「塗甕法」解釋「津」為當時的習慣用語。通達訓詁，對校勘工作有事半功倍之益。

二、校勘態度

關於校書的態度，王叔岷《斠讎學》提出六點應注意的事項：不輕下斷語、不穿鑿附會、不迷信古本、不迷信本書注、疏、不迷信古注類書、不迷信相關書籍。以此標準來檢視孫詒讓《周禮注疏校記》的校勘態度：

（一）不輕下斷語

孫氏校書態度審慎，每下一斷語，必清楚標明所據，如〈世婦〉：

世婦，掌祭祀、賓客、喪紀之事，帥女工而濯摡，為齎盛。

注「為猶差擇」，疏「祭祀黍稷，舂人舂之，（饌）〔饎〕人炊之。」

孫校：「饎」，依《訂義》引改。（頁127）

遇有猶豫不決處皆存疑，絕不貿然下斷語，如〈調人〉：

凡和難，父之讎：眂从父兄弟。

「凡和至兄弟」疏「案：漢時徐州刺史荀文若問玄《周禮》」

孫校：文若，荀彧字，但范《書》陳《志》並不云「彧」嘗為徐州刺史，此疑有誤。（頁155）

對於前說有誤，亦不掩錯，如〈充人〉：

注「散祭至養之」疏「司中、司命以上，地神、山川以下。」

孫校：「以上」，疑亦當作「以下」。

又：依上時祀，則賈謂此散祭有日月等，故云「以上」，余初校誤。
（頁149）

（二）不穿鑿附會

對於前人所言，孫氏亦一一核實，不因襲前人錯誤、穿鑿附會的說法，如〈司門校勘記〉：

「衣服視占」：宋本、余本、嘉靖本、毛本同，閩、監本「占」改「瞻」，
疏中同。案：作「瞻」非也，視占謂可占驗處。

孫校：「視占」，猶〈天官‧掌次〉注云「占察」，阮說非。（頁164）

「視占」，各本同，但閩、監本作「視瞻」，阮《記》認為不必改「瞻」是正
確的，卻在釋「視占」義時說解錯誤，「視占」是「占察」而非「占驗」，孫
氏不因阮《記》校勘結果正確，仍然指出阮《記》說解的錯誤。

（三）不迷信古本

王叔岷云：「藏書家，重在古，即有失誤之古本，亦可貴。研究古書，重
在眞，有失誤之古本，則不可貴。……古本不易得，斠書而得古本，固有助
於讎正，以復原書之舊。然，迷信古本，則又校書之所戒也。」〔註69〕可見
其中的取捨，考驗著校勘者的判斷力。《唐石經》、《蜀石經》在《周禮》眾版
本中，應算是古本，但是孫氏在運用《唐石經》、《蜀石經》的資料時，並不
陷入「凡古必佳」的迷思中，反而更加小心的驗證，如〈鍾師校勘記〉：

「祴夏」：余本、嘉靖本同，《釋文》、《唐石經》作「祴」，從衣，宋
人書衣、示，往往不加區別，閩、監、毛本因作「祴」矣。

孫校：按：「祴」，見《說文‧示部》：祴，宗廟奏祴樂也。《唐石經》
從衣乃大誤。（頁212）

「祴夏」為古樂章名，從示。「祴」，衣的前襟，從衣。孫氏引《說文》說明「祴」
才是正確的寫法；阮《記》說宋人寫衣、寫示不加區別，有從衣、從示皆可
的態度，但是以校勘者的角度而言，那就是錯字，不可並存。孫氏不輕信古
本的態度，可見一班。又如〈齊右〉：

掌祭祀、會同、賓客、前齊車，王乘則持馬，行則陪乘。

注「陪乘，參乘，謂車右也。」

孫校：馮登府《石經考異》引《蜀石經》作「陪車參乘謂居左也」，
誤。（頁258～259）

孫氏《周禮正義‧齊右》云：「《說文‧阜部》云：『陪，重土也。』引申為副
貳之義。凡右亦謂之參乘。」（頁2581）又《周禮正義‧敍官‧戎右》鄭注「右
者參乘」孫氏案：

凡乘車法，與平兵車同，尊者在左。一車之上，乘者與御，得右而
三，故即謂右為參乘。（頁 2265）

可知尊者在左，陪乘者、御者皆在右，《蜀石經》將「乘」誤「車」；「車右」
誤「居左」，馮登府誤引用。

（四）不迷信本書注、疏

對《周禮》鄭《注》與賈《疏》，孫氏亦一一複查，尤其對賈《疏》的糾
謬，成果頗多，可見孫氏並不迷信本書的注、疏。如〈大宰〉：

注「玄謂：三農，原、隰及平地。」疏「《爾雅》：『高平曰原，下濕
曰隰』。」

孫校：《爾雅》本作「廣平曰原，高平曰陸」，此非其原文。（頁 94）

又如〈大宗伯〉：

疏「案：文公六年魯惠伯云」

孫校：叔仲惠伯語見文七年，此誤。（頁 174）

又如〈肆師〉：

疏「云『禮不親饗則以酬幣致之』者，此亦〈公食大夫禮〉文。」

孫校：此〈聘禮〉文，賈亦謂出〈公食大夫禮〉，誤。（頁 180）

（五）不迷信古注、類書

古注、類書雖然是「收輯資料兩大寶庫」〔註 70〕，但是仍有版本、傳鈔
的問題。尤其是類書，有些由眾人之手編成，內容或有刪略、或有脫誤、或
有改竄、或誤引古書、或僅取其意等各種狀況，因此使用古注、類書必須格
外謹慎。孫氏面對古注、類書，寧可採取存疑的態度，也不妄下斷語，如〈司
几筵校勘記〉：

「几長五尺高三尺」：閩、監、毛本作「高二尺」。

孫校：《曾子問》疏引阮《圖》又作「高尺二寸」，未詳孰是。（頁
185～186）

賈《疏》引漢代阮諶《三禮圖》作「高三尺」，《曾子問》孔穎達《正義》引
阮《圖》又作「高尺二寸」，阮諶《三禮圖》已亡佚〔註71〕，孫氏無法斷定孰
是孰非，因此不願妄下斷語，表現其不迷信古注、類書的態度。

〔註70〕《斠讎學》，頁 134。
〔註71〕《三禮圖》，漢阮諶撰，有清王謨、孫彤、黃奭等人的輯本。

（六）不迷信關係書

孫氏在《周禮注疏校記》中參考了許多同時代學者的《周禮》研究成果，其中不乏當代知名的學者，但孫氏仍謹慎引用，遇有質疑處，並加以糾正，如〈膳夫校勘記〉：

> 「明知先朝食」：惠校本「明」作「則」，此誤。

> 孫校：「明」不誤，惠校臆改。（頁106）

阮《記》據惠氏所校《周禮注疏》，將「明」改作「則」，讀來較通順。孫氏《周禮正義‧膳夫》云：

> 賈《疏》云：「一日食有三時，同食一舉。案〈玉藻〉云：『皮弁以日視朝，遂以食，日中而餕。』餕者，餕朝之餘，則遂以食之，謂朝之食。明知先朝食，次乃日中而餕。」案：賈謂一日之食有三時是也。……是朝食在禺中前，故後注云「燕食，謂日中與夕食」，明朝食之外，尚有日中、夕食，與〈玉藻〉注義同。（頁243）

孫氏認爲「明」字意義明顯，不必改「則」。校勘工作雖然是要恢復古籍的原貌，一字一句都當斟酌，務使前後文「怡然理順」〔註72〕，但也不必斟酌太過，反而將原本不誤之處改錯。

從以上的舉例說明，可見孫氏抱持著嚴謹的態度從事校勘《周禮注疏》的工作。不過，由於《十三經注疏校記》不是孫詒讓親自手定，此書有舉證未盡周密，立說未盡平允的地方，亦是事實，如〈鱉人校勘記〉：

> 「女奴之曉鱉者」：案：注上下文多云女奴曉某者，無「之」字，此衍。

> 孫校：此校未塙。（頁92）

注上下文多云「女奴曉某者」，阮《記》認爲是鄭《注》的通例，因此斷定此「之」字爲羨文，孫氏認爲阮《記》錯誤，卻沒有充分理由說明如何「未塙」。又如〈外府校勘記〉：

> 「此並鄭言目所覯見以義增之耳」：浦鏜云：今《漢志》與鄭《注》同，豈賈君所見本異邪？案：唐初本《漢志》當如賈《疏》所言，今本多者，蓋依鄭注增加。

> 孫校：此亦未然。賈所見《漢志》，未必佳本也。（頁122）

〔註72〕俞樾撰：〈札迻序〉，《札迻》，頁1。

賈《疏》所用《漢志》，未曾交待版本，後人自然無法斷定賈《疏》所用是否
爲善本，浦鏜、阮《記》、孫氏所言，皆爲推測之語。

　　從以上所述，可知校勘工作非一般人所以爲僅是字句的對照。校勘者的
態度，影響著古書的眞實面貌。現在研究古書，有前代可信賴的學者的校勘
成果，使我們省去不少時間。俞樾〈札迻序〉說「前輩何子貞先生謂余曰：『甚
乎哉！子之好治閒事也。』余亦無以解也」〔註73〕，後來俞樾發現孫詒讓也
「好治閒事」，更甚於他，欣慰有志同道合的朋友，是爲學的一大樂事。

三、校勘成果的運用

　　胡珠生說孫氏撰《正義》，資料準備工作做得極其充分，《周官目錄》本
子內所列「周官說目」，不僅從「六官總義」、各官「敘官」，直到《考工記》
末尾「弓人爲弓」，全部臚舉無遺，並且像明堂、廟寢、學制、門制、禘、郊、
冕、服等異說紛陳的重要制度還另行著重分列。每職或每事下列舉各家經說
條數和另補書目。另外，末尾附有各家經說總表，不僅列舉有關卷數和要目，
甚至有對是書簡單的評語。〔註74〕相信這部《周禮注疏校記》的校勘成果，
亦是孫氏撰寫《周禮正義》的重要準備工作之一。而孫氏也確實將校勘成果
大量運用在《周禮正義》中。〔註75〕以下分別說明孫氏的運用方式。

（一）直接運用

　　將《校記》所得，直接運用在《周禮正義》中，如〈挈壺氏〉：

　　疏「大斂之後乃更代而哭，亦使哭不絕聲」

　　孫校：「大斂」當作「小斂」，代哭在小斂後，殯前。大斂與殯事相
　　接，不可云「之後」，且與《注》「未大斂」之文亦相近，必誤無疑。
　　閩本亦誤。（頁249）

「小斂」指死的第二天，於室中爲死者加衣衾，謂之小斂。「代哭」指輪流號
哭，更換號哭。喪禮規定，大斂以前，爲了表示哀痛，孝子要哭不絕聲，但
這實際上是做不到的，因此就採取多人輪流號哭的辦法，以使哭聲持續不斷。
大斂以後，只需要朝夕哭和哀至則哭，就不再有代哭的規定。「大斂」則指死

〔註73〕《札迻》，頁1。
〔註74〕《〈周禮正義〉稿本探略》，頁45～47。
〔註75〕根據筆者的比對，孫氏在《正義》中運用〈周禮注疏校記〉的校勘成果近七
　　　　成。

之第三日，於堂上西階上，掘坎，置棺其中，爲死者再加衣衾，將屍體入棺，爲之大斂。「殯」則指大斂到下葬出殯之前，棺柩停放在西階之上這段時間稱之。因此這幾個程序之間的順序爲：小斂→代哭→大斂→殯→出殯。〔註76〕

孫氏認爲此《疏》有問題的地方有三，其一：「代哭」在「小斂」之後，「殯」前；其二：「大斂」與「殯」是相接的，不能說是「之後」；其三，此《疏》與《注》「禮，未大斂，代哭」之文相違背，因此斷定「大斂」是「小斂」之誤。

《周禮正義·挈壺氏》云：

《廣雅·釋詁》云：「代，更也。」

云「《禮》，未大斂代哭」者，明代哭在小斂後，殯前。（頁 2418）

根據《校記》中的幾個線索，判定代哭在小斂之後，殯之前。

又如〈大宰〉：

疏「云〈司空〉之篇亡者，謂六國時亡，其時以《考工記》代之」

孫校：〈司空〉篇亡當在秦火之後，此說謬。（頁 93）

《正義》即根據《校記》所言，發展出〈總敍〉及〈考工記總敍〉中兩篇近三千字的考證文章，辨證「〈司空〉篇亡當在秦火之後」。

又如〈大宰〉：

疏「春，東方六服盡來；夏，南方六服盡來；秋冬。司農云『舉春秋即冬夏可知』者，……。」

孫校：「秋冬」下有奪文。「司」，當作「同」，「農」字疑衍。此注並非先鄭說，不當云「司農云」。（頁 96）

《正義》則將賈《疏》逕改爲：「大會雖無常期，當春來即是春朝，當秋來即是秋覲，當夏來即是夏宗，當冬來即是冬遇。若大同則有常期，春東方六服盡來，夏南方六服盡來，〔秋冬同。經直〕云大朝覲，不言宗遇，有宗遇可知。在國行朝禮訖，乃皆爲壇於國外而命事焉。」（頁 149）

（二）稍事修改

除了直接運用外，孫氏有時在《周禮正義》中又會稍微修正在《校記》

〔註76〕 參考呂友仁撰：《周禮譯注》（鄭州：中州古籍出版社，2004 年 10 月），頁 390。楊天宇撰：《周禮譯注》（上海：上海古籍出版社，2004 年 7 月），頁 290、437。錢玄編撰：《三禮辭典》（南京：江蘇古籍出版社，1998 年 3 月），頁 113、131。

時的說法，如〈宰夫〉：

> 疏「玄謂『飧客始至所致禮』者，此亦先鄭。」

> 孫校：「先鄭」疑奪「破」字。（頁 99）

《周禮正義》：

> 賈《疏》云：「此亦破先鄭。」（頁 204）

在《校記》，孫氏對是否有奪「破」字持保留的態度，但在《正義》，卻發現直接改為「此亦破先鄭」，可以看出其前後思考的轉變。這樣的例子，不只一個，如〈宰夫校勘記〉：

> 「何休云云爾者」：浦鏜云：當衍「云」。

> 孫校：何注本「云云爾者」非衍文，浦誤。（頁 102）

在《校記》中不認為「云」是衍文，但在《正義》中卻又刪去「云」字：

> 何休云：「爾者，嫌天子才多不當求，下財少可求，故明皆不當求之。」
> （頁 207）

也有自相矛盾的例子〈宰夫校勘記〉：

> 「歲終自周季冬」：浦鏜云：「是」誤「自」。案：此字當衍。

> 孫校：「自」字不誤，亦非衍，〈大司徒〉注可證。黃丕烈從宋董氏
> 本作「目」，似長。（頁 102）

「自」字雖不如阮元說為衍字，但以作「目」為長；不過在《正義》中，孫氏還是認為應作「自」，《正義》：

> 《注》云「歲終，自周季冬」者，〈大司徒〉注同。宋董氏刊本，「自」
> 作「目」，非。（頁 209）

又如〈凌人校勘記〉：

> 「謂應十石加至四十石」：案：注「三倍其冰」，則應十石者，三倍
> 之為三十石，云四十石，誤也。

> 孫校：「四十石」謂若十石之外再加三十石，賈義亦得通。（頁 115）

在《校記》中認為賈說亦可通，但到了《正義》，又認為阮元的說法較好：

> 賈《疏》云：「謂應十石，加至四十石，即是三倍其冰也。」阮元云：
> 「應十石者，三倍之為三十石。」案：阮說為長。（頁 374）

（三）互為詳略

有時孫氏在《校記》的說解詳細，到了《正義》則僅運用校勘成果，不

加說明；有時《校記》無說明，《正義》卻又一一說解。如《校記》所引的詩，在《正義》中刪去的例子〈酒正校勘記〉：

「謂曹床下酒」：閩、監本同，毛本「床」改「牀」。惠校本「曹」作「漕」。案：《漢制考》作「曹牀」。

孫校：「曹」當作「糟」，杜甫〈羌村〉詩「賴知禾黍收，已覺糟牀注」。魯嘗云：「酒床，酒醡也。」（頁 114）

《正義》：

賈云「曹床下酒」，曹當做糟。（頁 345）

也有《校記》無論斷，《正義》有論斷的例子〈醫師校勘記〉：

「若藥不瞑眩，厥疾不瘳（彳又）」：閩監毛本同。岳本、嘉靖本作「藥不瞑眩，厥疾無瘳」；宋本作「藥不瞑眩，厥疾弗瘳」。惠棟云：「余本仍有若字，『不瘳』作『無瘳』者，音義同。」案：賈《疏》作「藥不瞑眩，厥疾不瘳」，葉鈔《釋文》作「無瘳」，以多者言之，「若」衍，「不」當作「無」。

孫校：汪道昆本有「若」字，「不」亦作「無」。盧校《釋文》仍作「不瘳」。（頁 113）

《正義》：

惠棟校余本作「若藥不瞑眩，厥疾無瘳」，明汪道昆本同。阮元校宋本作「藥不瞑眩，厥疾弗瘳」。賈《疏》作「藥不瞑眩，厥疾不瘳」。葉鈔《釋文》作「無瘳」，盧本仍作「不瘳」，今從嘉靖本。宋岳本亦同。（頁 316）

此外，在《校記》只要孫氏判定「某當爲某」，《正義》就會直接改成他校正後的字，不過也有例外〈籩人〉：

疏「殷，尤大也，大奠朔月月半薦，新祖奠，遣奠之類也。」

孫校：「尤」當爲「猶」，此用〈喪服大記〉注文。（頁 113）

依《校記》所言，「尤」應改爲「猶」，但《正義》未改：

賈《疏》云：「殷，尤大也。大奠，朔月、月半、薦新、祖奠、遣奠之類也。」（頁 393）

《校記》大部分的校勘成果，孫氏是直接移植到《正義》上，前後說法相互矛盾的例子僅是佔少部分。不過以上這些例子，其中的差異，也正可以說明

孫氏從《十三經注疏校記》完成到《周禮正義》成書的十多年中，仍不斷地思考、蒐證，爲求事實不惜推翻自己之前的論斷。

第四節　孫詒讓校勘《周禮》的貢獻

　　根據以上各節所述，孫詒讓校勘《十三經》的成果，幸賴雪克先生細心，一一輯出，才得以面世。不過，首先要澄清的是，《十三經注疏校記》的撰成時間應在光緒十四年（1888）左右，而非如〈輯點說明〉所言有《周禮正義》成書前後的札記，或包含了他晚年校經的手筆。《十三經注疏校記》的內容以《周禮注疏校記》的校文最多，除了孫父自其幼年時即教授《周禮》，孫氏對《周禮》最熟悉外，他更有意撰作一部《周禮》新疏，以補諸經皆有新疏，斯經獨闕之憾。因此《周禮注疏校記》成爲他撰作《周禮正義》的準備工作之一，這點從《正義》多方利用《校記》校勘成果可證明。

　　校勘應善選底本，是從事校勘工作者的基本觀念，但由於孫氏的動機是「校正阮記」，底本的選擇是爭議頗大的江西南昌府刻阮元校勘本。爲彌補底本之不足，在輔本上可見孫氏之用心。所用輔本，以石經資料而言，有《唐石經・周禮》、嚴可均《唐石經校文》、宋拓《蜀石經・周禮》殘字「秋官」、馮登府《蜀石經考異》；以經注本資料而言，有嘉靖本《周禮注》、黃丕烈《重雕嘉靖本校宋周禮附札記》、《經典釋文・周禮音義》、盧文弨《經典釋文考證》等；以注疏本資料而言，有閩本、監本、毛本、十行本、何焯校本、汪文臺《十三經注疏校勘記識語》等；引用諸家禮書而言，有臧庸輯《三禮目錄》、馬國翰輯《周禮劉氏音》、孔穎達《禮記正義》、宋林希逸《考工記解》、李如圭《儀禮集釋》、王與之《周禮訂義》、朱熹《儀禮經傳通解》、聶崇義《三禮圖》、清惠士奇《禮說》、程瑤田《溝洫疆理小記》、金榜《禮箋》、段玉裁《周禮漢讀考》、任大椿《深衣釋例》、胡培翬《儀禮正義》、呂飛鵬《周禮補注》、宋士犖《周禮故書疏證》等，並常引本經其餘職官內容或其他經書相互校勘。又大量採用清人的研究所得，同時亦引用史書、子書、文集、古注、類書來證成其說。此外，孫氏所使用的《蜀石經》殘本，不只是他的輔助資料，《蜀石經》殘本正如俞樾所說，因爲經過孫氏的校勘，使《蜀石經》殘本的價值大大提升，可作爲後人治經的依據。這是孫氏校勘《周禮》的第一個貢獻。

　　從《校記》內容觀之，孫氏共出校一千四百○七條，有意將阮元《校勘記》

的錯誤一一補正。校勘工作正如古人所言「如秋風掃落葉，旋掃旋生」，由於阮元《十三經注疏校勘記》成於眾手，再加上校對者的粗心；又由於每個校勘者的標準不同而使校勘成果各異。雖然孫氏糾正阮《記》不少應出校而未出校的條文；近人加藤虎之亮亦撰《周禮經注疏音義校勘記》補正了阮《記》更多的闕失，他們的目的都是要恢復古書的原貌，而非否定阮元的學術成就。除此之外，孫氏對賈公彥《疏》文亦多所補正，可知孫氏校勘，不僅校文字之是非，還想恢復賈《疏》之原貌，這是孫氏校勘《周禮》的第二個貢獻。

歷來學者研究經學，多以阮元《十三經注疏附校勘記》本爲根據，孫氏《十三經注疏校記》的出現，不僅爲經學研究者提供一個較好的《十三經注疏》本子，也完成許多想重新修正《十三經注疏附校勘記》的經學家的心願。這是孫氏校勘《周禮》的第三個貢獻。

第五章　輯佚之作——《周禮三家佚注》

　　輯佚，不是將古代文獻的遺文簡單地迻抄在一起，需要作仔細的校勘，謹慎的考辨，精當的注釋。它是集版本學、目錄學、校勘學、傳注學、辨偽學、編纂學、史源學、歷史學等多種學科知識、能力的綜合運用過程。〔註1〕清代是輯佚工作盛行的時期。以經學而言，由於學者傾心於漢學家的治經，而漢儒的傳注大多亡佚，因此，學者首先從搜集漢代久佚的古經義開始，形成一股輯佚的力量。

　　梁啓超在《中國近三百年學術史》中說：

　　　　輯佚之舉，本起於漢學家之治經。惠定宇不喜王、韓《易》注而從
　　　　事漢《易》，於是有《易漢學》八卷之作。從唐李鼎祚《周易集解》
　　　　中刺取孟、京、干、鄭、荀、虞諸家舊注分家疏解，後又擴充爲《九
　　　　經古義》十六卷，將諸經漢人佚注益加網羅。惠氏弟子余仲林蕭客
　　　　用其師法，輯《古經解鉤沉》三十卷，所收益富。此實輯佚之嚆矢，
　　　　然未嘗別標所輯原書名，體例仍近自著。〔註2〕

由於輯佚工作的日漸盛行，此時期也出現了以輯佚爲主的學者，如余蕭客、王謨、馬國翰、黃奭、王仁俊等人，多輯漢、魏、六朝、唐的經說，爲後代學者呈現這些時期的經說原貌，他們並以輯佚成就而聞名於後世。而古經注的輯佚工作，最大的意義在於有助於古籍文獻的整理。

〔註 1〕　曹書杰撰：《中國古籍輯佚學論稿》（長春：東北師範大學出版社，1998 年 9
　　　　月），頁 25。
〔註 2〕　梁啓超撰：〈清代學者整理舊學之總成績——校注古籍、辨偽書、輯佚書〉，
　　　　《中國近三百年學術史》（北京：東方出版社，1996 年 3 月），頁 320。

以輯《周禮》佚注的著作而言，孫詒讓的《周禮三家佚注》最晚成書，他輯《周禮》佚注的動機，和以上所舉輯佚家保存古籍的用意不同，而是作爲他所撰的《周禮正義》的輔助工作。

本章以孫氏《周禮三家佚注》爲題，探討孫詒讓在《周禮》輯佚上的成果。主要分爲四小節，首先說明賈、馬、干三家《周禮》注的價值；其次說明本書的撰作動機與體例，再以梁啓超在《中國近三百年學術史》中「鑑定輯佚書的標準」，對孫詒讓與前人所輯的三家注作比較；最後爲孫氏在《周禮正義》中對三家注佚文的運用，與孫氏輯《周禮》佚文的貢獻。

第一節 三家《周禮》注與其價值

孫詒讓《周禮三家佚注》中所指的「三家」，爲東漢的賈逵、馬融，與晉代的干寶。由於這三家距今年代久遠，除著作亡佚外，連可徵的生平資料亦不多，僅能根據史傳所述說明之。

一、賈逵《周官解詁》

賈逵（30～101）是東漢著名的經學家，字景伯，扶風平陵人（今陝西陝陽西北）。父親名徽，從劉歆受《左氏春秋》，兼習《國語》、《周官》，又受《古文尚書》於塗惲，學《毛詩》於謝曼卿，作《左氏條例》二十一篇。《後漢書》本傳說他悉傳父業，弱冠能誦《左氏傳》及《五經》本文，以大夏侯《尚書》教授，雖爲古學，亦兼通五家《穀梁》之說。漢章帝立，降意儒術，特好《古文尚書》、《左氏傳》，建初元年，詔賈逵入講北宮白虎觀、南宮雲臺。賈逵數爲帝言《古文尚書》與經傳《爾雅》詁訓相應，故詔令撰《歐陽、大小夏侯尚書古文同異》，逵集爲三卷，帝善之，復令撰齊、魯、韓《詩》與《毛詩》異同，並作《周官解詁》。〔註3〕賈逵除悉傳父業外，更從杜子春（西元前30～西元58）習《周禮》，賈公彥〈序周禮廢興〉引馬融《傳》云：

> 劉歆……弟子死喪，徒有里人河南緱氏杜子春尚在，永平之初，年
> 且九十，家於南山，能通其讀，頗識其說，鄭眾、賈逵往受業焉。
> 眾、逵洪雅博聞，又以經書記傳，相證明爲《解》，逵《解》行於世，

〔註3〕〔南朝宋〕范曄撰：《後漢書》（臺北：鼎文書局，1987年1月）卷36，頁1234
～1241。

眾《解》不行。〔註4〕

陸德明《經典釋文》云：

> 王莽時，劉歆為國師，始建立《周官經》，以為《周禮》。河南緱氏
> 杜子春受業於歆，還家以教門徒，好學之士鄭興父子等多往師之。
> 賈景伯亦作《周禮解詁》。〔註5〕

〈序周禮廢興〉又引鄭玄〈序〉云：

> 世祖以來，通人達士大中大夫鄭少贛，名興，及子大司農仲師，名
> 眾，故議郎衛次仲、侍中賈君景伯、南郡太守馬季長，皆作《周禮
> 解詁》。（頁8）

杜子春從劉歆學《周禮》，是否著書立說，因《後漢書》無傳，其生平著作資料有限，很難斷定，《隋書·經籍志》也未著錄其書。胡玉縉〈周禮杜氏注跋〉根據鄭玄〈序〉中獨舉鄭興父子、賈逵、馬融，而不及子春；〈射人〉注載鄭眾駁子春說，推測鄭《注》中所述杜義，僅僅是從鄭眾、賈逵的書中轉錄，杜子春既未有成書，鄭玄亦未見稿本。〔註6〕如果胡氏的推測可信，鄭眾、賈逵等人的《周官解詁》，則有可能是目前所見最早為《周禮》作注的書。而《後漢書·賈逵傳》說「鄭、賈之學，行乎數百年中，遂為諸儒宗」（頁1241）可見賈逵的學說在當時具有相當的影響力，他的《周官解詁》在《周禮》學史上，也應有一定的價值。

二、馬融《周官傳》

馬融（79～166），字季長，扶風茂陵人（今陝西興平東北），博通經籍。《後漢書》本傳說他才高博洽，為世通儒，教養諸生，常有千數。〔註7〕盧植、鄭玄都是他的學生。著有《三傳異同說》，注有《孝經》、《論語》、《詩》、《易》、《三禮》、《尚書》等書。《釋文·序錄》、《隋志》並載馬融注《周禮》十二卷，兩《唐志》題作《周官傳》，亦為十二卷。〈序周禮廢興〉引馬融《周官傳》云：

〔註4〕　〔唐〕賈公彥撰：〈序周禮廢興〉，《重栞宋本周禮注疏附校勘記》（臺北：藝文印書館，1989年，據嘉慶二十年江西南昌府學本影印），頁9～11。

〔註5〕　〔唐〕陸德明撰，吳承仕疏證：《經典釋文序錄疏證》（臺北：崧高書社，1985年4月），頁100。

〔註6〕　〔清〕胡玉縉撰：《許廎學林》（臺北：世界書局，1963年4月），頁280。

〔註7〕　《後漢書》，頁1972。

著《易》、《尚書》、《詩》、《禮》傳，皆記，惟唸前業未畢者唯《周官》，年六十有六，目瞑意倦，自力補之，謂之《周官傳》也。（頁8）

馬融注經的方式，據孔穎達《毛詩正義》說：

漢初爲傳訓者，皆與經別行，《三傳》之文，不與經連，故石經書《公羊》皆無經文。……毛爲詁訓，亦與經別也。及馬融爲《周禮》之註，乃云欲省學者兩讀，故具載本文。〔註8〕

馬國翰引章如愚《山堂考索前集》亦記載：

欲省學者兩讀，故具載本文，而就經爲注。〔註9〕

馬融採用「就經爲注」的方式，減少讀者閱讀上的不方便。原來漢儒的經學著述，大抵是將經文和傳文分開的，張西堂認爲「大概經傳併合，以魏晉人所爲居多，因此如果說三國六朝經學的發展，始經傳的篇籍漸漸由分而合，這大概是可以成立的」。〔註10〕魏晉南北朝之後，經傳合併的情形才成爲一股趨勢，在此之前的兩漢，學者或偶一爲之，如此看來，馬融的注經方式實是魏晉學者的先驅，吳承仕云：「自馬氏開始，後儒因之，遂無經傳別行之本矣。」〔註11〕

馬國翰在〈玉函山房輯佚書·序〉中指出馬融的說法常常不被他的學生鄭玄所採用，而孫詒讓在《周禮正義》「鄭氏注」下云：

鄭又別傳馬氏之學，群書援引馬《傳》佚文，與鄭義往往符合，而今《注》內絕無楬著馬說者，蓋漢人最重家法，凡稱述師說，不嫌蹈襲，故不復別白也。（頁8）

馬、孫二人的說法剛好相反，胡玉縉則認爲此二人「實各舉其一偏」〔註12〕，根據他比對的結果，認爲鄭玄對馬融的注文，有符合者，亦有不取者，但這樣並不表示馬融的說法不正確，胡氏以爲「融自有此不爲苟同之弟子，而融

〔註8〕〔漢〕毛亨傳，鄭玄箋，〔唐〕孔穎達正義：《重栞宋本毛詩注疏附校勘記》（臺北：藝文印書館，1989年，據嘉慶二十年江西南昌府學本影印），卷1之1，頁3左。

〔註9〕〔清〕馬國翰輯：《玉函山房輯佚書》（臺北：文海出版社，1967年6月），頁738。

〔註10〕張西堂撰：〈三國六朝經學上的幾個問題〉，第9輯，《經學研究論叢》（臺北：臺灣學生書局，2001年1月），頁16。

〔註11〕《經典釋文序錄疏證》，頁108。

〔註12〕《許廎學林》，卷12，頁283。

益尊矣」。（頁 284）馬融曾爲群經作注，門徒千數，他的說法在當時勢必影響許多士人；他又身爲鄭玄的老師，不論鄭玄對其《注》取捨如何，馬融都有一定的地位。

三、干寶《周官注》

《隋志》著錄干寶（？～336）注《周官禮》十二卷，《晉書》本傳稱寶字令升，新蔡人（今河南新蔡）。少勤學，博覽書記，以才器召爲著作郎，遷散騎常侍。他雖以編撰《搜神記》名顯於後世，實際上他並著有《晉紀》，又作《春秋左氏義外傳》，並注《周易》、《周官》數十篇。

干寶對《周禮》敘官的編排方式，據《經典釋文》：「〈宮正〉此以下，鄭摠列六十職序，干《注》則各於其職前列之。」〔註 13〕《周禮》六官，每一官約有六十官職，鄭玄將六十官職職序部分放在每一官的最前面，目前我們通用的本子即是；而干寶則是將職序一一割裂開來，放入各個官職的前面。如：

　　宮正，上士二人，中士四人，下士八人，府二人，史四人，胥四人，徒四十人。

　　宮正，掌王官之戒令糾禁，以時比宮中之官府次舍之眾寡，爲之版以待，夕擊柝而比之。……

臧琳《經義雜記·周禮干寶注本》云：

　　《周禮音義》上云：「〈宮正〉此以下鄭摠列六十職序，干《注》則各於其職前列之。」案：鄭康成於每一官之前摠列六十職序，當是古本如此，鄭仍之而不敢改易。干氏於各職之前列之，蓋亦如〈詩三百篇序〉別爲一卷，毛公冠於每篇之前；〈書百篇序〉馬、鄭、王爲一卷，僞孔移於每篇之首，皆變亂舊章，非其本眞也。〔註 14〕

臧琳認爲鄭玄是依循古本，而干寶則是變亂舊章。臧琳說「當是古本如此」，實際情形則不得而知。胡玉縉認爲馬融《周官傳》爲了省學者兩讀之不便，就經爲注，其後的學者皆承襲此法；干寶移於各職前，他的目的「亦所以省便學者也」。〔註 15〕臧琳對干寶「頗致不滿」，「變亂舊章」的指責未免過重了。

〔註 13〕《重栞宋本周禮注疏附校勘記》，卷 1，頁 7 左。
〔註 14〕〔清〕臧琳撰：《經義雜記》（臺北：鐘鼎文化出版公司，1967 年 6 月），卷 20，頁 649。
〔註 15〕《許廎學林》，卷 12，頁 288。

四、三家《注》的價值

（一）多存古訓

三家《注》最大的價值，其實就如孫詒讓所說——「多存古訓」。〔註16〕從劉歆授業杜子春，杜子春再授業賈逵、鄭興、鄭眾等人，他們已形成一個研究《周禮》的學術團體，我們不僅能從賈逵的注文中窺見賈逵對《周禮》的理解，也可以略窺他的老師以及同門師兄弟、時人的一些看法，這些資料對我們來說，都是無法親身去體驗的，唯有仰賴這些古注保存古訓。如〈天官‧玉府〉「掌王之燕衣服、衽、席、牀、第，凡褻器」，鄭玄《注》云：

> 鄭司農云：「褻器，清器，虎子之屬。」

但是什麼是「清器」，什麼又是「虎子之屬」呢？賈逵解《周官》云：

> 椷，虎子也；窬，行清也。〔註17〕

經文無「椷窬」之文，孫詒讓認為鄭司農的解釋是本賈逵說，因此繫於此經文下。賈逵以「椷」、「窬」解釋「褻器」，雖然如今無法理解何義，但漢代的人就明白賈逵的意思，《史記‧萬石君傳》云：

> （石健）取親中裙廁牏。〔註18〕

裴駰《集解》云：

> 呂靜云：「椷窬，褻器也。音威豆。」駰案：蘇林曰「牏音投。賈逵解《周官》，椷，虎子也。窬，行清也。」孟康曰：「廁，行清。窬，行清中受糞函也。東南人謂鑿木空中如曹謂之窬。」（頁2766）

鄭司農所說的「清器」，指的是「行清」，即今謂之「便桶」也。孫詒讓云：

> 蓋漢時名廁為清，故謂受糞之器為清器。清器即行清，謂以木為函可移徙者，通謂之廁，與〈宮人〉之匽為地廁別。虎子，盛溺器，亦漢時俗語。《後漢書‧獻帝紀》李《注》引《漢官儀》云：「侍中分掌乘輿服物，下至褻器虎子之屬。」《西京襍記》云：「漢朝以玉為虎子，以為便器，使侍中執之行幸以從。」是也。《說文‧木部》

〔註16〕〔清〕孫詒讓撰，王文錦、陳玉霞點校：《周禮正義》（北京：中華書局，2000年3月），頁4。

〔註17〕〔清〕孫詒讓輯：《周禮三家佚注》（北京：北京出版社，2000年1月，《四庫未收書輯刊》第4輯第5冊影清光緒20年刻本），頁6左。

〔註18〕〔漢〕司馬遷撰，〔劉宋〕裴駰集解，〔唐〕司馬貞索隱，張守節正義，〔日〕瀧川龜太郎考證：《史記會注考證》（臺北：大申書局，1980年3月），卷103，萬石張叔列傳第四十三，頁2765。

云：「械，械窬，褻器也。」與賈、鄭義同。（頁 461）

漢時稱廁所為「清」，意指廁所異於其餘場所，為至穢之處，應當常加清洗。受糞之器稱為「清器」，亦稱「行清」，「行」取其可以方便移動之意，與挖個溝或坑，固定當成廁所的用意不同。「虎子」亦為漢時「溺器」的俗語，因做成伏虎的形狀而稱之。不論是行清或是虎子，都是為了避免談到污穢物的雅稱。因此，賈逵的解說不但讓人理解「褻器」之意，還保留了漢時名物的俗語，有助後人研究漢代語詞。

又如〈醢人〉「茆菹」，鄭玄《注》云：

茆，鳧葵也。凡菹醢皆以氣味相成，其狀未聞。〔註19〕

干寶《注》云：

茆，今之鼺蹻草，堪為菹，江東有之。〔註20〕

〈魯頌‧泮水〉《釋文》云：

何承天云：「此菜出東海，堪為菹醬也。」鄭小同云：「江南人名之蓴菜，生陂澤中。」《草木疏》同。又云：「或名水葵。」一云：「今之浮菜即豬蓴也。」……解者不同，未詳其正。沈（重）以小同及《草木疏》所說為得。〔註21〕

則鄭小同、陸璣、沈重都認為鄭玄所說的「茆，鳧葵也」即「蓴菜」。菹，醃菜。茆菹，醃的蓴菜。而干寶所說的「鼺蹻草」，很可能是晉時新蔡地方蓴菜的別名。

（二）兼存眾說

歷代《周禮》注解在漢鄭玄、唐賈公彥手上都經過整合，對研究《周禮》而言，利弊參半。鄭玄能不分古今學派，兼採眾家，熔於一爐，固然是利；但鄭玄的判斷不可能全部無誤，採擇諸家標準不一，此則為弊。若能將當時注解《周禮》的著作保存下來，以供後代研究、斷是非，則更有利於學術。馬國翰云：「融說往往為鄭君所不取。」但馬融的解釋不一定有誤，如〈挈壺氏〉「凡喪，縣壺以代哭者。皆以水火守之，分以日夜」，馬融《注》云：

漏凡百刻，春秋分晝夜各五十刻，冬至晝則四十刻，夜則六十刻；

〔註19〕《重槧宋本周禮注疏附校勘記》，卷6，頁 1 右。

〔註20〕《周禮三家佚注》，頁 5 左。

〔註21〕《重槧宋本毛詩注疏附校勘記》，卷20之1，頁 15 右。

夏至畫六十刻，夜四十刻。〔註22〕

鄭玄《注》云：

> 分以日夜者，異畫夜漏也。漏之箭，畫夜共百刻，冬夏之間有長短
> 焉。（卷30，頁15右）

賈公彥《疏》云：

> 若冬至則畫短夜長，夏至則畫長夜短，二分則畫夜等。畫夜長短不
> 同，須分之，故云異畫夜漏也。（卷30，頁16右）

古代以懸壺滴漏法記時，懸一漏壺，壺下設一槃以承接壺中所漏之水，槃中
有刻度，依器中水所沒刻度以記時，一畫夜共百刻。鄭玄所說的「箭」，即標
記時刻之物。夏至畫長夜短，冬至畫短夜長，春秋二分則畫夜相等，因此挈
壺氏負責區分畫漏和夜漏的長短。「畫夜共百刻」，馬融與鄭玄的說法相同，
不過賈《疏》云：

> 鄭注〈堯典〉云：「日中者，日見之漏與不見者齊；日長者，日見之
> 漏五十五刻，於四時最長也。夜中者，日不見之漏與見者齊；日短
> 者，日見之漏四十五刻，於四時最短。」此與馬異義。（卷30，頁
> 16右）

則鄭玄認為夏至畫五十五刻，冬至畫四十五刻，與馬融夏至畫六十刻，冬至
畫四十刻不同。《尚書・堯典》孔穎達《正義》云：

> 融之此言據日出見為說。天之畫夜以日出入為分，人之畫夜以昏明
> 為限。日未出前二刻半為明，日入後二刻半為昏。損夜五刻以裨於
> 畫，則畫多於夜，復校五刻。古今曆數與太史所候皆云夏至之畫六
> 十五刻，夜三十五刻；冬至之畫四十五刻，夜五十五刻；春分秋分
> 之畫五十五刻，夜四十五刻，此其不易之法也。從春分至於夏至，
> 畫漸長，增九刻半；夏至至於秋分，所減亦如之。從秋分至於冬至，
> 畫漸短，減十刻半；從冬至至於春分，其增亦如之。又於每氣之間
> 增減刻數，有多有少，不可通而為率。漢初未能審知，率九日增減
> 一刻，和帝時，待詔霍融使請改之。〔註23〕

孔《正義》說「天之畫夜以日出入為分，人之畫夜以昏明為限」，眼睛對太陽

〔註22〕 《周禮三家佚注》，頁15右。

〔註23〕 〔漢〕孔安國傳，〔唐〕孔穎達正義：《重栞宋本尚書注疏附校勘記》（臺北：
藝文印書館，1989年，據嘉慶二十年江西南昌府學本影印），卷2，頁15右。

的升起與落下有視覺上的誤差，所認爲的白天與黑夜，會比日出、日落的時間爲晚，因此刻數要有所損益。日出後二刻半，視覺才感受到天亮；視覺感受到天黑，二刻半後才是眞正的日落，這五刻原本算黑夜，因此要將這五刻還給白晝。所以才會有「損夜五刻以裨於晝」之語。根據日出入爲分「古今歷數與太史所候」則如下情況：

	增九刻半		減九刻半		減十刻半		增十刻半	
春分	──────→	夏至	──────→	秋分	──────→	冬至	──────→	春分
55 刻		65 刻		55 刻		45 刻		

在漢初，對於晝夜節氣的變化還未清晰，以爲晝夜變化的規律是固定的，因此定下每九日增減一刻的標準，以致天時與漏刻有誤差。直到和帝待詔霍融才上言改之：

> 永元十四年，待詔太史霍融上言：「官漏刻率九日增減一刻，不與天相應，或時差至二刻半，不如夏曆密。」詔書下太常，令史官與融以儀校天，課度遠近。〔註24〕

鄭玄注《尙書緯・考靈曜》時，仍不知「九日增減一刻」有誤差，他的計算方法即據此。王肅難鄭云：

> 知日見之漏，減晝漏五刻，不意馬融爲傳已減之矣。因馬融所減而又減之，故日長爲五十五刻。因以冬至反之，取其夏至夜刻，以爲冬至晝短，此其所以誤耳。（《尙書正義》，卷2，頁 15 左）

馬融根據的是「日見之漏」，即日出見爲說。馬融在注《周禮》時，已將「日未出二刻半」與「日已入二刻半」減去，因此夏至晝六十刻，夜四十刻，冬至反之。鄭玄不知馬融已減，故又減五刻，以爲夏至晝五十五刻。孫詒讓則認爲馬融「以日出見爲分」的方法比「以日出入爲分」無爭議：

> 大抵諸家所說刻數所以不同者，並以日入之後，日出之前，損夜裨晝，任情增減，本無定率，遂滋差互。今欲嚴定界域，用袪繁惑，則馬氏據日出見之說，庶得厥中矣。〔註25〕

以漏刻來測量時間，原本是一件可規範的事，未料解讀者根據不同，致使刻

〔註24〕〔南朝宋〕范曄撰：〈永元論曆〉，《後漢書》，律曆志中，頁 3032。
〔註25〕《周禮正義》，卷58，頁 2420。

數有多有少。鄭玄為誤，馬融為是，代表的是若能兼存各家說法，當後人以科學的方法分析，其價值也就自然呈現。

（三）保留風俗

除了多存古訓外，不論是賈逵、馬融和干寶，他們的時代離現在都非常遙遠，他們生活的真面貌如何，可供參考的資料已存不多，所幸干寶等人在注解中，喜以後代事物比況，黃壽祺〈周官禮注·提要〉說：「尋其遺注，音釋而外，亦時時以後代官職譬況。如釋『司門』云：如今校尉；『每門下士二人』云，如今門候；釋『大僕』云，若漢侍中；……每以漢法比況，干氏蓋師其意，今仍可藉以攷見當時官制之一二。」〔註26〕以漢法、晉俗來解釋經書，雖然難免失之偏頗，但以今日的角度而言，也因此保留了漢、晉時期的風俗與法制。如〈籩人〉「羞籩之實，糗餌、粉餈」，干寶《注》云：

> 糗餌者，豆末屑米而烝之，以棗豆之味，即今餌餻也。〔註27〕

孫詒讓曰：

> 案：干說蓋為搗豆為末，以粉米屑之上，合烝之，又加以棗使味美也。干說以糗為豆末，餌為屑米烝之，並與後鄭同。其用棗者，以助餌之甘，蓋據晉時作烝餅法。〔註28〕

又云：

> 餌餻者，《玉篇·食部》云：「蜀人呼蒸餅為餻。」（頁393）

「糗餌」即「餌餻」，餌、餻皆指糕餅，是混合豆末與米屑蒸成的一種糕餅，上面加些棗子，以增加甘甜的美味。說明干寶以晉時做蒸餅的方法來解釋「糗餌」的經義。

再者，因為他們所處的年代去古未遠，許多制度的解釋較能切合《周禮》本身，《周禮正義·略例十二凡》說：「晉宋而降，去古彌遠，政法滋更；北周、李唐，建官頒典，雖復依仿六職，而揆之《禮經》，多不相應。故此《疏》於魏晉以後儀制，概不援證。」（頁6）代表孫詒讓對漢、魏晉古注的重視。賈、馬、干三家的注文雖已亡佚，幸賴輯佚家從古注類書中一點一滴輯錄出

〔註26〕 倫明等撰，中國科學院圖書館整理：《續修四庫全書總目提要》（北京：中華書局，1993年7月），上冊，頁460。

〔註27〕 《周禮三家佚注》，頁5左。

〔註28〕 〔清〕孫詒讓撰：〈天官·籩人〉，《周禮正義》（北京：中華書局，2000年3月），冊2，卷10，頁392～393。

來，我們今天才能看到他們注文的大概面貌，也才能運用這些注文作相關的研究。

第二節　《周禮三家佚注》與清人所輯三家注

一、《周禮三家佚注》

　　孫延釗《孫徵君籀頒公年譜》云：「光緒二十年（1894）甲午夏十月輯賈逵、馬融、干寶《周禮》遺說，成《周禮三家佚注》一卷。」〔註29〕朱芳圃《清孫仲容先生詒讓年譜》亦同，並說「此書爲《周禮正義》附錄之一」。〔註30〕今本《正義》無此附錄者，已將各條散入《正義》中，單行本收入《四庫未收書輯刊》中。本書無序言，兩《年譜》中亦未載其撰作動機，不過《周禮正義·略例十二凡》云：

> 此經舊義，最古者則《五經異義》所引古《周禮》說，或出杜、鄭
> 之前。次則賈逵、馬融、干寶三家佚詁，亦多存古訓。無論與鄭異
> 同，並爲擷拾。〔註31〕

除了許慎的《五經異義》，應屬賈、馬、干三家的《周禮》注保存古訓最多，孫氏可能在比對引用前人所輯此三家注的過程中，發現各家詳略不同，又有許多條注文是前人所未輯的，爲了便於《周禮正義》的成書，省去翻檢上的困難，因而撰成此書。

　　《周禮三家佚注》一卷，其中所指的「三家」，爲東漢的賈逵、馬融，晉朝的干寶而言。孫氏仿汪遠孫《國語三君注輯存》的體例，依經文爲次，而以「賈曰」、「馬曰」、「干曰」爲別。所輯佚文皆詳明出處，間附案語，大抵都爲考訂文字，而不論三家注的得失，如：

> 〈春官·大宗伯〉「以檜禮哀圍敗」：
>
> 賈疏云此經本不定，若馬融以爲「國敗」，正本多作「圍敗」。案：
> 據賈說疑唐時鄭《注》本亦有作「國敗」者，賈〈大行人·疏〉及

〔註29〕孫延釗編述：《孫徵君籀頒公年譜》（一），稿本，頁140。
〔註30〕朱芳圃：《清孫仲容先生詒讓年譜》（臺北：臺灣商務印書館，1980年6月），頁66。
〔註31〕〔清〕孫詒讓撰，王文錦、陳玉霞點校：《周禮正義》（北京：中華書局，2000年3月），頁4。

孟蜀石經〈小行人・注〉引此經，並作「國敗」可證。（頁 98）

孫詒讓在《周禮正義》中認為國敗猶《左傳》哀公十三年傳云「國勝」，蓋據國為敵所勝言之則曰「國勝」，據國見敗於敵言之則曰「國敗」，義實同也。

不過孫氏不是盲目的從眾書輯錄注文，而不加考證注文的來源，如〈地官司徒・鼓人〉「以金錞合鼓」：

> 干曰：去地一尺，灌之以水，又以其器盛水於下，以芒當心跪注，以手震芒，其聲如雷。

> 董逌《廣川書跋》卷二。案：干《注》北宋時已佚，非董氏所得見。考《南史・始興王鑑傳》云：時有廣漢什邡人段祖以淳于獻鑑，古禮器也。……灌之以水，又以器盛水於下，以芒莖當心，跪注淳于，以手振芒，則聲如雷。……又《後周書・斛律徵傳》云：樂有錞于者，近代絕無此器，或有自蜀得之，皆莫之識，徵見之曰：「此錞于也。」眾弗之信，徵遂依《周禮》干寶《注》以芒筒扮之，其聲極振，眾乃歎服。董氏疑即摭拾二史為之，非其元文。（頁 97）

此條孫氏認為北宋時干寶的《注》已經亡佚，董逌無法得見，懷疑是董氏轉引《宋書》、《周書》的資料，沒有明確的注名出處，讓讀者以為董逌親見干寶注文，這是孫氏從干寶注文的存佚年代來推斷佚文來源的可信度。

二、孫詒讓與清人所輯三家注成果比較

清代輯賈、馬、干三家《周禮》注的有余蕭客〔註 32〕《古經解鉤沈》、王謨〔註 33〕《漢魏遺書鈔》（輯有馬、干二家）、馬國翰〔註 34〕《玉函山房輯

〔註32〕 余蕭客，字仲林，一字古農，浙江吳縣人。年十五，通《五經》，性癖古籍，每聞異書，必徒步往借抄，故其家多善本。受業於惠棟門下，有感於漢唐諸儒經注多散佚，遂承其師法，輯成《古經解鉤沉》三十卷。

〔註33〕 王謨，字仁圃，一字汝糜，自號汝上老人，江西金谿人。父親為私塾先生，王謨自幼即隨父侍學，後拜浙江吳興沈瀾先生為師，研習漸有功底。得功名較晚，為官之前以教書為業，生活清苦。乾隆三十三年（1768）三十八歲中舉人，四十三年（1778）中進士，簽發為縣令。王謨專心學術，請改授學職，遂改選授建昌府學教授（今江西南城），四十五年到任，此時他已五十歲。自此至終老，皆以教學、著述為業，尤以蒐集整理古籍為嗜好，編輯成《增訂漢魏叢書》等書。乾隆四十五年，他到建昌府任教授，生活條件安定，並少俗務干擾，再加上學府藏書豐富，便開始增輯《漢魏叢書》，歷經十二年，於乾隆五十六年刊成《增訂漢魏叢書》。完成這項大工程後，又開始從事大規模輯佚工作，原本計劃將所輯四五百種佚書分為「經翼」、「別史」、「子餘」、「載籍」四類，漸次整理雕印，首先雕版的是《經翼鈔》，採取的方法是整理清稿

佚書》（三家皆有）、黃奭〔註35〕《漢學堂經解》（輯有馬、干二家）與王仁俊〔註36〕《玉函山房輯佚書續編》（輯有賈一家）。由於余蕭客《古經解鉤沈‧周禮》的體例與其他各家較不同，本節僅以王謨、馬國翰、黃奭所輯佚文與孫詒讓所輯列表作比較（另外王仁俊僅對賈逵《注》補一條注文，一併附上）。

　　這幾部書的成書年代如下，《漢魏遺書鈔》至嘉慶四年（1799）已基本雕刻完畢，不料一場大火，書版盡為灰燼，又籌措資金，重新雕刻，約至嘉慶十一、二年間雕畢印行。〔註37〕《玉函山房輯佚書》於道光二十九（1849）

〔註34〕一種便雕版一種，至嘉慶四年（1799）大致雕版完畢，不料一場大火將書板燒為灰燼，但他仍不灰心，復籌措資金，重新雕版，至嘉慶十一、二年間，終於雕版印行。但王謨此時已是七十六歲的老人，心力不支，其餘三類輯稿無法整理，因此今可見的《漢魏遺書鈔》所收輯佚書只有一○七種，且只有「經翼」一類，故又稱為《經翼鈔》，其他三類三、四百種輯稿始終沒能刊行，結果亡佚。

〔註34〕馬國翰，字詞溪，號竹吾，山東歷城南歡莊人。早年屢試不第，道光十一年（1831）三十八歲，方得中鄉試第三名舉人，次年為進士。其學問不足稱道，但平生為學頗勤奮，性嗜古籍，每見異書，手自抄錄，廉俸所入，悉以購書。以所輯《玉函山房輯佚書》聞名於世。

周予同注《經學歷史》：「按《玉函山房叢書》本名《玉函山房輯佚書》，輯集古代圖籍，分經、史、子三編及補編，……相傳此書為章宗源所輯，其稿本在孫星衍處，為歷城馬國翰所得，遂掩為己有。但楊守敬考校本書及章氏《隋書經籍志考證》，發見詳略體例互有不同，因謂：『《玉函》非壞竊章氏書，而迴來學者群聲附和，良由馬氏平日聲稱不廣，故有斯疑。』則此尚屬未決之疑案也。」頁367～368。

〔註35〕黃奭，字右原，江蘇甘泉人。其家為兩淮巨商，然無貴介氣，篤志向學。拜江藩（受業於余蕭客）門下，並與著名目錄學、校勘學家顧廣圻、經學家凌曙相交往。由於黃奭家資充足，藏書豐富，篤嗜漢學，承師訓托，專志從事輯佚之業凡十四年。平生輯刻古佚書凡分四類：屬經學者，名《漢學堂經解》；屬緯書者，名《通緯》；屬子史者，名《子史鉤沉》；屬鄭氏學者，名《通德堂經解》，又名《高密遺書》，總其名為《黃氏佚書考》，今傳本又作《漢學堂叢書》。

〔註36〕王仁俊，字捍鄭，一字感甓，江蘇吳縣人。光緒十八年（1892）進士，早年師從晚清國學大師俞樾，於學無所不通，尤長於考據，精於經、史、金石、文字之學。其輯佚之作有《玉函山房輯佚書續編》、《玉函山房輯佚書補編》、《經籍佚文》、《十三經漢注四十種輯佚書》、《小學鉤沉補》五部，皆未刊行。前四部稿本藏於上海圖書館，1989年上海古籍出版社影印出版，總名《玉函山房輯佚書續編三種》，《十三經漢注四十種輯佚書》附於書後，《小學鉤沉補》未印。

〔註37〕曹書杰撰：《中國古籍輯佚學論稿》（長春：東北師範大學出版社，1998年9月），頁152。

年春已有部分刻成，之後不斷輯刻，隨刊隨印樣，至馬國翰過世都未刻畢。因此生前並無定本，同治間，丁寶楨等人補其殘缺，方有定本。〔註 38〕《漢學堂經解》書成於咸豐年間，但旋遭太平軍攻佔揚州，書版散失，經後人整理或補刊本，於光緒年間印行。〔註 39〕《玉函山房輯佚書續編》於光緒二十年完成。因此以下所列表的順序依次爲王謨、馬國翰、黃奭、孫詒讓。輯賈逵佚《注》的有馬國翰、王仁俊與孫詒讓：

表 5-2-1　馬、王、孫輯賈逵佚注比較表

周 禮 經 文	賈　　逵　　注　　文			佚 文 出 處
	馬國翰輯	王仁俊 補　輯	孫詒讓輯	
【天官冢宰】 惟王建國	建國爲諸侯國。		同左	賈公彥疏引賈、馬之徒
玉府 凡褻器		威，虎子也 ，褻，行清 也。	槭，虎子也；籔， 行清也。	王：唐《玉篇》 孫：《史記・萬石君列傳》 裴駰《集解》
司裘 設其鵠	四尺曰正，正五 重鵠在其內而方 二尺。		同左	馬：陳祥道《禮書》卷一 百五 孫：《詩・小雅・賓之初 筵》正義
【地官司徒】 鄉老二鄉則公 一人鄉大夫每 鄉卿一人	六鄉大夫則冢宰 以下。		同左 六鄉之地在遠郊五 十里內，五十里外 置六遂。	賈公彥〈周禮廢興〉引馬 《傳》敘 賈《疏》約賈義，非其元 文
遂人			六遂爲十五萬家綏 千里之地	賈《疏》〈周禮廢興〉引 馬《傳》敘
鼓人 以晉鼓鼓金奏			晉鼓大而短	〈考工記・韗人〉鄭《注》
【春官宗伯】 守祧 奄八人	奄卿也。			賈《疏》引賈、馬
世婦 每宮卿二人			奄卿也。	賈《疏》

〔註 38〕 同上注，頁 160～161。
〔註 39〕 〔清〕王鑒撰：〈黃氏佚書考序〉（臺北：商務印書館，《原刻景印叢書精華・ 輯佚類》本，1971 年），頁 1。

－162－

大宗伯 春見日朝夏見日宗秋見日覲冬見日遇	一方四分之或朝春或覲秋或宗夏或遇冬，藩屏之臣不可虛方俱行，故分趣四時，助祭也。		同左。	《毛詩·大雅·韓奕·正義》
小宗伯 兆五帝於四郊	東郊木帝太皞八里，南郊火帝炎帝七里，西郊金帝少皞九里，北郊水帝顓頊六里，中兆黃帝之位，并南郊之季，故云兆五帝於四郊也。		東郊木帝太昊八里，南郊火帝炎帝七里，西郊金帝少皞九里，北郊水帝顓頊六里，中兆黃帝之位，并南郊之季，故云兆五帝於四郊也。	《魏書》五十五〈劉芳傳〉、《北史》四十二〈劉芳傳〉
大司樂 凡樂圜鍾爲宮	圜鍾，夾鍾也。		同左	《隋書》十五〈音樂志〉引賈逵、鄭玄
孤竹之管	管如篍六孔。		如篍六孔。	《爾雅·釋樂》郭璞《注》
巾車 一曰玉路錫樊纓十有再就	鏒纓馬飾在膺前十有二帀，以毛牛尾金塗十二重		鏒纓馬飾在膺前十有二帀，以旄牛尾金塗十二重	賈《疏》引賈、馬
木路前樊鵠纓	前纓有結		同左	賈《疏》
駹車藡蔽然敝髤髹飾	然，獸名也。		同左	賈《疏》
【夏官司馬】 司勳 掌六鄉之掌地	六鄉之地在遠郊五十里內，五十里外置六遂。			賈《疏》引賈、馬
【考工記】 韗人 上三正	晉鼓大而短。			鄭玄《注》引賈侍中
玉人 棗栗十有二列	十二列比聘禮醴醴夾碑百甕十以爲列。		以此十二列比聘禮醴醴夾碑百甕十以爲列。	馬：賈《疏》引賈、馬 孫：賈《疏》約賈義，非其元文
梓人 以胃鳴者	靈蠵也。		同左。	《釋文》胸鳴，賈、馬作胃
張五采之侯	五采與上春一功爲一物。		以此五采與上春以功爲一物。	馬：賈《疏》引賈、馬 孫：賈《疏》約賈義，非其元文
匠人 九階	九等。		賈以爲九等階。	馬：賈《疏》引賈、馬 孫：賈《疏》約賈義，非其元文

輯馬融《注》文的有王謨、馬國翰、黃奭與孫詒讓：

表 5-2-2　王、馬、黃、孫輯馬融佚注比較表

周 禮 經 文	馬 融 注 文				佚 文 出 處
	王謨輯	馬國翰輯	黃奭輯	孫詒讓輯	
【天官冢宰】惟王建國	建諸侯之國	建國爲諸侯國	同王輯	同馬輯	王：《周禮·天官·疏》
乃立天官冢宰	冢，大也；宰，治也；大治者兼萬世之名也	同左	同左	同左	《尚書·周官》孔穎達《正義》
宮正 酂人中士二人下士四人府二人史四人胥三十人徒三百人		徒亦三百人者，池塞苑囿取魚處多故也。	同左	同左	賈《疏》
大宰 三曰禮典以和邦國以統百官	統，本也；百官是宗伯之事也	同左	同左	同左	《尚書·周官》孔穎達《正義》
以詰邦國		詰猶窮也，窮四方之姦也。			同上
六曰事典以富邦國以任百官以養萬民		事職掌百工器用耒耜弓車之屬。			《尚書正義》引作「以養萬民」
以八則治都鄙	距王城四百里至五百里謂之都鄙。鄙，邊邑也。以封王之子弟在畿內者	同左	同左	同左	《尚書·蔡仲之命·正義》
乃施則于都鄙而建其長立其兩	立卿兩人。	同左	同左	同左	《尚書·蔡仲之命·正義》 孫：《尚書·蔡仲之命·正義》云：馬鄭皆云立卿兩人，蓋約馬義，非其元文
小宰 六曰事職以	事職掌百工器用耒耜弓車之		同左	同左	《尚書·周官·正義》

富邦國以養萬民以生百物	屬也			
戲人 徒三百人	池塞苑囿取魚處多故也			賈《疏》
酒正 一曰泛齊		今之宜成會稽稻米清。	同左	賈《疏》
小祭壹貳		宗廟小祭謂祭殤。	同左	賈《疏》 孫：蓋約馬義，非其元文
司裘 王大射則共虎侯熊侯豹侯設其鵠		十尺曰侯，四尺曰鵠，二尺曰正，四寸曰質。		同左	《詩・小雅・賓之初筵・正義》引鄭眾、馬融，陳祥道《禮書》卷一百五
【地官司徒】 鄉老二鄉則公一人鄉大夫每鄉卿一人		六鄉之地在遠郊五十里內，外置六遂。		六鄉之地在遠郊五十里內，五十里外置六遂。	馬：賈《疏》引賈、馬 孫：賈《疏》約賈、馬義，非其元文
大司徒 廣輪之數	東西爲廣，南北爲輪。	東西曰廣，南北曰輪。	同王輯	同王輯	賈《疏》 孫：賈《疏》、《詩・大雅・篤公劉・正義》
日至之景尺有五寸謂之地中	地中，洛陽。	同左		同左	李淳風《周髀算經・注》 孫：蓋約馬《傳》義，非其元文
乃建王國焉	王國，東都王城，今河南縣	同左	同左	同左	《尚書・詔誥・正義》
鄉大夫 一曰和二曰和容三曰主皮四曰和頌五曰興武	和，志體和；和容，有容儀；主皮，能中質；和頌，合雅頌；武與舞同。		同左		《論語・疏》
封人 凡封國設其社稷之壝封其四疆		社稷在右，宗廟在左，或曰王者五社。大社在中門之外，惟松；東社八里，惟柏；西社九里			《後漢書・祭祀志》劉昭《注》

		，惟栗；南社七里，惟梓；北社六里，惟槐。			
師氏 掌以媺詔王	媺媺，道也。告王以善道，師者教人以事而諭諸德也。	媺媺道告王以善道。	同王輯	同王輯。	王：《通典》 馬：杜佑《通典》卷五十二 孫：《通典》卷五十三〈吉禮〉
以三德教國子	德行內外之稱在心，為德施之為行。	同左	同左	同左	同上
一曰至德以為道本	至德者，中德也。《中庸》記曰：天命之謂性，率性之謂道，失中庸則無以至道，故曰以為道本。	至德者，中德也。以至道天命之謂性，率性之謂道，失中庸則無以至道，故曰以為道本。	同馬輯	至德者，中德也。《中庸》曰：天命之謂性，率性之謂道，失中庸則無以至道，故曰以為道本。	同上
三曰孝德以知逆惡	教以孝德使知逆惡之不可為也。	同左	同左	同左	同上
二曰友行以尊賢良	教以朋友之行使擇益友也	教以朋友之行使擇益友	同王輯	同馬輯	同上
三曰順行以事師長	師德所不如也。長，老者。	同左	同左	同左	同上
保氏 掌諫王惡而養國子以道	道，六藝。	同左	同左	同左	《太平御覽》卷七百四十四〈工藝部〉
六曰九數	今有重差夕桀。	同左	同左	同左	王：賈《疏》 馬：賈《疏》、《禮記·少儀·正義》、王應麟《困學紀聞》卷四云：今有夕桀。
調人 掌司萬民之難	難，謂相與為仇也。	同左	同左	同左	《太平御覽》卷四百八十一〈人事部〉
媒氏 中春之月	〈地官·疏〉引王肅論云：自馬氏以來乃因《周官》而有二月。		同左		

【春官宗伯】 守祧 奄八人		奄卿也。		賈《疏》引賈、馬
世婦 每宮卿二人	奄卿也。		奄卿也。	同左	賈《疏》
大宗伯 以襘禮哀圍敗		國敗正本多作圍敗，謂其國見圍入而國被禍敗，喪失財物，則同盟之國會合財貨歸之，以更其所喪也。		賈疏云此經本不定，若馬融以爲國敗正本多作圍敗。	賈《疏》
春見日朝夏見日宗秋見日覲冬見日遇	在東方者朝春，在南方者宗夏，在西方者覲秋，在北方者遇冬。	同左	同左	同左	《毛詩・大雅・韓奕・正義》
五命賜則		則，地成國之名。王之下大夫四命，出封加一等。五命，賜之以方百里二百里之地者，方三百里以上爲成國。			賈《疏》
以玉作六瑞以等邦國王執鎮圭公執桓圭侯執信圭伯執躬圭子執穀璧男執蒲璧				瑞信鎮圭長尺有二寸，王者執以祀天地，桓圭九寸，信圭七寸，躬圭七寸，穀璧五寸，蒲璧柔滑。	《太平御覽》卷八百六〈珍寶部〉
小宗伯 左社稷右宗廟				社稷在右，宗廟在左，或曰王者五社，大社在中門之外，惟松；東社八里，惟柏；西社九里；惟栗；南社七里，惟梓；北社六里，惟槐。	《後漢書》卷九〈祭祀志〉下，劉《注》

小宗伯 兆五帝於四郊	郊大之祀，咸以夏正，五氣用事，有休有王，各以其時兆於方郊，四時合歲，功作相成，亦以此月總旅明堂。		郊天之祀，咸以夏正，五氣用事，有休有王，各以其時兆於方郊，四時合歲，功作相成，亦以此月總旅明堂。		《南齊書·禮志》
肆師 立小祀	宗廟小祀。		同左	宗廟小祀，殤與無後。	賈《疏》
鬱人 和鬱鬯	鬱，草名，如鬱金香草，合為鬯也。		同左		《禮記·郊特牲·疏》
司几筵 掌五几五席之名物	几，長三尺。	同左	同左	同左	賈《疏》 孫：蓋賈馬義，非其元文
筵國賓於牖前	國賓，二王後。	同左	同左	二王後。	《通典》卷七十四〈賓禮〉 孫：蓋賈馬義，非其元文
典瑞 王晉大圭執鎮圭繅藉五采五就以朝日	天子以春分朝日，秋分夕月。	同左	同左	同左	《南齊書·九禮志》
四圭有邸以祀天旅上帝				四圭相連皆外嚮共一邸，長尺二寸旅陳。	《太平御覽》卷八百六〈珍寶部〉
兩圭有邸以祀地旅四望				兩圭，五寸。	同上
裸圭有瓚以祀先王以裸賓客				灌鬯之圭尺二寸肆陳牲器以祭也	同上
土圭以致四時日月封國則以土地				土圭尺有五寸，以求地中，故謂土圭也。	同上
珍圭以徵守以恤凶荒				守邦國都鄙者。	同上
牙璋以起軍旅以治兵守				牙璋若今之銅虎符	同上
穀圭以和難以聘女				穀圭，七寸。穀，善。	同上

琬圭以治德以結好				琬圭，九寸。琬，順也。	同上
司服祀五帝亦如之	五帝謂大皥、炎帝、黃帝五人之帝屬。		同左		賈《疏》
大司樂凡樂圜鍾爲宮	圜鐘，應鐘也。	圜鍾，應鍾也。	應鐘也。	同馬輯。	《隋書》卷十五〈音樂志〉引馬融
世婦每宮卿二人	奄卿也。				賈《疏》
大卜一曰玉兆二曰瓦兆三曰原兆				謂其象似玉瓦原之璺罅是用名之焉。〔註40〕	司馬貞《史記高帝紀‧索隱》
大祝掌六祝之辭以事鬼神示祈福祥求永貞				神，天神；鬼，人鬼；祇，地祇也。	《太平御覽》卷五百二十九〈禮儀部〉
隋釁逆牲逆尸令鐘鼓右亦如之	血以塗鐘鼓。	同左	同左	同左	賈《疏》
大師宜於社造於祖	《爾雅》曰：起大事動大眾必先有事乎社。	《爾雅》曰：起大事動大眾必先有事于社。	同王輯	《爾雅》曰：起大事動大眾必先有事於社。	王：《御覽》馬：《太平御覽》卷五百四十二孫：《太平御覽》卷五百二十四〈禮儀部〉
設軍社類上帝				社者，社主也。類者，以事類告祀上帝。	同上
國將有事於四望				將，行也；四望，日月星辰也。	同上
及軍歸獻于社則前祝				獻于社主。	同上
喪祝掌勝國邑之社稷之祝號	所討國所封邑由立社稷。	同左	同左	同左	《太平御覽》卷五百三十二〈禮儀部〉

〔註40〕孫氏〈撫遺〉，故補入此處。見《周禮三家佚注》，頁 19 左。

馮相氏 掌十有二歲十有二月十有二辰十日二十有八星之位辨其敘事以會天位				位，大歲歲星與日月同次之月斗再建之辰。	李淳風《乙巳占三》
保章氏 以星土辨九州之地所封之域皆有分星以觀妖祥				星，土也。星所主也土地，傳曰：參主晉，商主大火也，辨別也，封界也，封域一國也，分星自斗十二度謂之星紀之次，吳越之分野之類也。	同上
巾車 玉路錫樊纓	盤纓馬飾在膺前十有二帀，以旄牛尾金塗十二重。	盤纓馬飾在膺前十有二帀，以毛牛尾金塗十二重。	同馬輯	同王輯	賈《疏》引賈、馬
木路前樊鵠纓	前樊結纓謂再重，樊纓在前，有結在後，往往結革以爲堅且飾節良。	前樊結纓謂再重，樊纓在前，有結在後，往往結革以爲堅且飾節良。以爲樊纓皆有采就則前與鵠亦可以爲飾。	同王輯	同馬輯	賈《疏》 孫：疑賈申釋馬義，非馬《傳》文。
重翟錫面朱總	重翟爲蓋，今之羽蓋是也。	同左	同左	同左	賈《疏》
翟車貝面組總有幄		幄，烏學反。		同左	《釋文》引干、馬
【夏官司馬】 司勳 掌六鄉賞地之法	六鄉之地在野郊五十里內，五十里外置六遂。	六鄉之地去遠郊五十里內，五十里外置六遂。	同王輯		賈公彥〈地官·遂人·疏〉引賈、馬
凡有功者，銘書于王之大常祭于大烝司勳詔之				烝，冬祭也；臣有功德者，則書其功于司馬，爲主祭之。	王涇《大唐郊祀錄》卷九

挈壺氏 分以日夜	漏凡百刻，春秋分晝夜各五十刻，冬至晝則四十刻，夜則六十刻；夏至晝六十刻，夜四十刻。	同左	同左	同左	賈《疏》
射人 九節五正	十尺曰侯，四尺曰鵠，二尺曰正，四寸曰質。		同左		《毛詩·小雅·疏》
司弓矢 矰矢茀矢	繳繫短矢謂之矰。矰，□也。	繳繫短矢謂之矰。	同馬輯	同馬輯	司馬貞《史記索隱》卷十五
職方氏 河內曰冀州	在東河之西，西河之東，南河之北。	同左	同左	同左	《爾雅·釋地·釋文》
【秋官司寇】 大司寇 以佐王刑邦國詰四方	詰，猶窮也。窮四方之姦也。		同左	同左	《尚書·周官·正義》
庭氏 掌射國中之夭鳥	國中夭鳥，梟、鵃惡聲之鳥也。	鵃鵃惡聲之鳥也。	夭鳥，梟鵃惡聲之鳥也。	同王輯	《太平御覽》卷三百四十七〈兵部〉
若不見其鳥獸	獸，虎狼嚘鳴也。	獸，虎狼嘷鳴也。	同王輯	同馬輯	同上
則以救日之弓與救月之矢射之	救日食則伐鼓北面，體大陰；救月食則伐鼓南面，體大陽，以此弓矢射之。		同左	救日食則伐鼓北面，射大陰；救月食則伐鼓南面，射大陽，以此弓矢射之。	同上
若神也則以大陰之弓與枉矢射之				枉，矢名也。	同上
大行人 其外方五百里謂之侯服	案馬氏之義，六服當面各四分之。	六服當面各四分之，假令侯服四分之，東方朝春，南方宗夏，西方覲秋，北方遇冬。南方侯服亦然，西方北方皆然，甸服以外皆然。是	同王輯	六服當面各四分之，假令侯服四分之，東方朝春，南方宗夏，西方覲秋，北方遇冬。南方侯服亦然，西方北方皆然，甸服以外皆然。	賈《疏》 孫：蓋曰馬義，非其原文。《毛詩·韓奕·正義》引〈大宗伯〉馬《注》，與此略同。

		以韓侯是北方諸侯，而言入覲，以其在北方，當方分之在西畔，故云覲。			
【考工記】		司空掌營城郭主，司空土以居民。		同左	《後漢書》卷二十四〈百官志〉劉《注》
築氏 爲削長尺博寸合六而成規	削，偃曲卻刃。	削，偃曲卻刃也。	同王輯	同馬輯	王、馬：賈《疏》、林希逸《考工記解》卷上
治氏 重三鋝	鋝，量名。當與呂刑鍰同。俗儒云：鋝，六兩爲一川，不知所出耳。		同左	同左	《尚書·呂刑·正義》
鮑人 則是以博爲㡇也	㡇，音淺。	同左	同左	同左	《釋文》引沈云
畫繢 山以章水以龍		獐，山獸。畫山者並畫獐。龍，水物，畫水者並畫龍。		同左	賈《疏》
玉人 棗㮚十有二列		十二列比聘禮醯醢夾碑百甕十以爲列。		同左	賈《疏》引賈、馬 孫：約賈、馬義，非其元文
梓人 以脰鳴者	脰，賈、馬作胃。	同左	同左	同左	《釋文》
梓人爲飲器 觚三升	觚當爲觶。		同左		《儀禮·燕禮·疏》
一獻而三酬則一豆矣	豆當爲斗。	豆當爲斗，一爵三觶相近。	同王輯	同王輯	賈《疏》、《禮記·禮器·正義》
張五采之侯		五采與上春一功爲一物		同左	賈《疏》引賈、馬 孫：約賈、馬義，非其元文
匠人 左祖右社	社稷在右，宗廟在左。	同左	同左		《後漢書·祭祀志·注》

九階		九等		同左	賈《疏》引賈、馬
敖不可長	長，直良反				《釋文‧禮記注》
月令	周公所作				同上，〈月令‧疏〉
昏參中	日未出，日沒後二刻半皆為昏，前後其五刻				同上，〈士昏禮‧疏〉
以迎春于東郊	迎春祭大皞及句芒				同上，〈月令‧疏〉
日夜分	晝有五十刻，夜有五十刻				同上
斷薄刑	立秋乃施鞭撲				〈書鈔〉
客使自下由路西	客使設之，則大路亦使設之也。				〈雜記‧上‧疏〉
中霤	七祀中之五門戶灶行中霤即句芒等五官之神，配食者。句芒食於木，祝融食於火，該食於金，修及哀冥食於水，句龍食於土。				《通典》

輯干寶《注》文的有馬國翰、黃奭、王謨與孫詒讓：

表 5-2-3　王、馬、黃、孫輯干寶佚注比較表

周　禮 經　文	干　　寶　　注　　文				佚　文 出　處
	王謨輯	馬國翰輯	黃奭輯	孫詒讓輯	
【天官冢宰】惟王建國	王天子之號三代所稱	同左	同左	同左	陸德明《經典釋文》
辨方正位		辨方謂別東西南北之名，以表陰陽也。正位，謂君南面當陽，臣北面即陰居，后於北宮以體太陰，居太子於東宮以位少陽之類。	同左		辨方謂別東西南北之名，以表陰陽也。正位，謂若君南面當陽，臣北面即陰居后北宮以體太陰，居太子於東宮以位少陽之類。	李昉《太平御覽》卷一百四十六〈皇親部〉

體國經野	體，謂形體。	體，形體。	同馬輯	同馬輯	《釋文》
乃立天官冢宰	濟其清濁，和其剛柔，而納之中和曰宰。	同左	同左	同左	《釋文》
治官之屬	凡言司者，總其領也；凡言師者，訓其徒也；凡言職者，主其業也；凡言衡者，平其政也；凡言掌者，主其事也；凡言氏者，世其官也；凡言人者，終其官也。不氏不人，權其材也。	凡言司者，總其領也；凡言師者，訓其徒也；凡言職者，主其業也；凡言衡者，平其政也；凡言掌者，主其事也；凡言氏者，世其官也；凡言人者，終其身也。不氏不人，權其材也，通權其材者，既云不世又不終身，隨其材而權暫用也。		同馬輯	《禮記·曲禮·下》孔穎達《正義》
大宰以佐王治邦國	國，天子諸侯所理，邦，疆國之境。	國，天子所理也，邦，疆國之境。	同王輯	同馬輯	《釋文》
以詰邦國	詰，彈正糾察也。	同左	彈正糾察也。	同王輯	同上
五曰賦貢以馭其用	賦上之所求于下，貢下之所納于上。	賦上之所求於下，貢下之所納於上。	同王輯	同馬輯	同上
幣餘之賦	幣，必世反。	幣，必世反。財也。	同王輯	同王輯	《釋文》馬：《集韻》去聲十三祭，幣字《注》引《周禮》干寶讀。
羞服之式	羞，飲食也；服，車服也。	羞，飲食也；服，車服也。服或作膳。	同王輯	同王輯	《釋文》
九曰藪以富得民	藪，宜作叟。	同左	藪，作叟。	同左	《釋文》
正月之吉		周正，建子之月；吉，朔日也。	同左	同左	《舊唐書》卷二十二〈禮儀志〉、王溥《唐會要》卷十二、

					李昉《文苑英華》卷七百六十二。
挾日而斂之	挾，干本作帀。帀，子合反，十日也。	同左	帀，子合反，十日也。	同左	《釋文》
設其參	參，三公也。	參，三分也。	三公也。	同王輯	《釋文》
前期十日	期如字。	前如字。	同王輯	同馬輯	《釋文》
及納亨	納亨，納牲將告殺，謂向祭之辰也。	同左	納牲將告殺，謂向祭之辰也。	納亨，納牲將告殺，謂向祭之晨也。	《後漢書》卷四〈禮儀志·上〉劉昭《注》
掌建邦之宮刑以治王宮之政令	宮如字，謂宮中之刑也。	宮如字。	同王輯	同王輯。若御史中丞。	《釋文》《後漢書》卷二十六〈百官志〉劉《注》
小事則專達	達，決也。	同左	同左	同左	《釋文》
凡失財用物辟名者以宮刑詔冢宰	辟名，不當也。	辟，不當也。	同王輯	不當也。	《釋文》
賓賜之飧牽	干本作「賓賜賞其飧牽」。	同左	同左	同左	《釋文》
膳夫以樂侑食膳夫授祭品	祭五行六陰之神，與民起居。	同左	祭五行六陰之神，與人起居。	同左	《釋文》
庖人掌共六畜六獸六禽辨其名物	六獸，麋、鹿、麕、狼、野豕、兔。六禽，鴈、鶉、雉、鳩、鴿、鷃。	六獸，麋、鹿、麕、狼、野豕、兔。六禽，鴈、鶉、雉、鳩、鴿、鷃。	六獸，麋、鹿、麕、狼、野豕、兔。六禽，雁、鶉、雉、鳩、鴿、鷃。	同馬輯	《釋文》
夏行腒鱐膳膏臊	臊，豕膏也。	膏臊，豕膏也。	同王輯	豕膏也。	《釋文》
秋行犢麛膳膏腥	腥，雞膏也。	膏腥，雞膏也。	同王輯	雞膏也。	《釋文》
內饔牛夜鳴則庮	庮，病也。	同左	同左	病也。	《釋文》
馬黑脊而般臂螻	螻，內病也。	螻，音漏，內病也。	內病也，音漏。	同馬輯	《釋文》、賈昌朝《群經音辨》卷五
甸師耕耨王藉	古之王者貴為天子，富有四海，而必私置藉田，蓋其義	古之王者貴為天子，富有四海，而必私置藉田，蓋其基	古之王者貴為天子，富有四海，而必私置藉田，蓋其義	古之王者貴為天子，富有四海，而必私置藉田，蓋其基	《後漢書》卷四，〈禮儀志·上〉劉《注》

	有三焉：一曰以奉宗廟親致其孝也；二曰以訓于百姓在勤，勤則不匱也；三曰聞之子孫躬知稼穡之艱難無違也。	有三焉：一曰以奉宗廟親致其孝也；二曰教訓于百姓在勤，勤則不匱也；三曰聞之子孫躬知稼穡之艱難無違也。	有三焉：一曰以奉宗廟親致其孝也；二曰以訓于百姓在勤，勤則不匱也；三曰聞之子孫躬之稼穡之艱難無違也。	有三焉：一曰以奉宗廟親致其孝也；二曰教訓于百姓在勤，勤則不匱也；三曰聞之子孫躬知稼穡之艱難無逸也。	
鼈人 掌取互物	互，對也。	同左	同左	同左	《釋文》
以時簎魚鼈龜蜃	蜃，蝤類。	同左	同左	同左	《釋文》
淩人 春始治鑑				鑑，金器，盛飲食物以置冰室，使不汝餕也。	杜臺卿《玉燭寶典》卷六
羞籩之實糗餌	糗餌者，豆末削末而蒸之，以棗豆之味，今餌餻也。	糗餌者，豆末屑米而蒸之，以棗豆之味，今餌餻也。方言餌謂之餻或謂之餈。	糗餌者，或屑而蒸之，與棗豆之味同食。	糗餌者，豆末屑米而烝之，以棗豆之味，今餌餻也。	《初學記·四歲時部》 黃：《事物紀原》
醢人 茆菹	茆菹，今之鳧蘺草，堪爲菹，江東有之。	同左	同左	同左	《毛詩·魯頌·釋文》引干寶
司會			凡言司者，總其領也；凡言師者，訓其徒也；凡言職者，主其業也；凡言衡者，平其政也；凡言掌者，主其是也；凡言氏者，世其官也；凡言人者，終其官也；不氏不人，權其材也。通權其材者，既云不世，又不終身，隨其材而權暫用也。		《禮記·疏》

內宰 而生穜稑之種	穜，晚秫稻之屬；稑，陵穀黍稷之屬也。	同左	同左	同左	《後漢書》卷四〈禮儀志‧上〉劉《注》
【地官司徒】 司門 下大夫二人上士四人中士八人下士十有六人	司門如今校尉，每門下士二人，如今門侯。	司門如今校尉，每門下士三人如今門侯。	同王輯	同王輯	《後漢書》卷二十七〈百官志〉劉《注》
鼓人 以金錞和鼓		去地一尺灌之以水，又以其器盛水於下，以芒當心跪注，以手震芒，其聲如雷。	同左	同左	董逌《廣川書跋》卷三
充人 展牲則告牲	展牲，若今夕牲。	同左	同左	同左	《後漢書》卷四〈禮儀志‧上〉劉《注》
保氏 六曰九數		今有重差夕桀，各為二篇。		今有夕桀各為二篇。	《禮記‧少儀‧正義》引馬融、干寶 孫：蓋曰二家義，非其元文。
掌節 山國用虎節土國用人節澤國用龍節皆金也	漢之銅虎符則其制也。	同左	同左	同左	《後漢書》卷二十六〈百官志〉劉《注》
以英蕩輔之	英，刻書也；蕩，竹箭也；刻而書其所使之事，以助三節之信，則漢之竹使符者亦取則于故事也。	英，刻書也；蕩，竹萌也；刻而書其所使之事，以助三節之信，則漢之竹使符者亦取則于故事也。	同王輯	同王輯	同上
槁人 掌共內外朝冗食者之食				禮司徒府中有百官朝會殿，天子與丞相決大事，是外朝之存者。	《後漢書》卷二十四〈百官志〉劉《注》
【春官宗伯】 大司樂	不言商，商為臣，上者自謂，故置其實而	不言商，商為臣，王者自謂，故著其實而	同馬輯	不言商，商為臣，王者自謂，故置其實而	《隋書》卷十五〈音樂志〉

凡樂圜鍾為宮黃鍾為角大蔟為徵姑洗為羽	去其名。若曰有天地人為物，無德以主之謙以自牧也。	去其名。若曰有天地人物，無德以主之，謙以自牧也。		去其名。若曰有天地人物，無德以主之，謙以自牧也。	
翟車貝面組總有幄		幄，烏學反。		同左	《釋文》
輦車組挽有翣羽蓋		對舉曰輦。	同左	同左	《後漢書》卷七〈祭祀志〉劉《注》
大祭祀鳴鈴以應雞人		和鸞皆以金為鈴。	同左		《後漢書》〈輿服志〉劉《注》
【夏官司馬】太僕	若漢侍中。	同左	同左	同左	《後漢書》卷二十六〈百官志〉劉《注》
司弓矢獻矢箙	箙，今謂之步叉。	同左	同左	同左	《後漢書》卷二十九〈輿服志〉劉《注》
大馭凡馭路儀以和鸞為節	鸞和皆以金為鈴。			和鸞皆以金為鈴。	同上
【秋官司寇】小司寇小司寇之職掌外朝之政	禮司徒府中有百官朝會殿，天子與丞相決大事，是外朝之存者。		同王輯		未著出處
條狼氏	今卒辟車之屬。	同左	同左	同左	同上
象胥	若晉鴻臚也。	若今鴻臚。	同馬輯	今鴻臚。	《後漢書》卷二十五〈百官志〉劉《注》黃：《通典》
朝士外朝之灋		禮司徒府中有百官朝會殿，天子與丞相決大事，是外朝之存者。			《後漢書》卷二十五〈百官志〉劉《注》
司寤氏以詔夜士	今都侯之屬。後漢各一人，主劍戟士徼循宮及天子有所收夜屬衛尉。	夜士，今都侯之屬。	夜士，今都侯之屬。後漢各一人，主劍戟士徼循宮及天子有所收夜屬衛尉。	今都侯之屬。	《後漢書》卷二十五〈百官志〉劉《注》、《通典》卷二十五〈職官〉

【考工記】 輈人 弧旌枉矢以 象弧也	枉矢，象妖星。	枉矢象妖星， 非其義也。枉 蓋應爲枉直， 謂枉矢於弧。	同馬輯	同馬輯	《後漢書》卷二 十九〈輿服志〉 劉《注》
鮑人 則是以博爲 帴也		帴與《周易》 戔戔之字同， 亦音素干反。	帴作殘。	同左	《釋文》
梓人 以脣鳴者	脣，干本作骨。 敝，屁屬也。	同左	同左	同左	《釋文》

　　以上各家所輯互有詳略，如何判定孰優孰劣？梁啓超在《中國近三百年學術史》中認爲鑒定輯佚書優劣的標準有四：

　　　（一）佚文出自何書，必須注明；數書同引，則舉其最先者。能確遵此
　　　　　　例者優，否者劣。

　　　（二）既輯一書，則必求備。所輯佚文多者優，少者劣。

　　　（三）既需求備，又需求眞。若貪多而誤認他書爲本書佚文則劣。

　　　（四）原書篇第有可整理者，極力整理，求還其書本來面目。雜亂排列
　　　　　　者劣。

　　此外更當視原書價值如何，若尋常一俚書或一僞書，搜輯雖備，亦無益費精神也。〔註41〕

　　關於原書的價值如何，此點本文已於第一節說明三家注對《周禮》的重要性，因此本節即根據以上幾個標準的內涵來對各家所輯三家注的成果，分別檢討。

（一）體例的完備

　　三家《注》佚文的敘次，孫詒讓的敘次方式爲：依照《周禮》天、地、春、夏、秋官、考工記的順序排列，首列經文，隔行低一格列注文，於注文下標明佚文的出處。黃奭與孫氏同。

　　馬國翰的體例雖與孫、黃二人相同，但偶有敘次未協，以馬融《注》而言，馬國翰〈秋官・司寇・庭氏〉「掌射國中之夭鳥」條就誤入〈夏官〉。

　　王謨則是先列經文，空一格列注文。不過所輯佚文的體例有些紊亂，不僅未標六官篇名，條目亂無次序，出處亦標示不清，時有時無。情況最嚴重

〔註41〕　〔清〕梁啓超撰：《中國近三百年學術史》（北京：東方出版社，1996 年 3 月），
　　　　　頁 330。

的應屬他所輯的干寶《注》。只有〈天官〉的佚文是按照順序排列，其餘五官順序則錯綜複雜，〈春官・大司樂〉「黃鍾爲宮」條置於〈考工記〉之後；〈地官〉所輯五條佚文「展牲則告牷」、「司門」、「每門下士二人」、「山國用虎節」、「以英蕩輔之」，前三條的順序應爲「司門」、「每門下士二人」、「展牲則告牷」；〈秋官〉所輯四條佚文「小司寇之執掌外朝之政」、「司寤氏」、「條狼氏」、「朱絲縈社」、「象胥」，「司寤氏」應置最後，「朱絲縈社」則非《周禮》經文；又誤將〈天官〉注文「凡言司者總其領也」置於〈考工記〉後，應予以調整。

可能會造成敍次混亂的原因，在於三家注的佚文是從各古注、類書中輯取出來，並無次序，因此各輯佚家對注文應置於那一條經文下有不同的看法，以賈《注》佚文而言，〈春官・注〉「奄，卿也」，孫詒讓以爲是〈世婦〉「每宮卿二人」的注文；而馬國翰以爲是〈守祧〉「奄八人」的注文；又如「晉鼓大而短」，此條從鄭玄注〈考工記・韗人〉「上三正」中輯出，但「晉鼓」一詞首先出現在〈地官・鼓人〉「以晉鼓鼓金奏」。孫詒讓置於〈鼓人〉條下，馬國翰此條佚文仍置於〈考工記・韗人〉，以孫氏爲是。

又以馬《注》佚文而言，「社稷在右，宗廟在左」條，孫詒讓以爲是〈春官・小宗伯〉「左社稷右宗廟」的注文；馬國翰以爲是〈地官・封人〉「凡封國設其社稷之壝封其四疆」的注文；王謨則以爲是〈考工記・匠人〉「左祖右社」的注文。

又以干《注》佚文而言，「禮司徒府中有百官朝會殿，天子與丞相決大事，是外朝之存者」條，孫詒讓以爲是〈地官・槀人〉「掌共內外朝冗食者之食」的注文；王謨以爲是〈秋官・小司寇〉「外朝之政」的注文，馬國翰以爲是〈秋官・朝士〉「外朝之灋」的注文。又如「凡言司者，總其領也」條，其他孫、王、馬皆以爲是〈天官・敍官〉「治官之屬」下的注文，僅有黃奭以爲是〈司會〉注文。

另外一個情形，爲《周禮》特有的現象，《周禮》每一官前都有敍官，敍官之後才是各官職的職掌，輯佚家有的將注文置於敍官下，有的將注文置於各官的職掌下，以一般注釋的體例而言，第一次出現的詞彙要先解釋，因此置於敍官下應是較恰當的。

以體例而言，孫詒讓較王謨、馬國翰、黃奭爲完備。

（二）條目的多寡

以賈逵《注》而言，孫詒讓輯有十九條，馬國翰十七條，王仁俊一條，以孫詒讓爲多。（以下所統計條目，以筆者整理後之條目爲準）

表 5-2-4　馬、孫、王輯賈逵佚注條數比較表

輯　者 佚文出處	馬國翰	孫詒讓	王仁俊
鄭玄《周禮注》	1	1	
賈公彥《周禮疏》	10	11	
《玉篇》			1
裴駰《史記集解》		1	
陳祥道《禮書》	1		
《詩經正義》	1	2	
《魏書》、《北史》	1	1	
《隋書・音樂志》	1	1	
郭璞《爾雅注・釋樂》	1	1	
《經典釋文》	1	1	

孫、馬二家所輯條目出處大致相同，唯內容有些出入，大部分是字形上的不同，如〈小宗伯〉「兆五帝於四郊」賈《注》佚文，雖然皆輯自《魏書》與《北史》的〈劉芳傳〉，馬國翰作「東郊木帝太皞八里」孫詒讓作「太昊」。《經籍纂詁》云：「昊」通作「皞」〔註42〕，疑似二人所據不同版本《魏書》、《北史》所致；〈巾車〉「一曰玉路，錫，樊纓，十有再就」，同輯自賈《疏》引賈逵、馬融注，孫氏作「旄牛」，馬氏作「以毛牛尾金塗十二重」。

又，〈司裘〉「設其鵠」條，孫詒讓自《毛詩・小雅・賓之初筵》唐孔穎達《正義》輯出，馬國翰自宋陳祥道《禮書》輯出；〈玉府〉「凡褻器」條，孫氏輯自南朝宋裴駰《史記集解》，王仁俊輯自唐《玉篇》，依梁啓超所言「數書同引，則舉其最先者」，則以孫所著出處較適當。

以馬融《注》而言，孫詒讓輯有七十五條，王謨六十三條，馬國翰五十七條，黃奭五十三條。以孫詒讓爲多。

〔註42〕〔清〕阮元等撰：《經籍纂詁》（臺北：宏業書局，1993 年 8 月），頁 572。

表 5-2-5　王、馬、黃、孫輯馬融佚注條數比較表

輯　者 佚文出處	王　謨	馬國翰	黃　奭	孫詒讓
賈公彥《周禮疏》	16	24	17	23
孔穎達《尚書正義》	8	7	8	8
《詩經正義》	2	2	2	2
陳祥道《禮書》		1		
李淳風《周髀算經注》	1	1		1
李淳風《乙巳占三》				2
《論語疏》	1		1	
劉昭《後漢書注》	1	3	1	2
杜佑《通典》	8	7	7	7
《太平御覽》	7	6	7	21
《南齊書》	2	1	2	1
《禮記正義》	1	1	1	1
《儀禮正義》	2		2	
《隋書》	1	1		1
司馬貞《史記索隱》	1	1	1	2
《經典釋文》	10	4	3	4
王涇《大唐郊祀錄》				1
《北堂書鈔》	1			
林希逸《考工記解》	1	1		

　　上表所列各書出處總合與所輯總條數不合的原因，在於有些條數輯自二書，如馬國翰〈司裘〉「王大射」條分別輯自《詩經正義》與宋陳祥道《禮書》；王、馬〈築氏〉「為削長尺博寸合六而成規」條分別輯自《周禮疏》與宋林希逸《考工記解》；馬、孫〈梓人〉「一獻而三酬則一豆矣」條分別輯自《周禮疏》、《禮記正義》，因此所著出處較所輯條數為多。

　　孫詒讓較其他三家所輯條目為多，最主要孫氏在《太平御覽》輯得二十一條，較之其他三家僅輯得六、七條，多了十四、五條。類書是輯佚工作極重要的參考依據，以《太平御覽》而言，引用書目多至二千五百種左右，其

中往往有前代之書而後世已亡佚的，是保存佚文最多的類書。不過類書雖然保存許多亡佚的資料，但是久經傳抄、刊刻，書商牟利，任意刪節，故多有脫衍訛誤，採擇應謹慎。

　　《周禮三家佚注》書末附有賈《疏》〈序周禮廢興〉所引馬《傳》，其文自「秦自孝公以下」至「此比多多吾甚閔之久矣」，又「至六十爲武都守」至「謂之《周官傳》也」；又自孔穎達《毛詩・周南正義》輯出「欲省學者兩讀，故具載本文」一句，孫氏以爲皆是馬融《周官傳》敘文。又有〈捃遺〉三行，爲孫氏自《史記》司馬貞《索隱》中所輯出，以爲是馬融〈大卜〉「一曰玉兆二曰瓦兆三曰原兆」注文：

　　　　謂其象似玉、瓦、原之釁墟，是用名之焉。（頁19左）

《索隱》原文作：

　　　　馬融注《周禮》灼龜之兆云：「謂其象似玉、瓦、原之釁墟，是用名之。」〔註43〕

以干寶《注》而言，孫詒讓輯有五十二條，馬國翰五十一條，黃奭四十九條，王謨四十四條，以孫詒讓爲多。

表5-2-6　王、馬、黃、孫輯干寶佚注條數比較表

輯　者 佚文出處	王　謨	馬國翰	黃　奭	孫詒讓
《經典釋文》	26	27	27	27
《太平御覽》		2	1	1
《禮記正義》	1	1	1	1
《舊唐書》				1
《唐會要》		1	1	1
《文苑英華》		1	1	1
劉昭《後漢書注》	14	16	14	17
《集韻》		1		
《群經音辨》		1	1	
杜臺卿《玉燭寶典》				1
《初學記》	1	1		1

〔註43〕〔漢〕司馬遷撰：《史記》，卷8，〈高祖本紀〉第八，頁351。

《事物紀原》			1	
《廣川書跋》		1	1	1
《隋書》	1	1		1
杜佑《通典》	1	1	1	1

　　上表所列各書出處總合與所輯總條數不合的原因，在於有些條數輯自二書，如馬氏、黃氏〈大宰〉「正月之吉」條分別輯自《唐會要》、《文苑英華》，孫氏則於前二書之外，又從《舊唐書》輯出同一條佚文；王氏〈大宰〉「掌建邦之宮刑」條輯自《釋文》、《後漢書》劉昭《注》；王、黃氏〈小司寇〉「外朝之政」條未著出處；馬、孫氏〈司寤氏〉「以詔夜士」條輯自《後漢書注》、《通典》；馬、黃氏〈內饔〉「馬黑脊而般臂螻」輯自《釋文》、《群經音辨》，因此所著出處較所輯條數為多。

　　從以上各家對三家注所輯佚文條數來看，賈逵《注》，孫氏所輯最多，有十九條，馬氏十七條次之；馬融《注》以孫氏所輯七十五條最多，王氏六十二條次之，其次馬氏五十七條，黃氏五十三條最少；干寶《注》以孫氏五十二條最多，其次馬氏五十一條，黃奭四十九條，王氏四十四條最少。綜而言之，以條目之多寡來看，以孫詒讓較其他各家為多。

（三）出處的標示

　　佚文出處的標示，目的是提供使用者覆核時的便利，如果引文原書已經亡佚，無法覆核，也可以明其源流，因此對於佚文出處的標示，越清楚越好。四家而言，以孫詒讓、馬國翰標示較為完整。他們不僅將書名、卷數都標示清楚，對值得商榷的部分則加以分析或改正，如〈天官・大宰〉「正月之吉」條，干曰：「周正建子之月，吉朔日也。」此條由《舊唐書》卷二十二〈禮儀志〉、王溥《唐會要》卷十二、李昉《文苑英華》卷七百六十二輯出，孫氏案語：

> 案：《唐會要》王方慶議引干注作「告朔日也」，又張齊賢議云干寶
> 之注經所云正月之吉者，即是正月之朔日也，故解云：吉是朔日也。
> 今之告朔日者，是傳寫之誤，據此則唐時干《注》別本訛「吉」為
> 「告」，故王方慶亦沿其誤。（頁95）

《唐會要》雖然保存了干寶注「正月之吉」的佚文，但由於當時有許多不同的版本，王溥剛好引用校勘較不精的本子，所以誤「吉」為「告」。

四家之中，王謨與黃奭的標示最隨意，只標書名，而且書名是簡稱非全稱，亦不標卷數與篇名，如「御覽」；相同出處的數條佚文，只有在最後一條下標「並後漢書志注」或「並通典」；黃奭的情形亦相同，僅標「疏」（即《周禮疏》）、「書疏」、「後漢書註」，對使用者而言，要覆核時好像海底撈針，非常不方便。

（四）佚文的可信度

雖然輯出佚文條目以多者為優，少者為劣，但所輯佚文的可信度更為重要。造成佚文失真的因素有許多種，針對以上各家所輯佚文發生錯誤的情形，以下分別說明之。

1. 誤認他書為本書

輯佚最忌誤認他書為本書而失真，王謨在輯馬融的《注》文時，將《禮記》「敖不可長」、「月令」、「昏參中」、「以迎春於東郊」、「日夜分」、「斷薄刑」、「客使自下由路西」、「中霤」等八條注文誤植入《周禮》中。

2. 校勘不精

輯佚也應注意引文的校勘，如王謨輯干寶《注》，將「條狼氏」誤為「滌狼氏」；「應鍾為羽」誤為「圜鍾為羽」。馬國翰輯干寶《注》，將「三公」誤為「三分」；「每門下士二人」誤為「每門下士三人」，「竹箭」誤為「竹萌」等。即使在取材上使用同一種材料，仍會發生奪字、衍字或筆劃上的誤差，這些都是在使用這些輯佚書時應該要多加注意的。

3. 誤以注文為佚文

〈大宗伯〉「以禬禮哀圍敗」，馬國翰與孫詒讓皆輯自賈公彥《周禮疏》，然二者所輯佚文有出入，馬國翰輯馬融《注》：

> 國敗，正本多作圍敗。謂其國見圍入而國被禍敗，喪失財物，則同
> 盟之國會合財貨歸之，以更其所喪也。〔註44〕

孫氏所輯為：

> 賈疏云此經本不定，若馬融以為國敗，正本多作圍敗。〔註45〕

馬國翰多「謂其至喪也」一段。檢賈《疏》，此段應為賈氏說解「國敗」

〔註44〕〔清〕馬國翰輯：〈周官傳〉，《玉函山房輯佚書》（臺北：文海出版社，1967年6月），頁740。

〔註45〕〔清〕孫詒讓輯：《周禮三家佚注》（北京：北京出版社，2000年1月，《四庫未收書輯刊》第4輯第5冊影清光緒20年刻本），頁10右。

與「圍敗」之異，非馬融注文。筆者以爲馬融佚文應只有「國敗」二字，「正本多作圍敗」亦爲賈《疏》語，馬國翰、孫詒讓誤以爲是馬融佚文。

〈鮑人〉「則是以博爲帴也」，《釋文》引沈云：「馬融音淺，干寶爲殘，與《周易》戔戔之字同，亦音素干反，不知其義。」〔註46〕馬國翰將「與《周易》」以下等十三字皆誤認爲干寶注文，實則爲沈氏解說文。

4. 誤以佚文為注文

〈輈人〉「弧旌枉矢以象弧也」，各家皆輯自《後漢書》卷二十九〈輿服志〉劉昭《注》引干寶《周禮注》，王謨所輯佚文僅「枉矢，象妖星」，少於其他三家「枉矢象妖星，非其義也。枉蓋應爲枉直，謂枉矢於弧」。蓋王氏不知「非其義」以下爲干寶說解文字，誤爲劉昭《注》語而未輯。

5. 傳寫失誤

〈梓人〉「以胷鳴者」，王謨、馬國翰、黃奭皆輯自《經典釋文》，作「胷，干本作骨。敝，屁屬也」。孫氏以爲「敝，屁屬也」有誤，當作「鼈」，從敝、從黽，爲傳寫舛訛，誤分爲二字。考經文「以脰鳴者，以注鳴者，以旁鳴者，以翼鳴者，以股鳴者，以胷鳴者，謂之小蟲之屬」，則孫說爲是。

四人所輯，馬國翰往往將後人的解說當成馬融、干寶的注文。而以孫詒讓的態度較謹慎，在他所輯條文中，常常有「蓋約馬義，非其原文」的字樣出現，同一條目，在馬國翰的輯本中，就直接標示出自何書。輯佚的目的，是希望盡可能恢復原書的面貌，但是古人引用時，往往疏於核對，因此會有訛、脫、誤、衍的現象發生，原書散佚以後，輯本中的引文也會有這樣的現象存在。孫氏對這一現象的處理特別小心，除非確定，否則不輕下斷語，才會有「蓋約馬義，非其原文」的案語。這說明孫氏不論對佚文的可信度或其出處，都以嚴謹的態度考訂。

綜合以上所論，不論在「體例的完備」、「條目的多寡」、「出處的標示」或是「佚文的可信度」，在在都顯示孫詒讓所輯三家注較其他各家都爲完備。

第三節　輯佚成果的運用

朱芳圃云：「此書爲《周禮正義》附錄之一。」〔註47〕今本《正義》無此

〔註46〕《重槧宋本周禮注疏校勘記》，卷40，頁22右。
〔註47〕朱芳圃：《清孫仲容先生詒讓年譜》（臺北：臺灣商務印書館，1980年6月），

附錄者，已將各條散入其中。因此本節從《周禮正義》探討孫氏對輯佚成果的運用。

《周禮正義·略例》云：

> 唐疏例不破注，而六朝義疏家則不盡然。孔氏〈禮記正義敍〉俁皇
> 侃時乖鄭義，〈左傳正義敍〉俁劉炫習杜義而攻杜氏是也。〔註48〕

又云：

> 此經舊義，最古者則《五經異義》所引古《周禮》說，謂古文《周禮》
> 說也。或出杜、鄭之前。次則賈逵、馬融、干寶三家佚詁，亦多存古
> 訓。無論與鄭異同，並爲攟拾。〔註49〕

唐人注經，疏不破注，所以賈公彥遇鄭《注》有待商榷處，則曲爲之說。但六朝義疏家則無此例，因此有皇侃乖鄭義、劉炫攻杜義之舉。《周禮》舊注，以《五經異義》所引古《周禮》說爲最古，其次則賈、馬、干三家注，但三家時與鄭注互有是非，做爲一個義疏家，以「尋繹經文，博稽眾家爲主，注有牾違，輒爲匡糾」〔註50〕爲任，有必要將三家《注》與鄭《注》的差異，依據可靠資料作判斷。孫氏對三家佚注的處理方式，爲「無論與鄭異同，並爲攟拾」，這是結合其輯佚成果而完成的一部書。

本文第二節統計出孫詒讓輯賈逵《注》佚文十九條；馬融《注》佚文七十五條；干寶《注》佚文五十二條，共輯三家《注》佚文一百四十六條。孫氏雖在凡例中說「無論與鄭異同，並爲攟拾」，但實際比對《周禮三家佚注》與《周禮正義》，則發現有六條佚文在《周禮正義》中並未被採用，皆集中在〈春官〉，分別是：〈大司樂〉「孤竹之管」賈逵佚注；〈大祝〉「掌六祝之辭以事鬼神示祈福祥求永貞」、「大師宜于社造于祖」、「設軍社類上帝」、「國將有事於四望」、「及軍歸獻于社則前祝」馬融佚注。不過，也發現《周禮正義》有而《佚注》無的情形，如〈春官·典瑞〉「人執以見曰瑞」條：

> 《史記·五帝本紀·集解》引馬融云：「五瑞，公侯伯子男所執以爲
> 瑞信也。」〔註51〕

又如〈夏官·司弓矢〉「贈矢」條：

頁 66。

〔註48〕《周禮正義》，〈略例十二凡〉，頁 2。

〔註49〕同上注，頁 4。

〔註50〕同註 48。

〔註51〕《周禮正義》，卷 39，冊 6，頁 1573。

《初學記‧武功部》引賈逵云：「矢羽爲矰。」〔註52〕

《周禮三家佚注》成於光緒二十年（1894），《周禮正義》成於光緒二十五年（1899），推測孫氏在撰寫《正義》時，又從文獻資料中發現三家佚文，故補入《正義》中。

由於輯佚工作的目的是爲了保存古籍資料的完整，不涉及所輯對象內容的正確性與否，因此孫氏在輯《周禮三家佚注》時，不對賈、馬、干的注文斷定是非。但在《周禮正義》中，孫氏將三家《注》疏解錯誤的部分即一一予以糾正，如〈春官‧敘官‧世婦〉「每宮卿二人」，賈逵、馬融皆云「奄卿也」。鄭《注》辨之云：

> 世婦，後宮官也。王后六宮。漢始大長秋、詹事、中少府、大僕亦用士人。〔註53〕

孔廣森以爲三人所釋皆誤：

> 賈、馬舊說，世婦爲奄卿，故鄭君辨之，言漢初皇后宮官尚用士人，則周宮卿是士人，非奄可知。……官以婦名，不但施諸士人不可，即施諸奄人亦不可。愚謂此等必諸臣之妻，老而有德者，選令治宮廟之內禮，卿之妻即命爲宮卿，大夫之妻爲宮大夫，士之妻爲宮士。……下文「女府」、「女奚」，冠以女字，而卿大夫之等不言者，正因號稱世婦，其必非男子無疑耳。〔註54〕

沈夢蘭亦云：

> 此闇人所謂命婦，亦云卿大夫士者，婦人無爵，從夫之爵也。鄭《注》謂如漢之大長秋，是以男子官世婦矣。或疑奄人爲之，亦非。〔註55〕

則賈、馬以爲世婦爲奄卿，而鄭玄欲辨之非奄，卻又以爲是「士人」，二者皆誤。《周禮》「世婦」有二，一爲〈天官〉「世婦」，一爲〈春官〉「世婦」。二者職掌略同。孫《疏》據王與之、魏校、柯尚遷、方苞、孫志祖所說，謂〈天官〉「世婦」爲內命婦，〈春官〉「世婦」爲外命婦：

> 蓋天官世婦爲內命婦，故與九嬪、女御爲次，而屬大宰，以大宰兼掌宮政也；此世婦爲外命婦，故與內外宗並列，而屬宗伯，以宗伯掌禮事也。外命婦爵尊者比於卿，而終不得稱嬪，故與大夫士同冢

〔註52〕《周禮正義》，卷61，冊10，頁2561。
〔註53〕《周禮正義》，卷32，冊5，頁1261。
〔註54〕同註53，頁1263～1264。
〔註55〕同註53，頁1264。

－188－

世婦之稱矣。本職云「凡内事有達於外官者，世婦掌之」，明其非内
命婦。蓋世婦自有内外命婦之別，經亦分列兩職，其異同分合，自
有精意。〔註56〕

可知「每宮卿二人」之「卿」為女子非男子，雖爵尊者與卿同等，但不得稱
嬪，故稱世婦。賈逵、馬融釋為奄人，鄭玄釋為士人，皆不可通。

又如〈天官・敘官・宮正〉，〈曲禮〉孔《疏》引干《注》云：

凡言司者，總其領也；凡言師者，訓其徒也；凡言職者，主其業也；
凡言衡者，平其政也；凡言掌者，主其事也；凡言氏者，世其官也；
凡言人者，終其身也。不氏不人，權其材也，通權其材者，既云不
世又不終身，隨其材而權暫用也。〔註57〕

干寶以為從其職稱可以明其性質，如司會，主天下之大計，計官之長；如甸
師，「帥其徒以薪蒸役外內饔之事」；如職歲，主歲計以歲斷；如林衡，衡，
平也。平林麓之大小及所生者；掌舍，掌王行道館舍之事等，孫氏以為亦有
變例，干說不可通：

然以諸職考之，似皆隨事立名，本無定例。如同一鄉遂官也，而州
比鄰鄰稱長，黨縣稱正，族鄙稱師，閭稱胥，里稱宰，尊卑不嫌同
名。又遂人為六遂之長，既非以事名官，亦未必終身任職，則鄭、
干之說皆不可通矣。況全經之中，如内饔，本職稱饔人；甸師，大
祝職稱甸人；大僕，射人職稱僕人；大馭等五馭，校人職稱僕夫，
與本職亦不必同。〔註58〕

並且《儀禮》、《禮記》、《左傳》、《國語》等書中記載之官名，與《周禮》亦
多分歧，如宗伯稱宗人、鍾師稱鍾人、庖人稱庖正、宮人稱司宮等，證明官
名可以互稱，而無定例可循。

又如〈天官・凌人〉「春始治鑑」：

干曰：鑑，金器，盛飲食物，以置冰室，使不汝餒也。杜臺卿《玉
燭寶典》卷六。案：汝當作茹，《呂氏春秋・功名篇》高誘《注》云：「茹，臭也。」
〔註59〕

〔註56〕《周禮正義》，卷32，冊5，頁1263。
〔註57〕《周禮三家佚注》，葉1左。
〔註58〕《周禮正義》，卷1，冊1，頁24。
〔註59〕《周禮三家佚注》，葉5全。

「汝餒」無義，孫氏引高誘《注》正爲「茹餒」，茹，臭也。「鑑」，鄭《注》云：「鑑，如甄，大口，以盛冰，置食物於中，以禦溫氣。」孫氏云：

> 鑑，依《注》當爲金器，則是冶鑄所成，蓋亦臬氏爲之。此官春治之者，謂於孟春未出冰時，豫備具檢察之，慮有漏缺，不任用也。
> 〔註60〕

鑑，是盛冰用的器具，春夏之時，食物得溫氣則容易腐敗，故用鑑盛冰，置食物於冰上以凍之。凌人在孟春時，爲了預防器具有所損傷，事先檢查，以防到時無法使用。《玉燭寶典》引干寶《注》云：「金器，盛飲食物，以置冰室，使不汝餒也。」干寶認爲鑑是盛飲食的器具，鑑盛了食物後，再放入冰室中，使食物不會腐敗。這樣的說法和鄭玄略有小異，孫詒讓根據下面的經文「祭祀，共冰鑑」這句話，斷定干寶的解釋爲錯。〔註61〕「共冰鑑」是「冰」並「鑑」共以盛之，若像干寶所說「鑑」僅是盛飲食物，則「共冰鑑」就無從解釋了。

　　孫氏輯三家《注》佚文更重要的目的，是對照鄭玄《周禮注》。《周禮正義》一書，除了《周禮》經文，主要針對「鄭注簡奧」作疏解，因此必須儘可能找到與鄭玄同時期的著作以佐證，賈、馬與鄭玄年代相近，代表同時代人的看法；干寶雖晚於鄭玄，但六朝人沒有唐人疏不破注的成例，亦可突顯六朝人疏解《周禮》的態度。以下分別說明孫氏如何運用三家注來解釋經文以及檢驗鄭玄《周禮注》。

一、以佚注證經文

　　〈天官・宰夫〉經文「賓賜之飧牢」，《釋文》以爲別本經文有作「賓賜掌其飧牢」者，並引「干本同」證之。孫氏引包愼言云：

> 此經注與疏，鄭本似無「賓賜之」三字。如有此三字，二鄭不應無一語及之。上陳牢禮之法，委積一也，膳獻二也，飲食三也，並飧牢而四，經文何以於「飧牢」上獨加「賓賜之」三字？經果變文以別飧牢於上三者，注當申釋其義。注無釋，即知經之本無此三字也。當由干本作「賓賜掌其飧牢」，傳寫羼入鄭本耳。〔註62〕

〔註60〕《周禮正義》，卷10，冊2，頁374。
〔註61〕同注60，頁374～375。
〔註62〕《周禮正義》，卷6，冊1，頁202。

孫氏同意包氏無「賓賜之」的說法：

> 依今本，則牢禮也，委積也，膳獻也，飲食也，賓賜也，五者總掌其飧牢，似以飧爲熟食，牢爲牲牢。五事者或飧牢兩有，或有孫無牢，或有牢無孫，故綜舉之也。依《釋文》別本，則飧牢自專冢賓賜爲文，不涉上四者之事，二義絕不同。〔註63〕

從文法上來看，其上既云「掌其牢禮」等，則下不得以「賓賜掌其飧牢」爲另一個開端之語，因此《釋文》所言的別本應爲錯。又鄭玄釋「飧」爲「致飧」，與牢禮四者平列，既不以飧牢屬賓賜，亦不以爲總承上五事之文，以經注參互校之，則鄭、賈本無「賓賜之」三字之說或可成立。不過孫氏態度非常保守謹愼：「惜於古無徵，未敢專輒刪定也。」〔註64〕僅從文法判斷，沒有文獻可證明，孫氏不敢武斷刪改，不過至少從干寶佚注得知經文可能衍羨的源頭，以待後人考證。

二、以佚注證鄭從師說

孫氏云：

> 鄭又別傳馬氏之學，群書援引馬《傳》佚文，與鄭義往往符合，而今《注》內絕無楬著馬說者，蓋漢人最重家法，凡稱述師說，不嫌蹈襲，故不復別白也。〔註65〕

故孫氏以爲鄭玄從師說。如〈天官・大宰〉經文「以統百官」，鄭《注》：「統猶合也。」《尙書・周官》孔《疏》引馬融《注》：「統，本也。」孫《疏》：「本與統合，義亦相近。」〔註66〕又如〈天官・大宰〉經文「立其兩」，鄭《注》：「兩謂兩卿。」丁晏：「《書・蔡仲之命》，《正義》曰：『《周禮》立其兩，馬、鄭皆云立卿兩人。』是鄭說與季長同，本於師說也。」〔註67〕

又有不知何者爲確者，如〈天官・酒正〉經文「一曰泛齊」，鄭《注》：「泛者，如今宜成醪矣。」賈《疏》引馬融云：「宜成，說以爲地名，……若馬融所云『今之宜成，會稽稻米，清似宜成』，以爲酒名。今鄭云宜成醪矣，亦未知鄭意酒名地名。」孫《疏》引王聘珍、丁晏說、樂史《太平寰宇記》、《北

〔註63〕《周禮正義》，卷6，冊1，頁202。
〔註64〕同注63。
〔註65〕《周禮正義》，卷1，冊1，頁8。
〔註66〕《周禮正義》，卷1，冊1，頁61。
〔註67〕《周禮正義》，卷4，冊1，頁132。

堂書鈔・酒部》、曹植〈酒賦〉，字並作「城」，又《釋名》與此注並作「成」，可知「成」為「城」之假借，故為地名可知。〔註68〕故馬融說為誤，鄭玄因不知其意為何，則無從判斷。

　　亦有不合者，如〈天官・大宰〉經文「以八則治都鄙」，鄭《注》：「都鄙，公卿大夫之采邑，王子弟所食邑，周、召、毛、聃、畢、原之屬在畿內者。」《尚書・蔡仲之命》孔《疏》引馬融：「距王城四百里至五百里謂之都鄙。鄙，邊邑也，以封王之子弟在畿內者。」孫《疏》：「其說專據大小都而遺家邑，又距王城四百里至五百里地間有公邑，亦不必盡為都鄙。其說殊未安，故鄭不從也。」〔註69〕又如〈天官・司裘〉經文「設其鵠」，鄭眾、馬融皆云：「十尺曰侯，四尺曰鵠，二尺曰正，四寸曰質。」則鄭眾及馬融並謂鵠最大，正次之，質最小。鄭玄則以皮侯棲鵠不為正，采侯設正不為鵠，正鵠大小同而侯異。二義不同。〔註70〕

　　據筆者比對，鄭玄對馬融的解說有從有違，不若馬國翰言常不為鄭玄所採，亦不若孫氏所說「往往符合」，況且孫氏僅根據馬融七十餘條佚文，相對於馬融《周官傳》全本注文而言，應僅能算是微乎其微，下此結論亦太過武斷。亦可證胡玉縉所說「實二者各舉其一偏」為是。

三、以佚注糾鄭注

　　〈地官・掌節〉經文：「凡邦國之使節，山國用虎節，土國用人節，澤國用龍節，皆金也，以英蕩輔之。」〔註71〕「節」是為了辨別侯國使臣出境的物品，凡國使的往來，必須要有「節」才能通行。虎節、人節、龍節說明節的形制，古時所謂的金，其實就是銅，說明節的材質。「以英蕩輔之」，歷來有以下的說法，一是鄭玄《注》引杜子春云：「蕩當為帑，謂以函器盛此節。或曰：英蕩，畫函。」帑，段玉裁說是「藏金布之府，引申為函器」。即以「蕩」來盛裝「節」，使「節」不致損壞。又有人認為「英蕩」是「畫函」，段玉裁云：「凡華飾謂之英。」丁晏則認為：「《詩》「二矛重英」，《傳》謂有英飾，鄭《箋》謂畫飾，故又以英蕩為畫函。」因此「英蕩」的意思就是畫有華麗

〔註68〕 《周禮正義》，卷9，冊2，頁343。
〔註69〕 《周禮正義》，卷2，冊1，頁68。
〔註70〕 《周禮正義》，卷13，冊2，頁498～499。
〔註71〕 《周禮正義》，卷28，冊4，頁1114。

圖案的盛器，它的作用是用來裝各國使臣的通行證明。〔註72〕

　　另一種說法是干寶：「英，刻書也；蕩，竹箭也。刻而書其所使之事，以助三節之信。則漢之竹使符者，亦取則於故事也。」〔註73〕馬國翰所輯爲「英，刻書也；蕩，竹萌也。」王謨所輯爲「英，刻書也；蕩，竹箭也。」刻書應用利器，「萌」爲竹子的芽，不可以刻書，此爲馬氏誤「箭」爲「萌」。孫氏案語：「依干義蓋讀蕩爲簜，《通典》五十七〈嘉禮〉引此經，及宋朱申《周禮句解》本並作簜，與干義合。」〔註74〕蕩，《乾隆石經》作「簜」，即是從干義。惠士奇以爲干寶爲是：「英蕩者，傳也。凡達節皆有傳，傳所以輔節，節以金，傳以竹。康成謂傳若漢之移過所文書。」《爾雅・釋艸》云：「簜，竹。」《說文・竹部》云：「簜，大竹也。」宋陳祥道亦以蕩爲竹函，即本干寶義。孫氏以爲「以英蕩輔節」下，又云「以傳輔節」，英蕩似與傳相近，若如杜子春說爲「函器」，函節相將，非所以言輔，因此干義長於杜。〔註75〕

　　此條爲孫氏運用所輯佚文分析杜子春與干寶二者對「英蕩」的解釋，而以干寶的解釋較爲正確，同時也可藉此訂正馬國翰所輯的錯誤與鄭玄錯引杜子春之說法。

四、以佚注輔鄭注

　　〈天官・大宰〉經文「四曰羞服之式」，鄭注云：「羞，飲食之物也。」孫《疏》引《釋文》云：「羞服，干云：『羞，飲食也。』」〔註76〕以證成鄭《注》。又如〈春官・巾車〉經文「駹車，萑蔽，然縟」，鄭《注》：「然，果然也。」〔註77〕賈逵云：「然，獸名也。」〔註78〕賈《疏》云：「果然，獸名，是以賈氏亦云然，獸名也。」丁晏云：

　　　《文選・吳都賦》「猨狖果然」，注引《異物志》曰：「猓然，猿狖之類，居樹，色青赤，有文，日南、九眞有之。」《廣韻・二仙》：「獌，

〔註72〕同注71，頁1115。
〔註73〕《周禮三家佚注》，葉9左。
〔註74〕《周禮三家佚注》，葉9左。
〔註75〕《周禮正義》，卷28，冊4，頁1114～1115。
〔註76〕《周禮正義》，卷3，冊1，頁101。
〔註77〕《周禮正義》，卷52，冊8，頁2176。
〔註78〕《周禮三家佚注》，葉14左。

猓猓，似猿，白質黑文。」〔註79〕

鄭注「然」爲「果然」，其義不明，賈逵釋曰「獸名」，則補鄭《注》義之不足。又如〈地官・敍官〉「司門」，鄭《注》：「司門若今城門校尉。」《續漢書・百官志》：「城門校尉一人，比二千石。」劉昭注引〈司門〉干寶《注》：「如今校尉。」〈志〉又云：「每門侯一人，六百石。」注引每門下士二人，干注云：「如今門侯。」孫《疏》云：「干說足補鄭義。」〔註80〕

五、以佚注存衆說

由於孫氏在〈略例〉中表明對三家佚《注》「無論與鄭異同，並爲攟拾」的態度，因此對三家說法並無把握正確與否時，則置而不論，與處理其他引文時不論正確與否，皆有論斷的方式不同。如〈天官・敍官・廌人〉經文「徒三百人」，孫《疏》云：

> 云「徒三百人」者，賈《疏》引馬融云：「池塞苑囿，取魚處多故也。」
> 〔註81〕

徒，《說文・辵部》云：「徒，步行也。」凡徒亦步行給役者，故以爲名。賈《疏》云：「庶人在官者。」即庶人在官府任職服役者，無爵位，地位低於下士而略高於庶人。其他職官如獸人徒四十人；腊人徒二十人，鱉人徒十有六人，內外饔皆徒百人，人數皆不及廌人多。賈《疏》引馬融「取魚處多」來說明廌人需三百徒數之由。但孫氏不知是否正確，故置而不論，由讀者判斷。

又如〈春官・司几筵〉經文「筵國賓於牖前亦如之」，鄭《注》：「鄭司農云：『《禮記》：國賓，老臣也。』玄謂國賓，諸侯來朝，孤卿大夫來聘。」《通典・賓禮》引此經說：「國賓，王公之所不臣者，馬融以爲『二王後』。」二王後，夏、殷之後，孫氏云：

> 則馬融以爲國賓，在王國爲賓恪之國來朝者，與二鄭說並異，於義
> 亦通。《左》僖二十四年傳云：「宋於周爲客，天子有喪，拜焉。」
> 與〈喪大記〉「君拜國賓」之文相應。若然，國賓在王國則當爲二王
> 後，在侯國則當爲他國之君來朝及王人來聘者。〔註82〕

〔註79〕同注77，頁2177。
〔註80〕《周禮正義》，卷17，冊3，頁665。
〔註81〕《周禮正義》，卷1，冊1，頁30。
〔註82〕《周禮正義》，卷38，冊6，頁1555。

則此處「國賓」可有二解，即鄭所云「諸侯來朝，孤卿大夫來聘」與馬所云「二王後」。

第四節　孫詒讓輯《周禮》佚注的貢獻

　　根據以上各節所述，《周禮三家佚注》的撰作動機在於輔佐《周禮正義》的完成，與王、馬、黃三家僅爲了保存古籍的用意不同。孫氏的案語除了考訂文字外，並加以考證注文的來源，這是其他三家輯本較欠缺的。

　　在各方面的條件比較下，以孫詒讓的輯本最爲可信，筆者以爲原因有三：一是在於他治學態度較其他三家嚴謹；二是他專治《周禮》，對《周禮》的知識比從事輯佚工作，而未研究經學的其他三家要來得充足；三是有前人的輯本可以參考，孫氏可以截長補短，後出轉精，是理所當然的事。因此在使用王謨、馬國翰、黃奭的輯本時，要多加求證比對。即使如此，他們的輯佚書爲後代學者呈現古代經說的部分原貌，對於研究經學來說，仍應肯定其價值。

　　《周禮三家佚注》不僅在輯佚工作上建立一個良好的規範，在《周禮》學史上，更有保存賈逵、馬融、干寶等經學家解經成果的作用，這是孫氏輯《周禮》佚注的第一個貢獻。

　　三家《注》最大的價值，在於「多存古訓」，因爲他們所處的年代去古未遠，許多制度的解釋較能切合《周禮》本身。對於三家佚《注》，孫詒讓表達了無限的遺憾，他說：

　　　　馬《傳》、干《注》，羣書閒有微引，孤文碎義，無關恉要。〔註83〕

綜觀孫氏所輯一百四十六條佚文，大部分都是隻字片語，針對比較重要的制度如田制、宮室、旗制、軍乘、車制等都無法得知三家的觀點，殊爲可惜。不過，孫氏善用三家佚文，將輯佚成果運用在《周禮正義》的考證上，較之「保存古籍資料完整」這個目的，孫氏將輯佚工作的功用又推進一步。這是孫氏輯《周禮》佚注的第二個貢獻。

　　孫氏輯三家《注》佚文更重要的目的，是比對鄭玄《周禮注》。《周禮正義》一書，除了《周禮》經文，主要針對「鄭注簡奧」作疏解，因此必須儘可能找到與鄭玄同時期的著作以佐證。賈逵、馬融與鄭玄年代相近，代表同時代人的看法；干寶雖晚於鄭玄，但六朝人沒有唐人疏不破注的成例，亦可

〔註83〕《周禮正義》，卷1，冊1，頁8。

突顯六朝人疏解《周禮》的態度。孫詒讓利用所輯佚注證成經說,更以所輯馬融佚《注》證明鄭玄從師說,推翻馬國翰「常不爲鄭玄所採」之語〔註84〕;又利用佚注糾鄭《注》、輔鄭《注》,並以佚注存眾說。這是孫氏輯《周禮》佚注的第三個貢獻。

〔註84〕 不過孫氏認爲馬融《注》「與鄭義往往符合」,根據筆者比對,鄭玄對馬融的解說有從有違,這樣的推論太過武斷。